枫叶片片红

——区域推进学校特色建设的实践与思考

主　编：徐观林

副主编：吴　兴

编　委：顾　农　何玖根　金立义　刘　军　林慧敏
　　　　宋福云　肖全胜　朱光成　王　丽　李大林

南京大学出版社

图书在版编目(CIP)数据

枫叶片片红：区域推进学校特色建设的实践与思考 /
徐观林主编. — 南京：南京大学出版社，2015.11
　　ISBN 978-7-305-16114-8

　　Ⅰ.①枫… Ⅱ.①徐… Ⅲ.①中学–学校管理–研究
Ⅳ.①G637

　　中国版本图书馆 CIP 数据核字(2015)第 256981 号

出版发行　南京大学出版社
社　　址　南京市汉口路 22 号　　邮　编　210093
出 版 人　金鑫荣

书　　名　枫叶片片红——区域推进学校特色建设的实践与思考
主　　编　徐观林
责任编辑　李大林　季　红　　　　编辑热线　025-86275659
审读编辑　黄　卉

印　　刷　江苏凤凰通达印刷有限公司
开　　本　787×960　1/16　印张　13.5　字数　288 千
版　　次　2015 年 11 月第 1 版　2015 年 11 月第 1 次印刷
ISBN 978-7-305-16114-8
定　　价　40.00 元

网　　址　http://www.njupco.com
官方微博　http://weibo.com/njupco
官方微信　njupress
销售咨询热线　025-83594756

栖霞的应答

■成尚荣

　　"特色","特色建设",几近成了教育改革的时代话题,几近成了学校内涵发展使用频率最高的概念。这反映了我们对当下教育发展现状的反思与批判,更反映了我们共同的期盼与追求。南京市栖霞区正是有这样的精神。

　　推进特色建设的地区和学校很多,进展很大,成果也不少,但是,实事求是地说,真正有突破性进展的还不多。在我看来,特色建设本身就应有特色,否则,不能称之为特色建设。这就需要对特色建设有更深刻的思考、总结。这一过程,其实是对特色建设中的一些基本问题,一一作出回答。这很难。可喜的是,南京市栖霞区教育局在坚持数年的行动中,作出了精彩的回答。他们的回答凝聚在这本取名为"枫叶片片红——区域推进学校特色建设的实践与思考"的一书里。翻阅这本书,似乎是在栖霞教育的海洋里徜徉,一张张极富个性的面孔,带着微笑,坚定地向我们走来。于是,我自然地认为,学校特色就是学校的表情,就是学校的个性。我把他们的回答称作"栖霞的应答"。

　　栖霞回答的第一个问题是,"为何要推进学校特色建设"。这样的问题似乎是很容易回答的,其实不然。一般的回答是:克服教育同质化现象。问题是,克服同质化又是为了什么?殊不知,我们听到很多这样的声音:学校就应当有特色,无特色就不可能有品牌,就不可能成为名校。这样的回答中,隐藏着这样一个想法,特色是学校的门面。这样，难免为特色而特色，特色成了一种装饰，我"顽固"地认为，学校不应当追求什么品牌。栖霞却不是这样，他们坚定地认为：学校特色建设，克服同质化，最终为了学生个性发展；只有创设良好的文化生态，才能促进学生个性发展；而学生个性得到发展的时候，创造性、创新性就得到保护和发展。显然，栖霞特色建设的宗旨是为学生发展服务的。这是一种境界。

栖霞回答的第二个问题是，"何为特色"。教育家吕型伟先生曾经对上海《教育参考》杂志主编说："人云亦云不云，老生常谈不谈。"不云的是"人云过"的，不谈的是"老生常谈"的。这是对特色最生动的演绎。当然，这"不云""不谈"中，还包括比别人"云"得精彩，比别人"谈"得深刻。栖霞就是这么去理解和阐释的。在他们看来，特色教育追求的教育"真"，即教育具有它所有的规定性，反之，违背规定性的，即使再有亮点，都不应视作特色。说到底，特色是文化特色。

栖霞回答的第三个问题，"是谁来建设特色"。毫无疑问，是校长带领教师来建设。可现实是，常常由校长或领导班子来规划、决策和推动，教师常常处在边缘地带。栖霞的认识是，教师应当是学校特色建设的主体，他们以各种方式来参与、参与决策、参与设计、参与实施、参与评价，整个过程，教师焕发了创造的激情。与此同时，不少学校还鼓励学生参与，让学生也成为特色建设的主体力量。这大概是特色建设中最亮丽的风景。

栖霞回答的第四个问题，"在特色建设中力求什么特点"。他们经过这么多年的实践，基本形成了以下特点。一是区域性。栖霞坚持区域整体推进，他们进行系统设计，形成规划，有目的、有计划、分步骤；有检查、有指导、有评价地推动，因而，栖霞的学校特色建设搭建了一个集体性平台，形成了一种特有的氛围。二是本土性。栖霞坚持特色建设要因地、因校制宜，从本土的资源出发，开发、利用、发展，凝结着家国情怀和浓浓的乡情。三是实践性。栖霞坚持特色建设是一种行动，在实践中扎扎实实推进，表现了优秀的实践品格，其中又不乏理论上的探讨。四是生长性。栖霞坚持让特色在校园的土壤里自主生长起来，而非只是借鉴、模仿，更非贴标签、人为拔高。生长起来的特色才是最特色、最美的特色。

"栖霞的应答"，鲜明而坚定，丰富而多彩，和而不同正是"栖霞的应答"之精髓。"栖霞的应答"，表现了一种创造性精神和实践性品格，表现了对境界的认知和追求。怀揣这样的精神、品格，何止是特色建设呢？

（作者为国家督学，原江苏省教科所所长）

序二

智库、宝典和大美世界

■徐观林

　　近几年来,栖霞教育风生水起,如火如荼。2012 年 2 月,承载着栖霞教育发展使命的特色文化建设,在栖霞大地上幸福启航。

　　特色兴区、兴校、兴师、兴学,激活了栖霞教育人孕育已久的幸福情怀,"特色课堂、特色教师、特色课程、特色活动、特色资源、特色环境、特色学校"的培育工程,为实现"振兴栖霞教育,建设教育强区"的教育梦想,开辟出一条"特色文化建设促进区域教育内涵发展"的新路径。

　　栖霞教育人紧紧围绕"特色文化建设项目目标",全局谋划,学术引领,重点推动,分工实践,年度评审,论证答辩,创新跟进。一场场答辩论证会精彩纷呈,一批批特色项目、一位位特色教师、一所所特色学校,如雨后春笋,相继蓬发,茁壮成长,成为栖霞教育史上一道道亮丽的风景线。《枫叶片片红——区域推进学校特色建设的实践与思考》,就是一本记载了该项目研究征程与硕果的集萃,它在阐释基于"新三基"的学校特色建设基础上,以七大特色建设(特色环境建设、特色课程建设、特色课堂建设、特色活动建设、特色师资建设、特色资源建设、特色学校建设)为主体,分章节进行从理论到实践的论述,为"面"上整体推进区域教育特色发展,"点"上局部深化学校特色建设,均提供了很好的范例。徜徉文本,高位谋划,全局统筹,整体构建,激励策动,理论系统,实践分类,年度论证,特色彰显……"新三基"引领下区域推进学校特色建设的变革力,推动了栖霞教育内涵的大提升,栖霞教育品牌的大发展。栖霞教育的卓越前行,已势不可挡。

承载着栖霞区委、区政府对教育的厚望,记录着栖霞教育人开拓进取的智慧结晶,《枫叶片片红——区域推进学校特色建设的实践与思考》终于如期付梓出炉。这不仅仅是一本文稿,更是一方智库,一套区域推进特色教育的珍贵宝典,一方教育改革实践的大美世界。

"打造特色,追求卓越",在栖霞教育发展之路上,栖霞教育人将携手共进,奋力前行!

（作者为南京市栖霞区教育局局长）

目　录

枫叶片片红

——区域推进学校特色建设的实践与思考

第一章
概述

　　特色建设是学校发展的一个热点话题，也是教育发展到一定阶段的必然主题。1993 年，《中国教育改革和发展纲要》指出："中小学要由'应试教育'转向全面提高国民素质的轨道，面向全体学生，全面提高学生的思想道德、文化科学、劳动技能和身体心理素质，促进学生生动活泼地发展，办出各自的特色。"

　　2010 年，《国家中长期教育改革和发展规划纲要(2010—2020)》同样提出："树立以提高质量为核心的教育发展观，注重教育内涵发展，鼓励学校办出特色、办出水平。"跨越近 20 年，国家层面一直强调要鼓励学校办出特色。

　　近年来，通过名校引进、合作办学，加上区内原有的多样化教育资源持续发展，南京市栖霞区的教育面貌日新月异，精彩纷呈。但在跨越式发展的进程中，我们深切感到：区内学校在办学理念、课堂教学、校园文化、教师队伍等多方面，还有进一步加强内涵研究和优质发展的空间。因此，"如何更坚实地走教育内涵发展之路，塑造栖霞教育独有的品牌"成为栖霞教育人深层思考的问题。

　　2011 年起，我们在全区范围内开展了特色学校建设的实践与探索，系统性、区域化推进学校特色发展。一方面，区教育局立足区域整体，顶层设计特色学校建设的整体规划，从政策制度层面建立实施方案、评价指标和考核办法。在广泛调研和论证的基础上，2012 年，出台了《栖霞区特色学校创建的评估方案》，并在下半年启动了全区首批特色学校和特色项目创建工作。另一方面，区内各学校根据区域教育发展的总体要求，结合学校实际，研究特色建设突破口，按项目细化制定特色创建计划、经费保障、考核办法等制度机制，引导区域内各学校全体教师共同参与特色建设,形成校长主抓、行政核心、骨干主导、教师共同参与的特色建设浓厚氛围。经过几年的努力,我们围绕区域推进特色学校建设,在理论和实践层面都取得了丰硕的成果。

第一节 学校特色建设的基本内涵

1993 年出台的《中国教育改革和发展纲要》,将学校特色界定为:"学校特色是在长期的办学过程积淀形成的、本校特有的、优于其他学校的独特优质风貌;其应该对支撑办学目标、优化人才培养、提高教育教学质量起到重要作用,并在校内外得到公认,产生了一定的影响。"

但对于究竟什么是学校特色,其实认识并不完全一致。在世界范围内,20 世纪 70 年代以来,许多国家为了适应教育改革和培养新型人才的需要,纷纷进行特色化、多样化的教育改革。比如在美国,一方面,通过特许学校和合同学校实现了学校办学形式的特色化和多样化。另一方面,为了追求个性化的教育和教学,美国中小学实施了掌握学习、合作学习、分组教学、地方教学等特色化教育模式;日本中小学的教育也是以重视学习的个性化为目标,实施学校和办学的特色化改革。前苏联在 20 世纪 80 年代中期产生的合作教育模式体现了前苏联中小学教育的特色教育模式。

在国内,关于特色学校建设的理论与实践不断推进。孙孔懿认为学校特色是"学校工作某一方面特别优于其他方面,也特别优于其他学校的独特的、稳定的品质"。王铁军把学校特色界定为"学校特色是指管理者和教育者根据现代教育思想和本校独到的办学理念,从学校实际出发,在教育实践中努力挖掘、继承发扬并积极创造某一方面或者某些方面的优势,所形成的有鲜明个性、独树一帜、成效显著的运行机制、办学风格和教育教学模式。"还有学者认为:"学校特色是一所学校在长期的教育实践中,遵循教育规律,发挥本校优势,选准突破口,以点带面,实行整体优化,而逐步形成的一种独特的、优质的、稳定的办学风格和样式。"杨九俊则认为,"特色是一个学校的内在特质与个性标志,是一个学校的品性和风格"。

我们在实践中认识到,学校特色是学校在国家教育方针的指导下,基于国家统一课程和面向普通生源的基础上,办学主体在学校自身现状的基础上,有意识地发挥学校内部以及外部相关利益者的主体作用,经过长时间的教育教学实践逐步形成的区别于其他学校的独特的、优质的、整体的且相对稳定的办学个性或风格。一般来说,学校的特色具有如下特征:

第一是独特性。学校特色是一所学校一定时期某些方面独特风貌的体现,是学校个性的张扬。在一定程度上,它具有不可替代性。在学校特色的诸多特质中,独特性是核心,这种独特性集中体现在通过学校富有特色的课程安排、教学方式、管理模式、队伍建设等,实现学校的培养目标,促进师生共同成长。独特性是学校特色建设的核心因素,离开它就无特色可言,这是学校特色的生长点,它既可表现为"人无我有,人有我优",也可表现为"人多我少,人优我精"。

第二是广泛性。学校特色在内容和形式、时间和空间上表现出广泛延伸的特点。一般来说,在内容上,大体涉及四个方面:一是学校在思想观念、价值规范、办学定位上的独特性或个性化;二是学校在制度、模式等管理方式上的独特性或个性化;三是在教育教学和学习的具体行为方面的独特性或个性化;四是学校在物质环境、校园建设等方面的独特性或个性化。学校通过一项项具体工作不断地、深入地推进,最终形成个性风貌,具有一定的社会知名度、美誉度,在兄弟学校间经常被提及与引用,经常被上级领导部门关注与表扬,家长社区满意与认可,新闻媒体常有报道,这样才算形成特色。

第三是领先性。学校特色是一所学校教育优势的集中表现,它形成和发展的前提是学校全部工作已有一定基础,然后点面结合,整体优化,这是学校特色的立足点。优势、领先是学校特色存在的环境和土壤,是独特性的基础,离开了这一点,独特性就成了无源之水、无本之木。学校特色的领先性一方面表现在学校特色本身的科学性、先进性;另一方面指的是办学整体水平能力具有一定质量,上一定档次。

第四是相对稳定性。学校特色的形成是一个长期的实践过程,是一个复杂的系统工程,不是一蹴而就的。特色一旦形成,就应当相对稳定下来,而不应随着领导层的更替、教师的变动而轻易变更,要在特色建设的基础上形成良好的传统、凝固成学校的文化。当然,学校特色的稳定性也是相对的,既需要不断积累,也需要发展和提升。

第五是整体性。如果一所学校仅在某一特色项目上成绩优异,而总体办学质量和水平不高,仍然很难称为真正的特色发展。学校的办学特色必然涉及方方面面,既包括学校思想观念、价值取向上的特色,也包括在制度、规范、结构、模式等行为方式上的特色,又包括物质环境、校园建设等方面的特色,更包括课程、教学等方面的特色。要形成学校特色,一定要找准突破口后,以点带面,形成整体优势。在几年来的研究和实践中,我们着重从特色课程、特色课堂、特色活动、特色环境、特色师资、特色资源等方面推进,引导全区学校整体推进、优势发展,形成特色、不断提高。

第二节 学校特色建设的必要性分析

积极推进学校特色建设,是实现区域教育快速提升、优质发展的有效选择路径,对提升学校核心竞争力,扩大品牌影响力,办让学生满意、家长放心、社会称赞的教育,具有十分重要的现实意义。更为重要的,走特色发展的道路,才能突破传统教育的一些突出问题,实现教育的转型,更好地培养经济社会发展所需要的优秀人才。

第一,加强学校特色建设是经济、社会发展对教育的必然要求。当今时代,科学技术迅猛发展,"谁在教育上夺取了优势,谁就能抢占 21 世纪的制高点"、"谁拥有了人才,谁就能拥有未来"的观念在各国已形成共识。这里实际上提出了一个重要的命题:能掌握现代科技、具有高素质的劳动力,是实施可持续发展战略的人力资源,而且是最重要的战略资源。经济和社会发展所需要的人力资源是多层次、多规格、全方位的,而作为受教育者的青少年身心发展水平又是千差万别的。世界基础教育改革的趋势之一是发展教育的民族特色、地方特色和学校个性特色,为青少年的全面发展和个性发展提供更为有利的环境和条件,为满足经济和社会发展的需要提供多层次、多规格、全方位的人力资源基础。过去那种"千校一貌,万生一面"的办学模式和那种忽视学生个性、能力发展,把升学作为基本目标的中小学教育,是难以适应现代经济和社会发展需要的。

第二,加强学校特色建设是深化教育改革、全面推进素质教育的必然要求。全面贯彻教育方针,深化教育改革,全面推进素质教育,是历史赋予基础教育的基本使命,要求学校把每个学生培养成德、智、体、美等各方面全面发展的社会主义建设者和接班人。长期以来,我国基础教育形成了狭隘的服务观和功利主义的"应试教育"模式。这种教育模式实际上反映了社会对个体的一种选择标准和评价的尺度。"应试教育"模式以升学为目标价值取向,着眼于考分和选择,忽视学生不同兴趣、爱好和个性特长的充分发展,忽视每个学生所处的具体环境、家庭条件不同,每个人的勤奋程度不同,导致学生的兴趣、爱好、才能、气质、个性特长被泯灭,从而造成学校办学一般化、简单化、"万人一面"的格局,扼杀了学校的个性特色。《中国教育改革和发展纲要》提出"中小学要由'应试教育'转向全面提高国民素质的轨道,各自办出特色",就是因为只有办出学校特色,才能改变长期以来"千校一貌"的单一学校模式和畸形发展。实施素质教育和办出学校特色,是发展基础教育、提高基础教育质量两个不可分割的方面。为此,中小学要根据所处的实际环境、学生的实际情况来设计办学方案和教育实践,通过创造性的探索与实践,逐步形成学校在思想观念、价值规范、课程设置、教学实施、资源开掘等方面的特色,使学校走出"应试教育"的误区,全面提高教育质量。

第三,加强学校特色建设是区域教育发展的必然需要。对于区域教育,不少学者进行了专门的研究。彭世华在《发展区域教育学》中将区域教育定义为"一个与国民教育相对应的教育发展的较小空间概念,一个便于从整体上组织、计划、协调和控制教育活动的空间范围,它在内涵上重在考虑教育发展的特殊性和差异性、行政区域的调控能力以及区位的影响"。研究区域教育的发展,既体现了国民教育的方向和要求,又反映了区域社会经济发展对教育的要求,从而为区域内各类学校的发展指明了方向。区域内的学校是区域教育的组成部分,办学目标应当与国民教育相一致,坚持国家的教育方针、属性和统一要求。但同时,其办学模式、办学特色应当从区域教育的实际出发,接续区域教育的发展传统,努力与区域教育的特色吻合起来。只有这样,学校才能得到更加充分的发展,才能既满足国家发展的需要,又满足地方和学生个人发展的需要,充分提高办学质量和效益,提高区域内人民群众对教育的满意程度。

第四,加强学校特色建设是学校自身发展的必然要求。近年来,我国教育的办学体制、管理体制等发生了深刻的变革。办学体制的多元化,投资渠道的多样化,学校办学自主权的扩大,形成了教育竞争的新格局。在这个充满竞争的时代,学校欲求得生存和发展,就得办出特色,提高教育质量。过去,在一统化的教育管理体制之下,学校办学水平的高低、教育质量的优劣,并不影响学校的生存,因而学校和教师大多没有生存危机感。但当下,学校之间的办学竞争,已经成为一种客观现实。各类学校都在积极采取现代管理方法进行有效管理,大胆进行改革、创新,形成自己独特的办学特色。如果学校没有特色,很难让学生形成特长,也将影响到学生今后的发展。同时,随着社会经济的不断发展,许多家长都希望子女受到良好的教育,为学生未来发展打下良好的基础。一些家长宁愿多花钱,也不愿子女在毫无特色的学校上学。这就是学校必须走上特色建设的外在动力之源。而从另外一个角度看,对学校内部建设而言,学校特色本身具有一种感召力,它能凝聚师生的积极性和创造力,形成强大的办学合力。当学校特色建设目标成为现实时,它又会给师生以极大的鼓舞,形成良性循环。学校在某一方面特色建设上取得的成果必然会产生一定的社会影响,提高学校的声誉,这不但能赢得家长和社会的更多支持,还能增强全校师生的成就感和自豪感,进而有效地推进学校工作的整体优化,全面提高教育质量,提升学校的综合实力。

第三节　区域推进学校特色建设的策略与历程

区域推进学校特色建设是一项系统工程,需要进行周密规划、有序推进。近年来,我们在厘清概念、明确目标的基础上,在具体工作中注意了以下几个方面的原则:

一是规范性原则。加强学校特色建设,首先必须坚持党和国家的教育方针和法律法规,坚持素质教育办学方向,开齐开足上好各类课程,扎实开展丰富多彩的师生活动,坚决杜绝任何有悖于教育公平、有失教师形象的办学行为,全面落实促进教师专业发展和全面提高学生素质的办学要求。学校特色建设的区域推进强调规范性原则,就是要发挥教育行政的导向作用,着力创设一个良好的教育生态环境,使区域内中小学校放下思想包袱,大胆实践独特办学理念和办学思想,形成浓厚的特色学校建设氛围。

二是传承性原则。学校的特色发展,绝不是一朝一夕所能达到的,而是历任校长和历届师生在继承和发扬已有办学思想、教育风格、文化传统等基础上,经过长时间的不懈努力和精心培育才发展形成的,这一过程体现了对学校优秀文化传统的继承、发扬、重建和不断创新。区域推进中突出传承性原则,就要强化对办学特色项目、建设思路的传承意识,防止出现为创建而创建的现象,牢牢把握特色建设必须聚焦于课程、课堂和学校文化的价值取向。

三是引领性原则。"一个好校长,必定有一所好学校",虽然一定程度地夸大了校长的作用,但一所有特色的学校,必定有一个有个性、富创意的校长及校长团队。校长及其团队的办学思想决定了学校的办学方向,决定着校长们如何引领、指导教师去实践特色建设,引领教师总结、提炼特色建设的成功经验和有效策略,及时反思和调整特色建设中存在的问题和不足,以特色建设提升学校品位,不断增强和扩大学校影响力。

四是整体性原则。一方面,学校特色建设是一项整体性的工作,不能停留在学校工作的某一个局部、某一个侧面;区域推进学校特色建设,也需要着眼区域范围内的所有学校,而不能延续打造"窗口学校"的固有思维。另一方面,建设特色学校,根本目的在于促进学校教育教学工作的整体优化,促进每一个学生身体、心理、智能、道德、审美、劳动和交往素质的全面提高。因此,特色培育的过程不是校长一个人或校长团队、学校行政的事情,也不单单是学校内部系统的事情,而是全体师生共同的责任,是学校、家庭、社会诸系统的综合。为此,在推进学校特色建设的进程中,要牢固确立资源整合的意识,使特色建设成为凝聚全体教师、学生乃至家庭、社区教育合力的有效途径。

区域推进学校特色建设，离不开教育行政部门的科学规划和强力推动，离不开教科研机构的及时跟进、专业指导，也离不开学校的内在动力、文化自觉。我们在推进全区学校特色发展的过程中，坚持了以下几个基本策略。

一是行政推动整体参与。区域教育系统是作为一个整体而存在和发展的，区域教育的发展不能割裂各子系统之间的有机联系，加强它们之间的联系，才能有效促进区域教育系统的发展。一方面，教育行政立足区域整体，科学设计特色学校建设的总体规划，从政策制度层面建立实施方案、评价指标和考核办法，建立经费保障和激励机制，引导和推动辖区内全体学校参与特色建设。另一方面，学校根据区域教育发展的总体要求，结合学校实际，研究特色建设突破口，按项目细化制定特色创建计划、经费保障、考核办法等制度机制，引导校内全体教师共同参与特色建设，形成校长主抓、行政核心、骨干主导、教师共同参与的特色建设浓厚氛围。

二是专业引领培育典型。从理论上讲，每一所学校都应该走特色发展之路，但在具体实践中，每一所学校的特色发展都可能会遇到各种困难和挑战，都可能会面临校长与教师观念冲突、理论与实践脱节、特色凝练与提升等方面的困惑和矛盾。坚持专业引领的实践策略，就是要发挥专业研究机构或教科研部门在特色办学理论研究、运行体制机制、队伍建设等方面的引领作用，为特色学校建设提供富有针对性的专业指导和跟踪服务。

三是校本行动凸显文化自觉。区域推进学校特色建设，既需要强有力的行政推动和及时跟进的专业支持，但最终还是要落实在每一所具体学校的办学实践中，要成为每一所学校自觉的办学行为和前行方向。在学校特色建设的进程中，极易产生这样两种情况：一是学校的特色宣传发动和时间探索起步较早，但始终没有形成稳定的特色项目，特别是随着校长的更迭，学校的特色项目往往随之更变；二是相当多的学校拥有一个甚至多个特色项目，有些项目确已产生一定影响，但一直没有得到提升发展。究其原因，最关键的就是要从传承、弘扬、重组和创新学校文化的视角，遴选、规划并整体推进特色建设，而不只是停留在一个或几个特色项目上，更不能脱离学校实际盲目选择某一特色甚至随意变更特色项目。

区域推进学校特色建设，需以先进的教育理念作引领，以传承优秀文化作为特色建设突破口，在资源整合中形成特色建设强大合力。具体操作中，我们从整体（即全区）与部分（即学校）两个维度推进学校特色建设。一方面，区教育局立足区域整体，顶层设计特色学校建设的整体规划。另一方面，区内各学校根据区域教育发展的总体要求，结合学校实际，研究特色建设突破口。

　　在学校特色建设的推进程序上,我们采取了"点上试验、面上推进"的策略。2013 年,区教育局局长徐观林领衔的"'新三基'引领下区域推进特色学校建设的策略研究",成功申报并被批准为南京市首批小学内涵发展重点规划项目。该项目由教育局整体推动实施研究,下设"特色课程""特色教师""特色资源"等 6 个子项目。在此项目平台上,我们重点做好 6 所学校的"点上试验":每所学校引领一个子项目,牵头实施研究。定期召开"项目研究推进会",汇报研究计划,分享研究成果,交流研究经验。在 6 所牵头学校研究成熟的基础上,区教育局再从"面上推进",让每一所学校都参与到项目研究的进程中,使特色学校(项目)的创建更具层次和品味,进而提升全区教育内涵发展水平,增强学校教育改革创新活力,并形成各学校发展的个性品牌。

　　为了有效实施特色学校和特色项目的创建评审,几年来我区教育局实施了四项重要举措。

　　举措一:制定标准,指导与评估并行。区教育局专门制定了《栖霞区中小学特色学校评估标准》,该评估标准含三大类共 20 项细则,对参评学校进行特色创建指导和全面评价。同时发布了《栖霞区特色学校(项目)评审基本要素》表,从"特色名称及理念、特色标识及景观、特色制度、特色教师"等十个方面,指导学校着力加强特色学校建设和项目研究。

　　举措二:投入资金,激励与保障并行。区教育局不但在教育投入上给予大力支持,改善学校办学环境,为学校的特色创建提供基础硬件保障;还专门建立了特色创建奖励条例和奖励资金,对于认定的栖霞区特色学校和特色项目,分别予以 20 万元和 10 万元的奖励。随着研究的推进,奖励额度将进一步增长,有效激发了创建的积极性和主动性,鼓励学校创造性地工作,并成功创建。

　　举措三:实施复审,研究与管理并行。为了加强特色学校和特色项目建设的稳定性和完整性,我们采用"年度检查、三年复评"的形式进行动态化管理,"特色学校"和"特色项目"的称号有效期为三年,有效期满后,区教育局对授牌学校进行复查。对在办学过程中有严重违规行为或不能坚持自己办学特色的学校,将取消相关称号。与此同时,区教育局把"特色创建"纳入对学校的综合考核评价指标中,通过制度和政策来引领内涵发展的方向。

　　举措四:优化招生,衔接与持续并行。没有特长学生,学校的特色就会失去水准。为了使我区学校的特色持续稳定发展,区教育局出台指导意见,在中小学搭设桥梁,将学校特色和项目有机融合,形成对接。中学招生时可以研究制定优秀特长学生优先录取或加分录取的政策,解决中小学特长生的"进"和"出"的问题,形成良好的特色人才培养的绿色通道。

为了使学校特色建设的研究质量和进程得以保证，区教育局专门成立了由局长亲自挂帅的"特色学校建设研究中心"，其中心组成员由研究专家、教育局局长、科长、项目学校校长、教师进修学校研究人员等组成，设定了中心办公室，制定了工作制度，定期开展研究推进活动。同时，还建立了全区"特色发展策划指导中心"，聘请有经验的教育专家，包括省、市教育科学研究所领导和专家，市教育局领导和专家，以及高校、研究院的专家等组成指导团队，对学校特色进行整体规划、顶层设计和过程指导。

在推进学校特色建设过程中，栖霞区尤其注重突出和挖掘校长和教师在特色学校建设中的专业引领作用。校长是学校特色建设的引路人。学校的办学特色，体现着校长的个性化办学理念。因此，区教育局加强对校长的研究培训，要求校长要有特色建设的思想，要具备战略眼光和创新意识，能给学校发展准确定位。重视锻造校长的研究力和执行力，能使特色办学的思想变成全校师生的共识；能有"咬定青山不放松"的魄力和毅力，使学校的凝聚力、吸引力、感召力得以增强，真正落实自己独特的办学思想，形成学校的特色。

教师是学校的生命和活力所在、精神和力量所依，特色建设要靠特色教师来实现，从某种程度上说，教师的自觉研究显得更加重要。在开展特色教育过程中，栖霞区注重发挥学校特长教师的专业引领作用，提高全体教师实施特色教育的能力；通过内引外联，大胆启用特长教师挑大梁，聘请校外有专长的人员参与学校特色创建工作，担任学校特色师资培训的辅导员，提高教师的专长；促使校长的特色理念在教师教学行为中得到自觉体现，逐渐显现学校的特色。

特色创建和研究的过程中，全区各校陆续形成了阶段性的研究成果和宝贵经验。为此，栖霞区专门架构了服务器，建立了"栖霞特色教育资源库"，在网络平台上建立各子项目研究成果版块，呈现全区各校的特色资源、特色措施和案例成果，实现特色资源共享，使成果和经验的教育价值充分得以发挥，使栖霞的教育特色走出栖霞，走向南京市，甚至走向省内外，让栖霞教育以特色内涵发展而名声鹊跃，真正打开栖霞教育的大门。

区教育局在"栖霞教育"网中专门开辟"特色项目研究"的专版，下设"研究动态""研究博客群""理论文献学习"等多个栏目，发挥信息技术的优势，使特色学校、特色项目建设的宣传、交流和学习更加深入。经过推进，使全区中小学重视秉承"以特色求生存，以特色求发展，以特色创品牌"的发展理念，在培养"合格+特长"的学生方面有所收获，并将创建"规范+特色"的学校作为发展目标。

本章撰稿:陈瑞昌　吴兴　宋福云

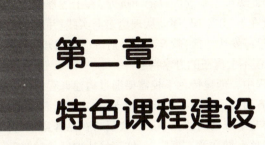

第二章
特色课程建设

第一节 特色课程建设的内涵分析与文献研究

一、"特色课程"的基本内涵

1.从学校"特色化"谈起

学校"特色化"的理论言说,通常与"个性化"、"多样化"、"选择性"等概念联系在一起,形成一种富有"变革冲劲"的话语。它们共同针对的是既往的"整齐划一"、"千人一面"的教育模式。教育学者董辉表示,"对这种'一刀切'式教育的批判已持续了20多年,可直到近年,才形成一套强劲的变革理论和政策体系,最终引发一轮制造'特色'的改革实践"。他认为,这个过程是在我国社会转型和教育改革的整体脉络中展开的,尤其是如下几种相互影响的理论和政策,有力地驱动了学校教育向特色化方向发展。[①]

首先,学校的特色发展,受世界教育改革浪潮的影响以及由此形成的"全球教育变革理论"的助推。世界教育改革趋势,特别是发达国家的动向,是我们倡导和启动教育改革的一个重要参考框架。其次,建设特色学校的诉求,在回应我国社会转型和教育挑战的过程中逐渐凸现出来。第三,伴随经济体制和公共部门改革,教育体制也要作出相应调整。其整体趋势就是由封闭走向开放、由单一走向多元、办学重心下移、管办趋于分离。此外,在时下的教育政策话语中,"特色化"还被赋予推进教育内涵发展、引领中国未来教育改革走向的新使命。

至此,"特色化"、"个性化"、"选择性"不仅构成了内在一致的改革逻辑,更与当下促进教育内涵发展、优质均衡、提升教育质量的目标紧密联系,从而既有助于破解当下教育的各种难题,更能引领中国教育实现跨越发展。

学校特色化的主张,也因此集聚了强劲的政治动员力。在上述理论和政策的交互影响下,特色学校建设在近20年间,逐渐从理念走向实践;并最终在本世纪初,在全国各地(特别是沿海发达地区)教育改革的前沿广泛铺开。

2.没有特色课程支撑,就谈不上真正的办学特色

在现代学校制度建设过程中,创建特色学校需要通过构建课程促进学校内涵发展。因为特色学校只有用高质量的特色课程做支撑,才更具有生命力。当教育发展到一定阶段,学校与学校之间的竞争必然会反映在品牌竞争上,而要打造品牌,就必须在办学特色上做文章。事实上,许多发达地区的教育已经走到了这一步。学校如何打造办学特色?课程、师资、生源、教学设施、经费投入和家庭、社会对学校的期望等,都是学校着力思考和实施的途径和方法,但众多因素之中,最重要的莫过于课程。

课程是学校教育活动的核心,是学校办学理念的具体体现。学校的一切教育教学活动都是课程实施的过程。课程文化是一所学校课程的目标、内容、管理与实施以及在此基础上形成的行为习惯和价值取向,课程直观地勾画学校教育的"蓝图",因此,在一定程度上,教育改革的关键在于课程改革。

在打造学校"特色"的过程中,课程建设已成为学校特色创建的一个主要抓手。在某种程度上甚至可以这样说,没有特色课程就没有所谓的特色学校。学校特色课程建设正成为学校教育关注的重点。越来越多的学校已经认识到,特色教育的核心要素是特色课程,开发以校为本的特色课程是支撑学校特色发展和内涵发展的关键;与此同时,课程改革过程中以学校为主体的相关校本课程开发与实施,也为特色课程建设准备了一定的实践基础,将一种或几种相对成熟的校本课程进行提升,使之发展为体现学校文化特点、办学目标和课程开发水平的特色课程,已经成为一种必然的选择。当然,教育多元化价值取向以及"促进学生全面而有个性的发展"育人目标要求,使以校为本的特色课程在学校课程体系中的价值得到进一步凸显。[②]

二、特色课程的文献研究

1.为什么要开展特色课程研究?

钟启泉认为,我国新课程倡导"研究性学习",就是旨在打破分科主义课程的束缚，促进中小学课堂教学从"灌输中心"转型为"对话中心"。"研究性学习"的实施，对教师的专业能力提出了严峻的挑战。教师不免受到研究能力的质疑，这些质疑主要源于一线教师拘泥于传统的单一的"教书匠"的角色，未能扮演多元的角色。因此，教师需要以革新的行动来落实"研究性学习"的课程要求，改造教师团队的心态与教育环境，使学校成为"学习型组织"。这样，倡导教师的"行动研究"也就势在必行了。而教育中的"行动研究"，就是教师的"课程行动研究"。③

所谓"课程行动研究"是一种基于研究的问题解决过程；其研究的主题源于学校环境的脉络；实施过程兼具研究与行动两大方面，主持者兼具研究者与行动者的角色；研究结果要体现在具体的改革实践之中。概括说来，"课程行动研究"的特质可以概括为"参与"、"改进"、"系统"、"公开"。"课程行动研究"是作为课程实践主体的教师在自然的教育情境中直接"参与"的一种探究活动。教师在"课程行动研究"中检讨教学过程的实际问题，加以回应，改变自己的教材、教法，加以反思、评价，改变对问题的先前理解，改进教学品质，也提高了课程品质。

这种研究并不追求精确的研究结果和理论建构，而在于解决具体情境中教师直面的问题，求得教学品质的改进。也就是说，它并不是要将研究结果推进到其他情境之中，而是要改善教师自身的教学品质与效率。因此，这种"参与"与"改进"使得"课程行动研究"与一般的定性研究或书斋式的"传统研究"，或主要在实验室中进行的"正规研究"区分开来。另外，"课程行动研究"作为一种研究方式，必须是"系统"的持续性探究，而不是零碎的或偶然的思考。"课程行动研究"的范围涵盖了课程发展、教学方法、学习策略、教学的管理与控制、教师的专业发展等诸多侧面，这都需要教师以批判的眼光对既有的课程进行重新审视和考察。然后，教师通过公开地发表自己的研究心得，进入公众对话，展开批判性探讨，求得集思广益。这种"系统"与"公开"使得"课程行动研究"有别于一般的经验总结。

2.特色课程"特"在何处?

什么样的课程是特色课程？这虽是一个理论研究层面的概念问题，但更是实践层面必须厘清的方向性问题。实际上，受办学思想和培养目标的影响，更受不同历史阶段教育发展重点的不同和理论研究相对滞后的制约，各级各类学校、各学段教育对特色课程的理解有较大的差异，不同专家、学者也因为所处区域教育发展水平、研究的样本学校和研究视角的不同，对特色学校的解释众说纷纭。

已有文献对特色学校及其课程建设的讨论,大体是从两个向度切入的。其一是特色建设的类别和内容。例如,将学校"特色"分为办学(理念和模式)、教育(课堂教学和课外活动)、管理和文化等大类,同时对特色课程的内容进行分类梳理。其二,对特色学校及其课程建设的成效进行评估。这些文献一方面指出,广大中小学在特色化的创建过程中都表现积极、成效明显、创意颇多;另外,也关注到这种蜂拥而上的改革所暴露的问题,如概念混用、理论匮乏、模式单一;盲目模仿、为特色而特色;特色课程开发表面化、封闭化、形式化等。这些研究有助于我们认识中小学特色办学的现状,但分析还亟待深入。

而根据何永红的研究,"特色课程"是指由地方或学校参照自己的教育思想和教育目标,根据自己的教育经验和课程能力等,在实践中逐渐形成和发展起来的具有一定特征和影响力的地方课程或校本课程。

朱治国认为,所谓学校特色课程,是指学校以国家课程标准为基础,在学校教育理念和育人目标的指导下,充分利用学校课程资源而开发、设计和实施的,能集中体现学校办学特色和课程优势的主导性校本课程。这种学校特色课程与国家课程、地方课程,三者有机地统一于学校教育中,共同形成在目标上各有层次、内容上各有侧重、功能上各有分工的学校课程体系,在促进学生的全面发展,尤其是为学生提供最适合的教育方面,发挥着重要的作用。据此,他进一步论述认为,学校特色课程的特点表现为"鲜明的学校个性、普遍的学生参与性以及核心价值的综合性"。

石鸥认为,所谓"特色课程",指学校在先进的教育思想指导下,根据本校的办学理念,以学生的需求与发展为核心,以地域、社区与学校资源为依托,经过长期的课程实践逐步形成和发展起来的具有独特的整体风格和出色的育人成效的课程、课程实施和课程结构。④

特色课程应该是指学校根据素质教育的要求,为本校学生开发的区别于传统课程的教学内容及为了实施相关教学内容而制定的教学计划。它具有前瞻性、实用性和鲜明的能力特征。特色课程的开发是学校办学自主权的充分体现。特色课程体系的建构是对国家课程的充分利用和有效补充,从宏观上看,它既可以推进教育民主化、多样化的发展进程,也可以推进国家素质教育改革的深化,还可以促进新课改的顺利实施;微观方面,它在促进学生全方位成长的同时,可以带动教师的专业进步,从而形成学校蓬勃发展的态势。⑤

上述以及未列举的更多有关特色课程的概念定义,都是相关专家、学者基于特定样本学校,根据自己研究需要或任务驱动而给出的概念性归纳,从不同的特色课程建设视角看,普遍具有较强的实践指导性。综合分析上述以及其他对特色课程概念的界定,可以发现,它们大都体现了对特色课程基本一致的价值追求,揭示了特色课程的基本内涵,即在相关教育理念和课程思想的指导与影响下,通过规范的方式建设起来的,具有独特的教育价值、取得很好的实施效果、具有一定社会影响的一门课程或课程群。与其他课程相比,特色课程在思想性、目标性、规范性、发展性、实效性以及社会影响性等方面,具有一个或多个方面的独特优势。⑥

依据现代汉语词典的释义,“特色”是指在一定的条件或环境影响下,事物所形成或表现出来的独特的色彩和比较固定的特性,是一事物区别于其他事物的度的界限。从“特色”之义、所属课程类型及我国的课程环境等来看,依据课程理论和实践经验,我们认为,“特色课程”至少具有如下四方面属性:

第一,特色课程之“特色”,相对于地方课程或校本课程类型中的其他课程而言;指相对于其他地方课程、本校其他课程、他校校本课程来说,在教育性、科学性和发展性等方面,其具有某一个或某几个方面的独特品质。

第二,特色课程必须能够有效地融合于学校整体课程体系之中,而非特立独行的课程,即特色课程必须符合学校的课程理念、服从于学校的办学目标、服务于学校的特色(或传统优势)教育,并能与其他课程形成一定的关系,促进学校课程体系整体价值的体现和作用的发挥。

第三,特色课程可以是一门课程,也可以是一个课程群,但不是学校课程的全部,也可能非学校的核心课程。如果是一个课程群,课程群内所有的课程风格需具有一致性。

第四,特色课程建设之初,可以不是地区或学校的最好课程或最优课程,但在继续保持和发展其特质的前提下,通过进一步实践应该成为学校的精品课程,并能够在一定区域内发挥辐射作用,即特色课程能够在一定程度上体现地区或学校的课程水平,其最高特质是为达到一定教育目的、彰显学校课程思想的校本课程。

3.特色课程的内在标准

第一,独特性。独特性是特色课程的首要标准,是指与同类其他学校的课程体系相比所表现出来的种类的差异性。

第二,优质性。优质性是特色课程的根本标准,是指与同类其他学校的课程体系相比所表现出来的品质的卓越性;而且取得了出色的育人成效,并为社会各界广泛认可,具备“人有我优”之一般意义。

第三,多样性。多样性也是特色课程的重要标准,是指特色课程尽管独特但并非唯一,具有多样性。多样性既有种类的多样,也有层次的多样,还有实施的多样。

第四,稳定性与动态性。

第五,选择性或者是针对性。⑦

4.几个需要辨析的概念

(1)"特色课程"与"课程特色"

迄今为止,国内外教育学人对特色课程与课程特色这两个问题并没有作出一个明确的概念界定。龚海平《论特色课程与课程特色建设》一文认为,基于学理分析,"特色课程"的内核是"课程","特色"则是"课程"的外显特征;"课程特色"的关键是"特色","课程"则是"特色"的载体。基于此,他提出,"特色课程",是指一所学校开设的不同于其他同类学校的具有独特性的课程。换言之,提到某个课程,人们就会很自然地想到开设这门课程的那所学校。这样的课程,才是特色课程。其基本特征集中和鲜明地表现为"人无我有"。

而"课程特色",则是指与同类学校相比较而言,某一所学校在实施同样课程的过程中,其实施策略、实施手段、实施方式和方法、实施结果的评价等具有有别于其他同类学校的质的差异性和优质性(可合称为"优异性"),因而具有课程"特色"。其基本特征集中和鲜明地表现为"人有我优"。

由此可见,特色课程与课程特色是两个截然不同的、不可以混为一谈的概念。

(2)"特色课程"与"校本课程"

"特色课程"与"校本课程"应该是两个互相关联但又不完全相同的概念,特色课程不一定是校本课程,可能是在教学方法、教学理念上对一般普通课程的深加工,而真正体现了充分利用学校内部资源、促进学生个性潜能发挥的校本课程一定是特色课程。

校本课程特色化。校本课程的开发与学校特色建设有着极其密切的关系。"校本课程"是一个外来语,最先出现于英、美等国,已有20多年的历史。华东师范大学教育学博士郑金洲在《走向校本》一文中这样解释:所谓校本,一是为了学校,二是在学校中,三是基于学校。校本课程开发所表达的是一种"以教育培养学生为本"的课程理念。因此,校本课程的开发应更重视学生的学习需要,校本课程开发和特色学校建设在本质上都是以学生为本。特色学校建设离不开学校课程文化的支撑,尤其是特色校本课程的支撑。每所学校都应该充分认识到自己学校的特色,进行有特色的校本课程开发。校本课程本身就具有鲜明的校本特色,而序列化的校本课程开发与实施更能彰显学校独具特色的教育价值追求,它能够让一所学校拥有独具魅力的教育气质。

办学特色课程化。办学特色是指学校在长期的办学过程中积淀而成并被社会所公认的优于其他学校的独到的办学理念、独特的办学风格以及在人才培养、科学研究、校园文化等方面的特点。它具有稳定性、发展性和鲜明性等时代特征，是学校持续发展的关键。在一定程度上来说，办学特色的定位和积淀就是学校办学特色课程化的创建和探索过程。没有课程的支持，办学特色终究缺乏其应有的厚重感和辐射力，其对学生成长的影响力也会大打折扣。许多实践证明，只有以课程为载体，办学特色才能最大限度地发挥其教育功能。

(3)"区域特色课程"与"学校特色课程"

课程是提升学校办学品质的重要载体。大面积提升区域学校办学质量的重要抓手则是推进区域内的学校课程建设。从一定意义上说，学校课程品质的优化，为办学特色的提炼和打造奠定了扎实的专业基础，积累了丰富的学科智慧。区域课程建设的成功标志之一，就是实现了区域内校际之间的课程质量差异的最小化，区域内学校的质量发展达到高位、优质、均衡的状态。

近年来，有不少区域把优化学校课程品质作为区域均衡发展的生长点，以学校特色校本课程的建设为切入点，以提升学校管理者的课程领导力为着力点，并始终坚持立意高远，着眼于学校课程体系的顶层设计，着力于课程管理运行的机制构建，着手于课程内涵的品质优化，立足于课程规划的精心编制，落脚于特色校本课程的品质建设，致力于课程专家的示范引领，依托于课程质量的评估推动，持续推进学校均衡发展、特色发展、优质发展，有效提升了校长的课程管理水平，增强了一线教师的课程意识。通过对区域内学校课程品质的持续优化和课程领导力的着力培养，不仅推动了区域内各类学校的课程结构体系的优化，而且强化了学校特色校本课程的基础建设，初步实现了区域课程特色化、个性化、差异化、品质化的发展。[8]

三、特色课程建设三大策略

课程建设的方向有赖于对课程现状的明晰，并能准确把握区域课程发展的定位。有学者认为，可以通过三个维度进行区域课程现状的摸底分析。(1)课程经验维度。通过个体访谈和学校课程的文本分析，了解全区学校对课程内涵的认识以及课程领导领悟程度，准确定位区域内学校管理者的课程意识与水平，为后续课程深化和课程顶层设计奠定认识基础。(2)课程资源维度。通过地域文化特点分析、社区课程资源分析、学校课程资源的梳理，了解学校课程资源的现状基础，为区域课程的建设汲取养分。(3)课程保障维度。初步梳理区域内有关课程管理的相关制度，以及学校有关课程建设的保障机制，为后续的课程制度建设与课程保障机制的完善,积累必要的实践经验。⑨

1.以满足学生兴趣特长发展为核心

教育的真正使命,是让学生学会寻找自己喜欢的、感兴趣的知识,让学生找到自己感兴趣的知识领域,若知识是学生感兴趣的,学生会主动地追求知识、探索知识。为此,学生的兴趣应该是特色课程建设的核心思想,在课程建设中满足学生个性特长的发展与兴趣的需求,让学生在课程之中体验快乐,应该是一切特色课程建设活动的终极追求,但学生的个性成长需求并不等于学生的一般需求,这种需求能够激发学生内在的个性潜质,有着教育意义。

2.以激发教师的创新能力为着力点

课程改革发展到今天,教师在课程建设中的地位和作用已经发生了很大变化,很多教师都有参与校本课程开发的经历和经验,教师已经将课程建设作为自身专业成长有效载体和途径,明确自己在校本课程建设中的主体地位。教师进行特色课程建设就是将已开发的校本课程进一步加工与完善,教师的课程建设主体地位和作用在实践中得到强化,为此,实践中激发教师主动参与课程建设,激励教师在课程建设中勇于创新与实践,是提高区域特色课程建设质量的关键。

3.以区域内校际联动为作用面

开发课程是前提,利用课程是目的。所谓课程资源的利用,实质上就是充分挖掘被开发出来的课程资源的教育教学价值。校级联动利用课程资源就是学校之间的联合与互动,教师之间的相互合作,将跨校共享特色课程资源的理想变成现实,使优质课程资源在更大范围内发挥作用,为发展学生的个性、为学生的个性发展服务。

四、特色课程开发模式举隅

课程开发模式是指课程的内容和进程在时间和空间上特定的组织形式或结构,重点在各种方法和及时组织后的综合呈现。

(1)目标参照模式。遵循自上而下的路径,从学校的办学理念、培养目标和整体课程规划入手,拟定特色课程的目标,研制确立相应的课程资源和内容,并进而实施和评价。

(2)需求参照模式。即从学生以及社会需求出发,学校建立具有共同愿景的课程组织,在评估需要的基础上,再依照确定目标——选择内容——组织实施——评价反馈与改进的路径开发课程。

(3)资源参照模式。即基于独特而丰富的资源,按资源分析——主题选择——目标确定——课程实施——课程评价等步骤进行校本特色课程和地方特色课程开发。

(4)活动参照模式。建立于情境认知理论基础上,突出学习是个体参与实践,与他人、环境等相互作用的过程;强调能力的培养不仅仅是知识的学习和技能的操作,还应是在具体的生活实践中的逐步积累。其主要步骤是能力要素分析——情境行为库建立——活动设计与实施——评估与反馈。

(5)项目参照模式。借鉴职业教育项目课程开发模式,以项目为参照贯穿整个课程内容,让学生在以项目为载体所设计的综合化情境中学习完成完整的工作过程,并获得相关知识和技能,是一种工作过程导向的课程开发模式。

第二节 特色课程建设的研究历程与操作细则

课程是学校发展的动力之一,学校的真正改革始于课程的驱动,课程左右着课程改革的全过程,影响着学校的教与学。办学特色课程化具有广阔的发展空间,它对于彰显学校的办学特色、实现学校的办学理念、促进学生的健康发展、全面提高教育教学质量能够起到积极的推动作用。

为了进一步推进全区特色学校(项目)的创建工作,全面落实区教育局"十二五"教育发展规划中提出的"一校一品,一生一长"发展目标,全面实施素质教育,促进义务教育优质均衡发展,自 2012 年上半年以来,我们开展了特色学校(项目)创建工作,努力通过特色学校建设打造品牌学校。全区现有 34 所小学,90%以上的学校都有自己的特色品牌,如盛世龙鼓、玩转龙板、墨韵树人等特色项目在全区都有较大影响。

一、特色课程建设的研究历程

长期以来,我区以陶行知"生活教育"和"六大解放"等教育思想作为教育发展的理念,取得了许多陶研成果,推进了学校的特色发展。陶行知纪念馆坐落在我区,成为学生实践的基地;十月军校作为全国陶行知研究会培训基地,自 2008 年以来,先后举办十几期中国陶行知研究高级研修论坛,这些都为开展陶研活动提供了丰富的资源,更为各校形成办学特色提供了开阔的思路、厚实的理论基础和实用的方法指导,为特色项目的研究打下了坚实基础。

自 2012 年下半年区教育局提出建设特色课程以来,至今已历时 3 年多。通过不断实践、研究和建设,我们逐步形成了具有栖霞特色的小学特色课程。辖区内各学校以师生共建多彩的课程生活为切入口,深入开展小学特色课程建设研究。即在"为每一个儿童开发课程"的理念下,调查学校特色课程开发和实施现状,并做出理性思考和分析,以教师和学生为主体,参与开发丰富多彩的特色校本课程,建立系列特色课程资源平台,探索课程开发和实施过程中的制度保障措施,使每一个学生都有适合自己的课程选择,从而促进学生的全面发展和每一个学生的发展。

(一)确立特色课程建设指导思想

1.体现南京市教育改革精神和栖霞地域特点

我们认真研究了美国的"自然与社会研究"、"设计学习"、"社会参与性学习",法国的"框架性个人研究",日本的"综合学习时间",我国台湾的"综合活动"，香港特别行政区的"专题研习"，以及国家教育部综合实践活动等国内外有关课程，广泛吸取国内外课程改革的有益经验，创造性地构建具有栖霞特色的中小学特色课程。

依据国家教育改革发展纲要精神，充分体现学校文化基础(特色课程名称缘由、地域文化及选择情况、办学理念及文化标识、典型建筑物及环境描述)、课程实施(课程设置、课程结构、课程资源、课时安排)、课程发展方向(课程培养方向)三部分要求，我们走出了一条具有栖霞特色的小学特色课程建设之路。

2.凸显我区域课程特点

(1)特色课程是单独设置的一类功能性课程

从横向来看，我们设置三类课程:基础型课程、拓展型课程和特色课程。特色课程是与基础型课程、拓展型课程并列，单独设置的一类功能性课程。它有独立的课程目标、课程内容、实施方式、学习评价和课程管理，但又与基础型课程、拓展型课程互相联系、互相沟通和互相促进。根据这些要求，我们构建既与基础型课程、拓展型课程互相平行，又与它们互相联系的特色课程。

(2)从小学一年级开始设置特色课程

从纵向来看，我区各个小学从小学一年级开始设置特色课程，直至六年级。特色课程各个学段既有不同的要求，又相互衔接，通过各学段的学习逐步达到总的目标。据此，我们构建既体现各学段不同特点，又形成整体的课程体系的特色课程。

(3)结合辖区内各小学实际

——**从原有基础出发逐步提高**。特色课程具有先进的理念，但是为了全面推进和全员参与，必须尊重客观现实，必须结合栖霞学校的实际情况。我区学生的原有基础比较薄弱，再加上缺乏师资和有关条件，特色课程在推进时遇到较大的困难。从原有基础出发，逐步提高，构建既具有先进的理念，又适合栖霞学校实际的特色课程。

——**适应各级各类学校的不同情况**。我区小学有 34 所，各个学校的办学水平、学生来源、师资队伍不尽相同，不能一刀切，必须采用多种模式来推进特色课程的实施。基础好的学校独立开发和实施，基础比较薄弱的学校则给予较多的帮助和提供一定的资源。各校根据本校的情况，构建体现学校特点的、多样化的特色课程。

——**满足学校实际操作需求**。全区学校师生在实施特色课程时，不仅需要理论的指导，更需要具体操作的内容、方法和策略。我们努力满足学校实际操作的需要,构建既具有扎实的理论基础,又便于具体操作的特色课程。

3.栖霞区域课程建设特点

(1)行政主导。力度大,效率高,远超以往由各学校独立推进的任何课程建设。

(2)定位科学。栖霞各小学特色课程建设工作没有拘泥于特色课程的一般概念,从一开始就定位于"文化立校"的基点上。各校通过努力挖掘本学校特有的文化积淀、文化底蕴和文化资源,寻找到能够促进学校个性化发展的课程开发基础,从而突破了以往学校课程建设的雷同化现象,开始建设有别于其他学校的特色课程。

(3)独特优质。独特性使其"与同类型其他学校的课程相比所表现出来的课程品质的卓越性",即优质性,得到进一步的彰显。

(4)多样选择。多样性是特色课程的重要标准。特色课程本来就是为了促进不同学生的个性化发展而开发的,正因为不同学校特色课程的多样性,使得各学校的课程具有更好的选择性。

(二)开发课程资源,培育特色课程

1.研究特色课程建设的规范与标准

对此项内容的研究是特色课程建设的重要组成部分,体现课程的"精致"过程,是规范特色课程建设的科学依据。我们主要依据《国家中长期教育改革发展规划纲要》和宁栖教字〔2012〕11号文件,参考南京市课程建设要求,围绕区特色课程申报条件、认定标准和管理办法开展研究,形成既符合《纲要》要求,又被大多数学校、教师认同的特色课程建设的规范标准。

《栖霞区中小学特色学校评估方案(试行)》中涉及特色课程的评审基本要素有两条,一是学校有个性化的特色课程,并有实施课程所需要的教学手册、课程实施纲要、评价制度体系;二是特色课程应体现学校及其地方的资源。《栖霞区中小学特色学校评估标准》则在组织实施上提出,课程建设应"充分利用校内外各种课程资源,丰富国家课程,努力开发与实施体现学校特色的校本课程","把特色学校建设渗透于各门学科的教学之中,课堂教学基础扎实,特色鲜明"。我们还通过制定特色课程的管理细则和申报方法,引领教师开发课程,指导教师积累课程实践中的教学案例,思考课程建设中的问题与对策。

2.培育特色课程案例

我区参与申报的特色课程共有5门,经学校自我申报、区内外专家评审,我区现已有16项课程被列入区级共享特色课程,具体课程名称见下表:

栖霞区小学特色课程示例

课程名称	学校
玩转龙板	南京市栖霞区龙潭中心小学
盛世龙鼓	南京市栖霞区实验小学
善美小公民实践活动	南京市栖霞区迈皋桥中心小学
墨韵树人	南京市栖霞区化纤新村小学
鹏岛野韵	南京市栖霞区八卦洲中心小学
E善陶园	南京市栖霞区实验小学
励进小先生	南京市栖霞区幕府山庄小学
科技体育	金陵中学仙林分校小学部
悦群艺友社	南京市栖霞区燕子矶中心小学
雨竹琴韵	南师附中仙林学校小学部
小小航海家	南京市栖霞区花园小学
儿童剧	南京市栖霞区摄山星城小学
丹枫慧苑	南京市栖霞区栖霞中心小学
童心绿缘	南京市栖霞区石埠桥小学
小小农民画	南京市栖霞区八卦洲中心小学
诗意随园	南师附中仙林学校小学部
小小篮球	晓庄学院附属小学
"I"创新俱乐部	南京市太阳城小学
探油童星	南京市炼油厂小学
小江豚游学	南京市栖霞区长江小学

(三)项目推进,加强区域课程建设

课程体系建设是课程领导的核心要素。推进区域特色课程建设,无论是顶层设计还是实施推进,不是一次简单的行政与管理过程,而是充满了诸多的不确定性和复杂性。如何实现从行政领导走向专业领导,如何有效推动课程从一般性管理向课程品质内生性增长,需要引导各方通力合作,立足于区域的课程建设的持续推进,共同应对。

因此,我们开展课程建设的重要方式之一就是"项目推进"。采取基于"项目推进"的课程建设方式,不仅有利于整合与课程相关的人力资源和课程资源优势,而且为学校课程的深度开发和特色建设奠定了专业基础。为此,我区将"项目推进"作为课程实践的重要抓手,把问题解决作为课程实践的目标与导向,自始至终围绕求真务实的工作要求,在行动上汇聚市、区课程专家资源,合力攻坚制约区域内学校课程建设的难点和特点问题。

比如,我们要求区内各学校围绕"课程规划编制"的核心要素,分解课程项目,突出阶段重点,持续进行课程项目建设,有效降低了课程建设的难度。我们多次邀请省内外学者教授,围绕课程开发对全区校长进行专题培训,通过智慧引领、案例剖析、现场互动、专家答疑,进一步厘清了校长们对课程规划编制的难点与疑惑点。

课程"项目推进"需要坚持循序渐进、稳步深入的工作策略。我区依托"学校课程规划的编制"项目,分阶段要求,分时段指导,分片段培训,帮助学校逐步梳理已有的课程结构体系,不断优化课程内容,稳步推进学校的课程体系建设。

课程"项目推进"需要重视样例示范、典型引路。近年来,我们坚持将各级获奖的校本精品课程作为学校的课程样例,进行校本示范,推动精品课程的校本化建设,为学校课程品质的提升提供真实、鲜活的案例,从而使得区域校本特色课程的建设不再神秘抽象、高高在上,而是变得具体实在、贴近身边。此外,我们还通过各类课程项目的特色建设,持续推进区域内学校特色课程的整体性建设与制度性完善,从而真正提升区域内学校管理者的课程建设水平,丰富学校特色校本课程的内涵品质,为学校的特色课程建设、办学品牌塑造奠定坚实的发展基础。

课程建设促进了师生的发展,而师生的发展又彰显了学校的办学特色与学校文化内涵。一所学校一旦将自己的办学特色与相应的课程相结合,必将深层次地促进教育教学效率的提高和目标的达成。因此,学校特色的形成需要以课程为载体,通过课堂上的师生构建,最终使学校成为根据环境不断调整、持

续学习和创新能力的阵地。教师通过创造性的学习和教学，全面更新教学思想、方法和技术，培养了更多高质量的人才，为学校赢得了更多的声誉，形成了学校良性发展的有效循环，也使得学校特色建设的个性化品牌日臻成熟。

(四)策略跟进,促进办学特色课程化有效实施

1.办学特色与课程建设理念相一致

不同学校有不同的办学特色，关键在于将办学特色与课程建设理念相结合，敢于突破，勇于创新，使学校特色不断发展，课程建设不断充实，实实在在为学生成长提供帮助。

我区有的学校历史积淀深厚，注重积累学校文化，形成了独特的人文传统，其特色课程开发回归到学校历史文化中重新思考，通过校园环境建设、校史记载、影像记录，让学生沐浴在浓厚的文化氛围中学习和生活;有的学校注重管理，将学校的办学特色内化为学校管理体制，建立起学校精细化管理体系，其特色课程开发与管理相结合，打造了学校人人自我管理的办学特色。

案例——"八悦"课程的三重境界

燕子矶中心小学历史悠久，其最前身是清朝末年的慈仁小学。陶行知先生曾在这里做生活教育的实验研究,行知思想、行知文化一直引领着学校的办学方向。多年来,学校沿着生活、共同生活、愉快地共同生活的轨迹,逐步明晰了"悦群"教育特色。在特色发展的征程中,学校一直把研发校本课程作为助推器,以满足学生的个性化要求,促进教师的专业化成长,丰富学校的办学内涵。

该校校本课程名曰"八悦"课程。从 2007 年开始,学校就走上了校本课程研发之路,"八悦"课程的研发经历了三重境界(具体见本章第三节)。"八悦"特色课程改变了过去单一化的课程实施状况,基于学校的历史传统、资源优势等方面的独特性,综合表达学校教育理想的课程,涵盖课程体系、教学理念、教学法等内容,真实地反映了学校的价值取向、管理哲学、行为方式、办学风格。

2.落实特色课程实施方案

(1)加强培养教师开发课程的能力

教师是课程方案实施的重要保障,是联系教育素材与学生的关键,特色课程需要教师理解、掌握并教授。在办学特色课程化的形成过程中,学校往往通过多种途径优先培训和造就一批专长教师,除了在学校内为他们提供多种机会外,有的学校还把他们直接送到高等学校及专业培训机构进修和培训,以提高其专业水平和能力,从而打造一批专业基础扎实、思维敏捷的具有较强科研能力的专业教师。通过培训,许多教师不断地学习摸索,从不熟悉到能运用自如地进行特色课程教学,这个过程同时也恰到好处地激发了他们的学习热情,给他们提供了一个学习的机会和动力。课程实施过程与教师专业发展有机整合,逐步建设一支敬业爱生、能发现学生特点、为学生发展提供个性化支持、有课程开发意识与能力、课堂教学设计与组织能力以及教学评价与管理能力的教师队伍。

案例——小船儿载着大梦想,总有一天会远航

我区花园小学是一所普通的农村小学,毗邻长江第一大集装箱码头龙潭港,外来务工子女占40%左右。结合地域文化和学生特点,以及可以利用和开发的资源,学校决定开发航海模型特色活动,引导学生参与到以航海模型为主要内容的知识积累、动手操练、想象创新、展示竞技的系列活动中,以此提高学生科学素养。

2013年我区"卓越课程计划"启动以来,花园小学将航海模型活动课程化,推出《小小航海家》课程,并列为学校重点打造课程。该课程以航海模型活动为课程载体,以争当"小小航海家"为抓手,帮助学生了解船舶与历史、科学、艺术、体育、国防、文学及传统文化等方面的联系,整合学科资源,开发相关阅读文本,让学生在系列活动中增长智慧,享受快乐。

课程开发之初,学校从地处长江之滨、毗邻龙潭港的地理优势入手,凝练出"卉乐·船文化",作为"小小航海家"课程的文化引领,以此不断培养学生的动手动脑能力、创新意识和国际视野,不断提升科学素养。

由科创活动转型为成体系的课程,可以让每一个孩子都参与进来。为此学校教师提出了"小小航海家"课程实施方案,出台了课程评价体系,引入海洋知识及爱国主义教育内容,分低中高年级编写了三套校本教材,利用校本课全面实施教学。

花园小学"小小航海家"课程实施方案

低学段(以认识与了解为主)

单元划分	学习内容	学习目标	课时
船与历史	1.船的昨天 2.伟大的航海家 3.郑和下西洋	了解古代船的发展历史，历史上伟大的航海家和航海经历	6课时
船与科学	1.各种类船的科普图 2.折叠乌篷船 3.小船游戏	认识不同种类的船，简单了解船的结构	8课时
船与国防	1.祖国的海疆 2.海军故事	了解我国的海疆、海域，培养爱国情感	4课时
船与艺术	1.船舶歌曲 2.简易船绘图	感受船在不同艺术形态中的文化	6课时
船与奥林匹克	1.了解帆船运动的发展 2.了解帆船比赛 3.帆船运动观赛礼仪	感受帆船运动的魅力，了解奥林匹克帆船运动	5课时
船与文学	1.诗句中穿梭的船	掌握与船舶有关的诗句	2课时

中学段(以拼装与改造为主)

单元划分	单元学习内容	学习目标	课时安排
船与历史	1.船的今天 2.伟大的航海家 3.第一个拥抱地球的人	了解现代船的发展情况，历史上伟大的航海家和航海经历	6课时
船与科学	1.纸质导弹舰艇模型 2."南湖船"仿真模型 3.软陶乌篷船模型 4.纸质气垫船模型	认识不同种类的船，简单了解船的结构	9课时
船与国防	1.什么是港口 2.中国的港口 3.家乡的港口 4.海军的故事	了解港口文化，我国的主要港口，家乡的港口，培养爱国情感	4课时
船与艺术	1.船舶歌曲 2.影片欣赏 3.名画欣赏 4科学幻想画《未来的船》	感受船在不同艺术形态中的文化	6课时

(续表)

船与奥林匹克	1.了解皮划艇运动的发展 2.了解皮划艇的种类 3.皮划艇运动观赛礼仪	感受皮划艇运动的魅力，了解奥林匹克皮划艇运动	4课时
船与文学	1.诗句中穿梭的船	掌握与船舶有关的诗句	2课时

高学段(以制作与竞赛为主)

单元划分	单元学习内容	学习目标	课时安排
船与历史	1.最先进的战舰 2.船的明天	了解最先进的船与未来船的发展趋势	2课时
船与科学	1.航海模型介绍 2.空气动力快艇的拼装 3.各种类船只模型拼装 4.遥控船航行 5.遥控船水上足球竞赛	认识不同种类的船，简单了解船的结构	18课时
船与国防	1.中国十大名船 2.海军军服的故事	了解港口文化，我国的主要港口，家乡的港口，培养爱国情感	4课时
船与艺术	1.船舶歌曲 2.轮船简笔画 3.名画欣赏	感受船在不同艺术形态中的文化	6课时
船与奥林匹克	1.振臂高呼勇夺金 2.了解皮划艇的种类 3.皮划艇运动观赛礼仪	感受皮划艇运动的魅力，了解奥林匹克皮划艇运动	2课时
船与文学	1.诗句中穿梭的船	掌握与船舶有关的诗句	2课时

学校把课程开发定为教师的核心任务，引导教师尝试开发课程、实践课程、创编课程；努力发挥骨干教师团队的力量，带动整个学校的教科研工作，同时也为优秀教师的提升搭建平台，进一步促进他们的专业发展。"依托航模项目，彰显科技特色"校本主题教研活动获区第四届校本主题教研活动一等奖。该校多位教师围绕校本课程展示了示范课，并与全区的教师交流探讨如何开展主题校本课程。2014年5月，以"依托船模项目、整合课程资源、提升科学素养"为主题的区第五届校本研训活动，受到了市教研室等专家的一

致好评。

花园小学这所农村小学的蜕变启示我们，特色课程的开发过程不仅是学校办学特色日渐丰满的过程，也是学校教师整体素质快速提高的过程，它给学校带来的持续发展能力不可低估。

(2)重视规范课程管理制度

学校课程的管理离不开以校为本的课程制度和管理运行机制的建设。面对丰富的课程资源，我们的体会是：采取抓住关键、重点落实、分层推进的动态管理模式，最终让课程活起来，让师生动起来。

我区各校将校本课程分为必学型课程和选学型课程两类，必学型课程分年级安排在课表中，选学型课程在第二课堂中实施。学校均确定了课程管理制度，包括实施性教学计划、特色课程开发、教师建构性实施课程管理和学习者自主选择课程的管理制度，成立了由教育专家、学科带头人和教学一线骨干教师组成的学校课程改革工作小组，负责主干专业课程标准、教学计划、教学模式、课程评价标准、特色课程的开发。

(3)建立课程系列化体系

特色学校建设要求学校建立特色课程运行机制，从时间、内容、形式上确保特色课程的实施，并将其融入到常规教学活动中。我区部分学校经过3年来的不断研究，探索出了适合本校实际的课程化体系。

案例——"鹂岛"，一座充满野韵和活力的江中乐学园

"一江春水将绿绕，举头远眺是二桥。芦蒿马兰随处见，喜鹊斑鸠满地跑。"这是驰名遐迩的"江中鹂岛"——八卦洲的生动写照。"鹂岛"不仅有美丽的洲景，还有良好的生态，处处鸟语花香，而有着60多年办学历程的八卦洲中心小学，就是"鹂岛"上一颗璀璨的明珠。

学校为了满足学生多元发展、张扬个性、陶冶情操、提升素养的需要，充分挖掘地域特色资源、传统文化底蕴和特色课堂魅力，倾力打造属于自己的"鹂岛野韵"特色课程文化体系。在借鉴、传承卢梭的"自然教育"、苏霍姆林斯基的"全面发展"、陶行知的"生活教育"等教育思想的基础上，该校构建了一系列独具特色的课程，分别是野韵、江韵、桥韵、诗韵、鼓韵、拳韵和画韵。

课程系列以活动为主要载体，以满足学生需求、发展学生个性、培养学生特长为核心，以全面提高学生素质为根本。该课程打破了分科的知识体系，按

照地域资源的特点和学生实际,依据目标体系,围绕"鹏岛野韵"主题性课程板块编排,呈立体网状结构。该课程与各学科课程有机结合,是对国标课程的二度开发与拓展延伸。

(4)挖掘学生潜能

根据加德纳的多元智能理论,人的发展存在着语言、数学逻辑、音乐、身体运动、空间、人际关系及自我认识等多种智能。但是,目前学校教育的开发主要集中在语言、数学逻辑等智能上,对学生的其他智能开发重视不足。以创建学校特色为目标的课程开发恰恰弥补了现行学校教育的不足,因材施教,挖掘了学生的潜能,培养了学生的特长,促进了学生的个性化发展。

案例——"i 创新俱乐部"灿烂阳光洒在每个孩子身上

南京市太阳城小学是 2002 年新建的一所现代化学校,学校拥有优美的校园环境和现代化的办学条件,基础设施和教学设备已达到省级教育现代化的标准。近年来,为创建省数字化示范学校,学校投入近 100 万元用于软硬件的建设,还专门成立教育信息化领导小组和信息中心,配备 1 名专职人员和 3 名兼职教师。自建校以来,学校一直开展各种电脑制作活动。2013年,太阳城小学成为我区首批"阳光教育"特色学校,各种特色课程建设也应运而生,"i 创新俱乐部"特色课程的打造也提上了日程。

随着数字化示范学校的成功创建和学校科技创新活动的开展,"i 创新俱乐部"特色课程基本建成。课程主旨是充分利用学校现有的现代化教育资源,激发学生的创作和创新灵感,最大限度满足学生多元化发展的需要。该课程分为电脑绘画、电子报刊、电脑动画、智能机器人等 4 个模块,通过丰富多彩的电脑制作学习来丰富学生的学习生活和课余生活,鼓励学生学以致用,激发创新精神,培养实践能力,让每一个学生都能有适合自己的发展,全面推进素质教育。

"i"包含三层含义:(1)i(我):我是俱乐部的主体,我是学习创新的主人,强调每一个都要参与、每一个都能收获成功。(2)interest(兴趣):兴趣是最好的老师。兴趣是学生们加入俱乐部的首要前提,同时,培养兴趣、发展能力、形成特长也是俱乐部的美好愿景。(3)invention(发明、创造):创新是俱乐部的精神,鼓励学生用自己的聪明才智打破常规,匠心独具,不断探索、乐于创新。

"i创新俱乐部"的最直接受益者就是学生。自2009年成立"i创新俱乐部"以来,该校学生在电脑绘画、电子报刊、智能环保机器人、虚拟足球比赛、网络夏令营等方面都取得了不同程度的进步,在全国、省、市、区级举办的电脑制作等比赛中捷报频传,不仅获奖人数多,而且获奖面广,获奖级别高。先后有近百名学生在省、市、区电脑制作比赛中获奖,在全国中小学信息技术创新与实践活动智能环保机器人比赛中,该校2人获一等奖,4获二等奖,2人获三等奖。

"i创新俱乐部"给了太阳城的学生们一方空间,使每一个学生在属于自己的领域里个性张扬;"i创新俱乐部"给了太阳城的学生们一个舞台,使每一个学生尽情地挥洒自信、全面发展。

(5)重构学校文化

学校办学课程化实际上是学校整体发展的一次重新定位和自我设计,其目标是形成学校特色,重塑学校形象。

案例——"雨竹琴韵"让传统文化与现代文明双燕齐飞

南师附中仙林学校小学部开发的"雨竹琴韵"课程,以学校"诗意雅韵"文化为引领,着力推动民乐特色课程文化建设。这一建设的核心就是国家课程校本化和校本课程特色化。该校地处仙林大学城,大学城高端的发展、丰厚的资源以及家长对优质教育的需求,为学校的发展方向和文化特色建构奠定了良好的基础。建校以来,学校立足弘扬祖国传统文化,努力构  建现代文明学校,坚持以人为本,精心打造师生共同发展的广阔平台,全面实施素质教育,课程改革不断深化,学校"诗意雅韵"的文化核心也逐渐清晰。根据自身教育资源,学校以继承和弘扬祖国传统文化为突破口,确定了以"传统文化与现代文明双燕齐飞"为主题的特色办学目标,着力开发民乐特色课程,培养学生民族音乐素养,学习民族器乐演奏技能。比如,该校特色课程中的"活动课程"板块中,就包含下列4种形态:

(1)"八乐"活动。学校在民乐项目管理上主要以八项活动来支撑,分别是乐·诗,乐·文,乐·歌,乐·画,乐·舞,乐·俗,乐·演,乐·星。(2)艺术交流。该校是南京市中小学器乐类艺术活动中心学校,在南京市内就有南昌路小学、

小营小学、古雄小学等联盟学校,他们充分利用上述平台与兄弟学校开展交流。作为南师附中集团的一员,附中这个大家庭也给了学校更多相互学习与交流的机会。(3)竞赛与展演。学校每年举办一场新年音乐会,邀请家长和相关领导及关心学校教育的人士前来观赏,全校师生同时收看现场视频直播。每年"六一",在市、区组织的器乐比赛中,该校学生都获得优异成绩。各级各类的艺术展演和竞赛活动给孩子们创造了更广阔的展现舞台。(4)数字课程。又分为微视频、专题网页、专题片和数字资源库4类。

经过两年多"雨竹琴韵"课程的教育,南师附中仙林学校小学部的校园文化发生了较大的变化,呈现出独特的"新、整、洁、静、雅"风格,课程更加适应学生成长的需要,尤为重要的是,课程的实施内化了学生的行为习惯,让教育成为一种自然的存在。

通过特色课程的建设,特色项目的打造,学校的育人环境、办学条件、师资队伍等各方面都得到了发展与完善,学校特色文化得到进一步彰显,学校特色品牌已经初步形成,学校的办学品质得到整体提升。从这个意义上来说,学校办学特色课程化的过程既改变了学校的形象,又重构了学校文化。

二、栖霞区特色课程建设操作细则

(一)宏观层面课程建设

宏观层面建设主要侧重于特色课程的整体设计,包括以下两个方面:

1.整体设计课程各个要素

从课程目标、课程内容、课程实施方式、课程资源开发、学习评价方式到课程管理与保障等方面进行整体设计,提出具体的要求,编制《课程指南》。下文着重对课程目标、课程内容和课程实施方式等几个方面分别加以具体说明。

——设计课程目标

从知识和技能、过程和方法、情感态度和价值观来设计课程目标。特色课程的总目标为以下三个方面:

·接触和亲近自然、考察和参与社会、关注和反省自我,获得对自然、社会和自我的体验,初步形成对自然、社会和自我的整体认识。

·经历问题研究的过程,获得研究活动的体验和经验,初步掌握研究问题的方法。初步具有发现问题、探究问题和解决问题的能力,收集、处理和运用信息的能力,自我规划、自我管理和自我发展的能力,合作、交流和表达的能力。

·养成科学态度、科学精神、科学道德和人文素养,树立正确的价值观。培养创新精神,形成合作和分享的意识。具有公民意识和社会责任感。

——构建课程内容

开发特色课程的重要环节,是构建特色课程的内容。但是前一阶段对特色课程内容的认识,仅仅停留在课程内容具有开放性、综合性、实践性、生成性等特点比较表面的层面上,至于课程内容具体是什么则比较模糊,许多深层次的问题没有得到解决。为此,我们对特色课程的内容进行了专题研究,着重解决了以下几个方面的问题:

·特色课程内容范围涉及自然、社会和自我三大领域。

区内各校开发的特色课程内容相当丰富,既包括自然科学(i 创新、航海),也包括人文社会科学(鹏岛野韵);有的偏重于社会实践,也有的偏重于文献研究或思辨。特色课程的内容面向学生的整个生活世界,涉及自然、社会和自我三大领域,它关注与人类生存、社会发展密切相关的重大问题,关注学生所生活的自然环境、社区环境,关注周围的人和事,体现个人、社会和自然的内在整合,并且随着学生生活的变化而变化。

·特色课程的内容框架由一系列主题组成。

自然、社会和自我三大领域只是特色课程内容的范围,作为特色课程的内容还必须细化。其课程内容框架由一系列主题组成,例如,环境、健康、科技、文艺、信息、国际、交通、社会、社区、家庭、学校和学生等。

各校特色课程内容框架具有多种组织方式。特色课程内容的呈现形式是主题单元和问题单元,每个单元都围绕主题或问题,通过活动将有关的知识技能、过程方法和情感态度价值观等内容组织成一定的系列。特色课程内容的组织方式,既有一定的规律、递进和序列,又有适当的交叉、融合和多维。这些主题形成若干个并列的模块,组成整个学校特色课程的内容。有的是递进式,按主题的不断递进形成一定的系列;有的以研究问题的复杂程度逐步递进形成系列;也有的是网络式,既从横向考虑,从社会、自然和自我等领域选择不同的主题,又从纵向考虑,使每个主题从低到高有所递进,并将它们进行整合形成网络;还有的是自主式,学生根据自己的兴趣爱好、知识基础和研究水平自主地选择问题。

——有效采用课程实施方式

与此同时,区内各校特色课程的实施方式丰富多样,没有固定的模式。常用的方式有:在游戏、活动中进行研究;在动手操作制作物品的过程中进行研究;在社会实践中进行研究;进行某一项活动的设计策划;围绕某一课题开展的研究等。

实施过程各个阶段也呈现出不同的方式。有的选择主题、课题或项目,由学生根据自己的兴趣爱好和意愿自主选择;有的由学校或教师提供课题库,让

学生从中自由选择;有的由学生和教师共同协商进行选择;还有的由学校或教师提供较大范围的主题,让学生从中选择子课题。

成果表达有多种形式,如图画、照片、模型、实物、录音、录像、光盘、网页、诗歌、节目、口头报告、书面报告和论文等。

成果交流也可以有多种方式,如班报、刊物、展览会、演讲会、答辩会、研讨会、节目表演等。

2.整体设计特色课程体系

(1)每个学段都有明确的课程目标

特色课程目标分两个层次:总目标和学段目标。学段目标又分成若干个层次,各个学段的目标逐步递进,形成特色课程目标体系。

(2)各年级段采用不同的实施方式

小学阶段的特色课程采用主题探究活动的方式。选择密切结合生活实际的、学生感兴趣的、适合小学生年龄特点的主题,通过游戏、角色扮演、参观、考察、动手操作等活动形式,让学生进行观察、测量、实验、调查、比较、分类等探究实践。低年级和中年级通过探究活动,着重培养学生的好奇心,初步形成问题意识和探究习惯;高年级通过探究活动着重学会一些简单的研究技能。

(二)微观层面课程建设

微观层面课程建设主要侧重于学校特色课程建设和特色课程的操作实施,下面就学校课程建设、课程资源开发和课程组织管理等方面加以具体说明。

1.建设多样化的学校课程

根据区内各个学校基础、办学水平、学生来源和师资队伍不同的特点,我区小学在特色课程建设上采取多种模式。

2.开发多元化的课程资源

(1)建立校外学习基地

很多学校在校外建立特色课程学习基地,与素质教育基地、科技馆、博物馆、德育基地、名胜古迹、革命圣地、工厂、农村、养殖场、部队、高等学校、科研单位、企事业单位等挂钩,开展研究活动。

(2)建立校内工作室和活动室

有些学校在校内除了图书馆、理化生实验室、计算机房等以外,还根据实施特色课程的各种研究需要,建立各种不同的特色课程工作室和活动室,有创新实验室、水质测试实验室、机器人操作室、船模操作室、陶艺操作室、茶艺操作室、艺术创作室、名人研究室、种子俱乐部、美食屋、天文台、展示室、表演中心、辩论台、种植园等。

(3)组建指导教师队伍

许多学校都充分挖掘潜力,在全校教职员工中物色特色课程的指导教师,聘请高等学校、科研单位、国家机关、社会团体、企事业单位的专业人士和家长作为学校特色课程的指导教师。

(4)构建特色课程信息网络

许多学校建立特色课程网站,在网上提供各种特色课程资源,包括研究方法指导、各种资料、参考课题、课题研究案例、学生研究成果等。这些网站不仅是研究资料的来源,而且是研究交流的平台和学习评价、课程管理的工具。八卦洲中心小学对课程开发过程中的所有档案,包括文字、图片、音像等资料进行积累、保存、归类、整理,均有专人负责电子化专项管理。加强对测试数据的分析、研究,拿出可行性意见和操作方案,为校本课程开发的评价和总结提供依据。比如在课程开发中,在学校网站设有"鹏岛野韵"专栏进行宣传、报道,规范数据的上传,同时每次活动的原始数据都有电子化档案管理员负责整理保管,也为课程开发的评价和总结提供了依据。

(5)编制学生学习参考资料

为了便于学生学习特色课程,我区和学校根据不同的需要,分别组织编写有关特色课程学习参考资料,供各种不同情况的学生参考和选用。有些学校根据本校实施特色课程的需要,组织编写体现本校特色的特色课程学习参考资料,供本校学生选用。

(6)编写各种教师指导用书

为了便于教师实施特色课程,组织编写了各种实施特色课程的案例,如《课程实施案例选编》等。为了提供教师指导学生学习特色课程的策略和帮助教师解决指导工作中遇到的困难,编写了各种导师指导手册。为了帮助教师进行研究型课程的教学设计,编写了许多教学设计案例。为了进一步提高特色课程的实施质量,还编写了《课程系列丛书》等。

3.建立规范化的课程管理系统

(1)建立课程组织管理系统

学校根据本校的实际情况建立学校特色课程组织管理系统,明确各级组织和人员的职责,有的根据特色课程的特点,建立相应的新的组织管理系统,有的将学校原有的组织管理系统做适当的调整。比如,八卦洲中心小学成立了课程领导与研究小组。领导小组由校长担任组长,分管副校长为副组长,教导处、教科室与专职教师参与。领导小组着重做好课程的顶层设计,研究过程中各种资源的协调整合等全面性的领导和组织工作。而以教科室主任为主的研究小组(含专兼职、中高年级相关教师),侧重对校本学材的设计、实施、完善等加强研究指导、活动展评、成果总结等。总之,对实施校本课程的每个环节都加强管理和指导;加强教研组的教学研究,每月至少开展一次教研活动;加强教师之间的教学观摩、研讨和交流等。

(2)编制学校课程实施方案

各学校根据《特色课程指南》,结合本校的实际情况,编制学校课程实施方案,明确本校特色课程的目标、内容、实施、学习评价和管理等各项内容。

(3)加强课程实施过程管理

学校加强从选择课题、制定研究方案、开展研究到成果交流等整个特色课程实施过程的管理,建立规范的检查特色课程学习的流程。运用教师指导手册(包括学期计划、活动方案设计、指导记录、教学反思等)和学生学习手册(包括课题的开题报告、研究过程记录、结题报告、成果的鉴定、论文的答辩记录、各阶段的评价等),记录特色课程的实施过程,为学生的学习评价和教师的教学评价提供依据。

八卦洲中心小学加强平时指导与督查。重点加强教师对"鹏岛野韵"校本课程的备课、课前准备、课堂教学、课后记录和总结的指导与督查。比如每月会在专职或先行试用教师的带领下集体备课;教师在授课时,本课程开发管理人员都去听课,了解学生参与课程情况,并对课堂教学作出具体指导;每月一次全面总结,反馈督查情况。

(4)健全各项课程管理制度

学校制定特色课程管理的各项规章制度。例如,南师附中仙林学校小学部制定了《仙林小学办学特色打造方案》、《仙林学校民乐特色管理制度》、《附中仙小民乐教师培训制度》、《附中仙小"乐星"评比办法》等,用制度来约束课程建设实施,确保课程得到落实,提高实效。八卦洲中心小学提出,共订常态化规章制度是规范课程有效管理的前提。在宣传发动、调查摸底、课程开发、有效实施的同时,该校着重制定了学校校本课程开发的研究方案,成立了课程开发组织机构,共议完善了课程开发与实施的相关规章制度,对责任分工、课程性质、课程计划、教学原则、课程推广、档案管理、培训制度、研究制度等方面,逐项逐步作了明确的规定,使课程的常态化实施有章可循。

我区内还有的学校明确特色课程指导教师工作职责,拟制指导教师工作量制度,特色课程开发管理制度,学生学习评价和考核制度,特色课程档案管理制度,特色课程学习的学分管理制度,课题开发、优秀指导教师奖励制度,学生课题研究优秀成果奖励制度等。

第三节 特色课程建设及其案例分析

　　本节以南京市燕子矶中心小学和南京市晓庄学院附属小学语文教师杨柳课程开发案例为切入点,从特色课程体系建构的目标、内容、实施及管理,探讨特色课程建构及实施要素。其中,燕子矶中心小学围绕 "悦群"特色,立足于办 "八悦"之校、造 "八悦"之师、育 "八悦"之人,建构了具有地域特点和学校特色的课程体系。而杨柳围绕班本课程建设,经过认真策划、前期探索,不断在实际操作中修改完善,将过去较为零散、随意的兴趣小组、社团活动加以整合改造,从 "游击队"改编为 "正规军"。经过两年四个学期的实践,杨柳所在班级开发并实施了悦读课程、环保课程、食话食说课程等较有特色的班本课程,班级荣获 "栖霞区完美教室"称号。

案例一

"八悦"课程的三重境界

【学校历史简介】

　　燕子矶中心小学最前身是清朝末年的慈仁小学,后更名为 "燕子矶国民学校"、"燕子矶实验小学",至今已有百年的历史。陶行知先生曾和东南大学乡村教育赵叔愚教授亲自到学校进行指导。1924 年 8 月,陶行知发表名篇《半周岁的燕子矶国民学校》,高度评价当时的丁超校长和他的学校。在《陶行知文集》中,他多次提到燕子矶小学,肯定燕子矶小学是 "著有成绩的乡村学校",并 "与燕子矶小学约设铺位,使远道来校参观的人可以留校做较长时间之研究"。

　　1996 年,为了满足燕子矶地区人民对教育的需求,新建九年一贯制学校 "太平村学校"。2005 年,由于南京市教育布局调整,厂办校剥离,燕子矶小学与多所小学合并,全部迁入 "太平村学校",原来的中学也随之迁出,与燕子矶初级中学合并。学校暂时命名为 "太平村小学",但是学校的主体部分还是燕子矶小学。2013 年 9 月,在多方努力下,经栖霞区教育局批准,学校正式更名为燕子矶中心小学。

　　为了开发历史资源,继承优良传统,形成办学特色,学校一直高举 "学陶"大旗,坚持走行知之路,取得了丰硕成果。2012 年,中国陶行知研究会生活教育讲师团授予学校 "陶行知生活教育实践基地"、"爱满天下陶笛教学实践基地"等称号;2013 年,学校成为行知教育思想联盟学校;2015 年,学校申请成为中国陶行知研究会新教育分会团体会员。

一直以来,行知思想、行知文化指引着学校的办学方向,也提升了学校的办学水平。在生活教育理论的基础上,学校不断传承创新,沿着生活、共同生活、愉快地共同生活的轨迹,逐步明晰了"悦群"教育特色。

在教育特色发展的征程中,学校一直把研发校本课程作为助推器,以满足学生的个性化要求,促进教师专业化成长,丰富学校办学内涵。

【课程研发之路】

燕子矶中心小学的校本课程名曰"八悦"课程。从2007年开始,学校就走上了校本课程建设之路,"八悦"课程的研发经历了三重境界。

第一重境界:昨夜西风凋碧树,独上高楼,望尽天涯路

燕子矶中心小学是一所有着悠久历史的学校。但是,至少在5年前,还是一所无人关注的薄弱学校,学校的知名度和社会认可度不高。2005年,由于南京市教育布局调整,学校与两所厂办校合并。三校合并的初期,学校的发展面临着巨大的压力,师资力量参差不齐,教师团队建设困难重重,学校管理工作千头万绪。也就在这一年,学校原来的老校长退休,新校长刘军接任。

刘军一边熟悉环境、了解教师,一边打造学校文化、谋划学校出路。在梳理学校历史发展的过程中,他发现陶行知先生曾多次到学校指导工作,学校深厚的历史积淀和文化传统给刘军较大启发:要高举行知思想大旗,深入实践生活教育理论。当时,学校一半教师没有研发校本课程的意识。但是,由于生活教育理论深入人心,在校长的引领下,全体教师形成"生活即教育"、"社会即学校"、"教学做合一"等共识,认为"学生的学习生活应该是学生生活的一部分"。于是,学校决定编写一本名为《社区伴成长》的校本教材。

这是学校的第一本校本教材。在组织编写时,很多教师都感到增加了额外的负担,兴致不高。通过多次研讨,编写组最终确定了教材的整体框架,分低、中、高三个年段分册编写。教材主要收集了社区人文历史、地域资源、民间工艺等方面资料,利用社会实践活动的机会,让学生走出校园,了解社区,培养其热爱社区、热爱自然、热爱生活、热爱人民的高尚情怀。这一校本教材中采用的照片都是骨干教师用手机到社区各个地方拍摄的,文字稿也由学校教师编撰。教材编好后,学校就将其纳入校本课中加以实施。尽管缺乏相关教材编写经验,但是,该教材初步解决了学校长期以来校本课无教材可用的尴尬局面。

可是,几年后,我们明显感到教材内容不够丰富,也无法满足一到六年级所有学生的需求。如何创新校本课程?为此,经过多方调研,针对教师们反映最强烈的"电视对学生学习成绩干扰"问题,并通过对学生问卷调查,学校确定开

发名为"电视资源的开发与利用"的校本课程。开发这一校本课程最重要的原因是便于操作和实施,所有教师都能参与进来,对教师的专业化要求不高。但是,由于这一校本课程和前面的校本课程同样有着"拍脑袋决策"的缺憾,此校本课程使用频率较低。此外,该教材只有大纲和使用指南,不能算是真正意义上的教材;大纲编写者为学校中层干部,授课教师还需对此进行二次开发,所以该课程遇冷也在意料之中。

此时,校本课程研发主要还是依赖校内骨干教师,校本课程质量不高,教师们在编写的过程中也吃了很多苦,走了不少弯路;在使用过程中,学生们对教材的预期没有们想象中的热情,教师们普遍感到无可奈何。真可谓"独上高楼,望尽天涯路"。

第二重境界:衣带渐宽终不悔,为伊消得人憔悴

5年前,栖霞区教育加速了发展的步伐,教育局领导高度重视学校内涵发展和特色发展,关注学生的个性发展需求。特别是学校在行知教育思想的引领下,成功申报了省"十二五"重点资助课题《陶行知实验学校现代儿童学习生活的研究》,并面向全区召开了学校省级重点资助课题的开题论证会,触发学校校本课程研究的新思路,校本课程研发已经成为办学的迫切需求。

本着"请进来,走出去"专业提升的宗旨,学校校本课程研发组的核心成员到海门市各校学习"新教育",聆听窗外声音。此举让学校教师汲取了很多优秀校本课程研发经验,教师们燃起了研发校本课程的热情。

"课程建设应当有一种文化情怀",课程建设必须基于学校的教育特色,促进教师的专业发展,适合学生的个性发展。首先,学校课程开发小组思考的是学校的特色文化建设。学校请来多位专家到校指导,包括原江苏省教科所所长、国家督学成尚荣先生。专家带领教师们一起梳理了学校发展历史,顺着学校生活、共同生活、愉快地共同生活的轨迹,敏锐捕捉到了"悦群"教育特质。

2013年4月,在专家引领下,学校最终形成了悦群教育特色下的"三风一训"。校风:悦群。校训:悦仁、善群。教风:悦己、悦教。学风:悦思、悦创。在"悦群"文化的引领下,基于行知教育思想,课程编写组倾力编印了《陶爷爷对我说》这一校本课程。《陶爷爷对我说》一共有四大板块。(1)问答篇。以儿童提问陶爷爷回答的方式,收集了关于陶行知生活教育理论中的一些常见问题。例如:每天有哪四问?怎样创造?等等。通过这样的方式让行知思想根植于全校师生的心中。(2)故事篇。讲述与陶行知相关的教育故事,并且在每个故事的后面都点出了孕育其中的哲理。(3)歌谣篇。收集了陶行知创编的各类耳熟能详的歌谣,在激发学生兴趣的同时,接受爱国、劳动等方面的教育。(4)学陶篇。学

校开展了学陶的诗歌创作,并收录了学生所有一等奖和部分二等奖的作品,让学生也成为校本课程编写的重要成员。《陶爷爷对我说》的编印和学习,在全校掀起了一股学陶师陶的热潮,我们第一次真正感受到校本课程的魅力。

但是,作为学校的校本课程,现有的《社区伴成长》《电视资源的开发和利用》《陶爷爷对我说》,3本教材之间的联系不够紧密,体系比较凌乱,校本课程开发又陷入了困境。但是,《陶爷爷对我说》这一校本课程在省级重点资助课题开题会上得到肯定后,坚定了课程开发小组的信心,我们开始走上了校本课程研发的探索之路。

第三重境界:众里寻他千百度,蓦然回首,那人却在灯火阑珊处

校本课程是学校实现从同质向特色发展的重要抓手。随着"悦群"教育特色的逐步明晰,2014年6月,学校积极申报了区特色项目评比,"悦群艺友社"特色项目在评比中获得区一等奖第一名。此次获奖,对"八悦"校本课程开发起到了举足轻重的作用。

在特色项目申报初期,学校中心组成员围绕"悦群"特色多次探讨如何整体架构学校的校本课程体系。在与专家的智慧碰撞中,结合"悦群艺友社"的各类社团活动,学习其他学校校本课程开发的经验,校本课程编写小组把原来的3个校本课程纳入到校本课程体系中,并逐步完善。同时,突出了"悦群"教育中的核心词"悦",形成了悦燕、悦陶、悦视、悦读、悦心、悦动、悦创、悦研等8个系列课程,覆盖德、智、体、美、劳、群,取名为"八悦"校本课程。

我们借格桑花的形象设计了学校的"八悦"课程效果图(如下图),寓意"八悦"课程旺盛的生命力。"格桑花"藏语含义为"格桑梅朵",格桑是幸福的意思,梅朵即梅花。格桑花是高原上最美的花,具有顽强的生命力。其中,花蕊是基于生活教育的悦群理念,"八悦课"程是其八片花瓣,每一片花瓣都有自己清晰的脉络和迷人的色彩。"八悦"课程各自独立,又因为共通的悦群理念(花蕊),而融为一体。

学校中心组的每个成员都是一个课程的具体负责人,由课程负责人招聘

社团活动教师和其他骨干教师,组建校本课程开发团队,着手编写"八悦"课程配套教材(不是所有的课程都有教材,但是由于特色项目申报的需要,学校的"八悦"课程必须有正式的教材)。

在"八悦"校本课程编写的过程中,我们确定了校本课程编写的6大原则:趣味性、实用性、开放性、系统性、整合性、互动性。在编写过程中,我们统一"八悦"课程的基本格式:封面、扉页、序言、目录、正文。突破了教材编写的一大难点,梳理了贯穿每一个课程自身的内在线索和板块设计(如下表),强调了师生互动的细节描写。

燕子矶中心小学"八悦"课程的内容和板块设计

序号	课程名称	内容及板块设计
1	悦燕	历史传说、风光名胜、文化符号、民风民俗、未来发展
2	悦陶	问答篇、故事篇、歌谣篇、学陶篇
3	悦视	快乐小主播、广播剧表演、优秀电影赏析、英文电影爱看、优秀电视栏目荟萃
4	悦读	春、夏、秋、冬
5	悦心	认识自己、悦群交往、学会学习、快乐成长
6	悦动	悦动游戏、合唱基础、童声合唱、陶歌新唱、鼓的分类、悦群陶笛
7	悦创	折、剪、捏、搭、扎、画、创
8	悦研	衣、食、住、行

每一个校本教材有其内在线索,以下是"八悦"课程的部分内容。

《悦燕》——从燕子矶的历史传说、风景名胜、文化符号、民风民俗、未来发展5个方面,由浅入深的让学生了解燕子矶的历史、感受燕子矶的美、培养学生的社会责任感以及参与社会生活和社会实践的能力,以期达到促进学生素质全面提高的目的。(1)燕子矶的历史传说:风云变迁、幕府渊源、神奇观音阁;(2)燕子矶的风景名胜:燕矶夕照、沿江溶洞、幕燕风光;(3)燕子矶的文化符号:文人荟萃、王侯登临、教育典范;(4)燕子矶的民风民俗:进九食鸡、《南京风俗景》歌谣;(5)燕子矶的未来发展:保护环境 开发资源、天堑通途 连接未来。

《悦视》——以学生的兴趣和直接经验为基础,以"自主、合作、探究"为学习方式,以学生熟悉的生活、学习和社会实践活动为内容,以促进学生知识、能力、情感协调发展为目标,充分发挥广播、电视、电影教育资源的功能,促进学生的发展,努力创建学校的教育特色。由浅入深的让学生了解小主持、接触广播剧、欣赏优秀的电影和电视节目,培养学生的口头表达能力、想象能力、独立欣赏能力,合作表演的能力,促进学生素质的全面提高。让学生在表演中学会交往,提高创造能力;在合作中学会探究,至少掌握一项实践性技能;在学习中学会自信,培养坚毅耐挫的品质。

《悦读》——包括4个单元:(1)草长莺飞时(春天、播种希望);(2)夏天的味道(夏天、面对挫折,坚持);(3)硕果枝头俏(秋天、收获,感恩);(4)放飞梦之翼(冬天、梦想,未来)。单元之间外显联系是春、夏、秋、冬四季的交替,内在联系是播种希望——面对挫折——感恩收获——梦想未来的心理成长的历程。每个单元内部构成是:诵读篇,每个单元开篇以诗歌为主,分别开展优美春、夏、秋冬古诗或现代诗诵读;感悟篇,每个季节都有自己的特征,用美文引领学生感悟勤奋、挑战、梦想、团结等;博览篇,走近世界各地名家文字,体验不同风土人情。关于学生阅读习惯的养成和阅读方法的训练,每单元短文中以小版块的形式予以提醒,力争做到每单元一得。在文章的选择和编辑中,力求突出快乐,突出合作。

《悦心》——分为认识自己篇、悦群交往篇、学会学习篇、快乐交往篇,包括了解自己、学会交往、学会学习、快乐生活等四个方面的内容,这些都是一线的心理教育工作者——班主任多年的教学经验,这些训练寓教育于丰富多彩、生动有趣的活动之中,让小学生在活动中长智、怡情、炼志、育心。有别于其他"心理健康教育"类书籍,该课程最突出的特点就是"活动",心理成长是在活动中实现的,活动是小学生心理成长最重要的动力。在活动中了解心理特点,在活动中监控心理发展,在活动中维护心理健康,在活动中优化心理素质,使学生们心理成长的快车一路欢歌驶向理想的彼岸。

《悦创》——该课程主要是结合学科实践、学生实际生活经验和各年龄段学生的生理、心理特点,收集、重组、重编教材。通过折、剪、捏、搭、扎、画、创等系列活动唤起和提高学生创造性思维的意识,帮助学生学会正确的思维方法,了解自己思维的长处和短处;组织和指导学生参加创造性活动,让学生参与实际的发现、发明和创造的实践活动;对学生进行创造技法的指导,帮助学生掌握获取新设想的技能和方法。

《悦动》——为创设学生更喜欢的体育、艺术活动课堂,为学生综合素质的全面发展服务。该课程依据课程标准,充分挖掘"动"元素:通过体育中的游戏,激发学生的主动参与意识;以"唱"、"动"、"奏"、"演"为4种主要表现形式,采用陶笛、合唱,有民族特色的中国鼓,"省级非遗"龙舞和"区级非遗"莲湘舞等具体形式开展实践活动。在实践过程中使学生初步掌握技能技巧,能够自信、自然地表演,通过与他人的交流合作,不断增强集体意识和协调能力。此外,渗透体育、音乐课程不同领域的知识,拓展学生艺术视野,深化学生对体育、音乐的理解。

《悦研》——该课程一共包括4个板块:衣、食、住、行(如下图),教材中增加了师生互动环节的设计,增加了教材的可读性。

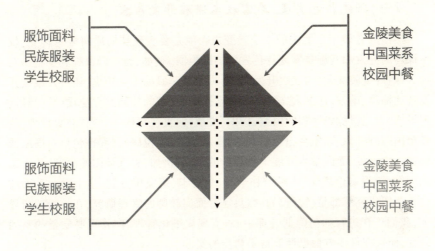

燕子矶中心小学《悦研》课程的板块设计

衣:服饰面料、民族服装、学生校服。最后一部分梳理了学校校服的发展史,让学生参与校服的设计。

食:金陵美食、中国菜系、校园中餐。最后一部分引导学生对学校中餐进行调研,提出中餐搭配的合理建议。

住:中国民居、江南名居、校园景点。最后一部分引导学生对校园景点进行设计和命名。

行:交通工具、交通规则、绿色出行。最后一部分引导学生对南京地铁1号线的北延进行探讨。

4大板块的设计还有一条暗线,即提升学生采访、访谈、问卷、实地考察等研究性学习的能力。

总体来说,"八悦"课程基于学生的个性化发展,内容丰富,主题突出,个性鲜明,在学校的课程建设中显示出了勃勃生机。所有社团活动和学科骨干教师均参与到教材的编写当中。此时,学校校本课程开发进入第三种境界:"众里寻他千百度,蓦然回首,那人却在灯火阑珊处"。

【课程实施之法】

"八悦"课程在实施过程中不仅得到了学校教师青睐,也获得了各种荣誉,先后被评为栖霞区和全国的"十佳卓越课程",并在各种校本课程培训活动中作了经验介绍。在"八悦"课程实施中,我们有以下几点思考:

(一)围绕特色发展,丰富校本课程开发内容

栖霞教育转型发展中的四个转变之一就是要实现从同质向特色转变,校本课程的开发和实施是实现特色发展的助推器。例如,《悦燕》课程其实就是对地方课程《金陵文化》的二次开发,主要讲述燕子矶的人文历史,还可以继续开发讲述栖霞、南京、江苏人文历史的校本课程,我校的校园文化建设(校园景点解说词)也是《悦燕》课程的内容,借助《悦燕》课程使我校学生在"放眼世界、胸怀祖国"的同时心系家乡,具有浓浓的家乡情结。《悦研》课程也包括对国家课程的二次开发,面向学生开展学科教学的研究,例如,思维导图的研究、数学思维训练、英语口语教学、小组合作学习、免写卡、班级积分制、学生学业水平评价改革的研究等都是《悦研》的内容;还有面向教师的管理研究,在校长的指导下,我们正在进行如何降低管理中心、实现扁平化管理、向管理要质量的系列研究,而且在许多方面已经取得了初步的实效。

(二)注重有效实施,夯实校本课程过程管理

1.校本课程的实施必须有时间保证

(1)"八悦"课程进课表。活动课程化,同时课程也要活动化。因此"八悦"课程首先进社团,各社团活动都有校本课程的支撑。2015 年,我校成功创建"悦群艺友社"特色项目,并且取得了全区特色项目创建总分第一名,其主要原因就是该社团有校本课程的支撑。

《悦创》和《悦动》课程中的手龙、莲湘舞、悦群鼓舞、陶笛、智高拼搭、创意油泥、丝网花不仅在特色项目中获得精彩展示,而且课程开发硕果累累。《悦动》课程的孩子们积极参加校内外各项演出活动,丰富了自己的生活阅历。"手龙舞"和"莲湘舞"应邀参加扬子晚报社和燕子矶街道联合举办的"扬子社区

行"活动;青奥期间,中国鼓、合唱、陶笛社团的孩子们曾两次参加由南京青奥组委会联合龙虎网承办的"我要上青奥 我想去南京"CEP达人秀活动,博得了在场观众的一致好评;"手龙舞"社团通过层层选拔,参加了青奥城市庆祝广场演出。文化教育部授予我校"青奥小伙伴俱乐部"奖牌,给每个学生都颁发了荣誉证书。

另外,学校校本课使用了"八悦"中的《悦燕》(1–2年级)、《悦研》(3–6年级综研课)、《悦视》(3–4年级)、《悦陶》(5–6年级)。其中,《悦研》教材中的《金陵美食》一课,被推荐为市级公开课,并得到了专家好评。

(2)"八悦"课程与国家课程整合。《悦动》课程的悦群游戏在体育课堂教学中推广运用。2014年10月,学校开展了悦群游戏教学的校本主题展示活动,提倡"让学生在游戏中快乐学习成长"。学校体育组承担了市级体育教研活动,《悦动》课程得到了专家的高度认可。

2.校本课程实施必须有人员保障

(1)校长是校本课程开发和实施的领军人物。校长既是校本课程开发的决策者和参与者,又是校本课程实施的监督者和守护者,校长要具有一定的课程领导力。

(2)教师是课程开发的核心人物,教师团队是课程开发的主要力量。学校的"八悦"校本课程研发都是教师团队合作的成果。

(3)社区艺人和家长是校本课程开发实施的重要补充。社区非遗传人进校园,家长进课堂,进一步提升了校本课程实施效果。

3.校本课程的实施必须有制度保障

学校成立校本课程领导小组,建立校本课程的管理制度,例如校本课程审议制度、校本课程培训制度、校本课程评价制度等,鼓励教师结合自身特长,自主开发和实施校本课程。目前,我校正在探索校本课程的评价方式,面向"八悦"课程的"悦群小达人、悦群小艺友、悦群艺友社"的评比,还有"七悦"章的评比,保证了校本课程的有效实施。在燕子矶中心小学《振兴阅读计划》的指导下,我校《悦读》课程中还开展了"悦读小书虫、悦读小学士、悦读小博士"评比,激发学生阅读的兴趣。

4.校本课程的实施必须有展示舞台

(1)活动展示。例如"六一"文艺汇演,"元旦"才艺展示、青奥广场演出、家长会、家长学校、校务委员会、特色项目创建现场等都是课程展示的重要场所。

(2)场馆建设。《悦动》课程实施中学校建设了龙馆,展示了龙文化的丰富内涵;正在规划中的陶子学堂更是"八悦"课程展示的重要舞台。

（3）网络资源。在学校网站建立"八悦"校本课程网络资源库,拓展了校本课程交流的渠道,实现了优质课程资源共享。

（4）搭建平台。雏鹰电视台是《悦视》课程的成功之作,学校的校园广播剧《饭盒里的爱》在南京市获奖,《心锁》获得全国广播剧银奖。如今,学校的每一处景点(悦群十景)、每一面墙壁,甚至过道和走廊都已经成为"八悦"校本课程展示的场所。

5.校本课程开发的创新之举——微课程

"八悦"课程统领全校的校本课程,但是校本教材一共只有 8 本,远远不能满足 1000 余名学生的个性化需要。所以,我们主张教师要对"八悦"课程进行二次开发,形成自己的微课程,让课程引领孩子的成长。

如今,我校已经开发了《悦心》微课程:《一年级新生的学习习惯》、《开学第一课》。《开学第一课》除了教师给家长写信外,还请学生和家长参与写回信,在信的字里行间,我们能感受到教师、学生、家长的心灵成长历程。此外,还有各班的班级文化、悦群博客使用指南等。我校还将依托《悦心》课程,依托德育中心组,构建学校立体德育网络课程体系。

《悦研》的微课程:"积分制"是对学生学业水平评价的改革,学生所有的活动都纳入积分。在巡课中,我们无意间发现任课教师上《水乡歌》时,让孩子唱水乡歌《水乡的孩子爱水乡》、看水乡景、写仿写水乡诗、了解水八仙,其实这也是一种微课程。还有《悦读》课程中的班级作文汇编,《悦研》微课程的微课录制,悦群手操等,这些微课程,让我们确实感受到"校本课程是师生共同的旅程、是师生用脚走出来的路"。在"八悦"课程的实施过程中,在全体师生生命交融中,燕子矶中心小学的"八悦"课程之花一定会更加绚丽多彩。

学校:南京市燕子矶中心小学
执笔:戴春霞

【案例分析】

从燕子矶中心小学研发"八悦"课程体系的历程中,我们可试做如下分析:

一、"八悦"课程研发继承了学校文化传统

"八悦"课程研发继承了燕子矶中心小学优秀的文化传统,学校文化也奠定了课程研发的底色,滋润了课程研发的亮色,形成了课程研发的特色,课程研发进一步丰富了学校文化,促进了学校的办学品牌的形成。如今,"八悦"课程已经成为学校师生共享的优质资源，正在引领全体师生过一种幸福完整的教育生活。

二、"八悦"课程建设基于学校的特色建设

2013年，学校成功申请了省级重点资助课题《陶行知实验学校现代儿童学习生活的研究》，至此，学校在深入实践生活教育的基础上，沿着生活、共同生活、愉快地共同生活的轨迹，逐步明确了悦群教育特色。悦群即快乐的共同生活、共同学习、共同成长。校本课程建设就是其中一个主要的研究内容，学校全体教师不知不觉地卷入到课程建设中来，使课程建设具有了无限的生命力。

三、"八悦"课程实施促进了师生生命成长

学校的课程研发经历了很长的时间，课程的整体架构、顶层设计更是让他们绞尽脑汁。如今，借格桑花的形象设计了学校的"八悦"课程效果图，寓意着校本课程旺盛的生命力。"课程的丰富性决定了学生生命的丰富性"，无论是自上而下的悦燕、悦视和悦陶课程，还是自下而上的悦读、悦动、悦创、悦心、悦研课程，学生能够得到非遗传人的指导，得到民间艺人的指点，得到教师的精心点拨，教师的微课程研发的热情高涨，"八悦"课程的实施促进了全校师生生命成长。

四、"八悦"课程评价体系逐步健全优化

在"八悦"课程研发和实施过程中，课程开发小组不断总结开发和实施的经验，详细制定了《燕子矶中心小学校本课程开发和实施细则》，其中包括校本课程申报、审批、实施、评价等，特别是校本课程的评价更加全面，既涉及结果评价，又涉及过程评价；评价的主体多元化，既有教师，又有学生，还有家长。学校的校本课程评价体系不断健全，课程实施更加规范有序。

燕子矶中心小学"八悦"课程研发之路，其实还为众多老校办成特色学校指明了一条路径。

第一，梳理核心理念，明确发展方向。燕小具有深厚文化积淀，如何让这所百年老校焕发新的生机，适应和迎接新世纪的挑战，是学校一班人一直在深深思考的问题。校长带领教师，总结、提炼出学校在不同历史时期的精神内涵，特别是对陶行知先生"生活即教育"、"社会即学校"、"教学做合一"的教育理念发生了强烈认同和共鸣。而这种认同和共鸣，既是燕小百年积淀的学校精神的有力生长点，也指明了学校课程研发和培养目标的方向。

第二，智慧管理，创新制度。在新的核心理念引领下，燕小首先注重管理制度的创新。在认真梳理原有制度的基础上，学校开展了一系列制度创新，例如校本课程审议制度、校本课程培训制度、校本课程评价制度等，鼓励教师结合自身特长，自主开发和实施校本课程。校领导、专家、中层管理者与教师平等协商，大家充分发表意见。这种制度的创新，有利于及时掌握学生的成长动态，贯彻学校学期的工作重点，并有助于形成平等、民主的学校氛围。

　　在栖霞区，像燕子矶中心小学这样形成特色学校的老校还有一些。例如，围绕"人与文化"、"人与运动"、"人与自然"、"人与生态" 4 个维度展开研究活动，帮助学生在小学教育阶段更多一些野趣、对田野自然多一些热爱之情、对环境多一些呵护之行、对家乡对祖国多一些建设之志的南京市八卦洲中心小学；以"龙文化"独领风骚的南京市龙潭中心小学，凭借"灵秀校园、灵慧课程、灵动课堂、灵气儿童"抓手，谱写了一幅"灵美教育"的图谱；以"e 善陶园"、"翰墨陶园"远近闻名的南京市栖霞区实验小学等，都是享有盛名的特色学校。此类学校多是继承、提炼、发扬了自身悠久的学校历史文化，同时顺应现代社会的发展需求，适时调整办学思路，确立新时期的育人目标，从而形成了将历史性与现代性完美结合的特色学校。

案例二

晓庄学院附小：过"有知有味"的班级生活

　　班级，一个小集体，却是一方五彩斑斓的舞台，它是教师和学生用智慧和心血描绘的奇妙世界。一花一世界，一叶一菩提。每个班级都应是一个具有魅力的集体，有着自己独特的风格与灵魂。

　　如果你来到我们班前，也许，你会看到我们在津津有味地看五花八门的课外书。为了让大家有更多的课外书，我们会举办"图书交换"的活动。那时，同学们个个兴奋极了，喊的，叫的……图书交换完了，大家更开心了，因为又有新书看了。

　　也许，你会看到我们在朗读课文，根据不同的朗读水平，我们对朗读者分别颁发"入门菜鸟"、"绝世高手"、"天外飞仙" 3 个称号，每个级别分别可以加3~8 分。

　　也许，你会看到我们在环保日那天都拎着一大包可回收垃圾到学校，个个都开开心心。当然，校园里的环保微电影、话剧都有我们的身影哦！

　　也许,你会看见我们用各种水果、五谷杂粮、蔬菜做出了一幅幅精美的食品画。查资料了解食物故事,或者在食品上刻画,我们称其为"食物上的奇思妙想"。

　　以上介绍的正是我班师生经过长时间摸索与实践,开发出的富有班级特色课程。我们的班本课程开设不是一蹴而就的,也不是拍脑袋的三分钟热度,而是经过仔细策划、前期探索、最后在实际操作中修改完善的。经过两年四个学期的实践,我们班级主要开发并实施了悦读课程、环保课程、食话食说课程等比较特色的班本课程。

【课程内容掠影】

特色课程之(一)悦读篇

　　最是书香能醉人,最是书韵能清心。书中所表达的真、善、美对于一个人人格的塑造、灵魂的净化会产生巨大的影响。

　　为了使班上书香盈室,为了使孩子们气度自华,我一直致力于培养孩子们读书的热情。从接手班级开始,班里有组织的读书活动一直在如火如荼地进行着,让学生感受到阅读的无穷魅力,让学生们在书香的熏陶下健康成长。

名著推荐卡片制作活动

个性书签制作

班级旧书交易活动

朗读称号吉祥物设计:

特色课程之(二)环保篇

环境是我们人类生存的必要条件。在社会发展、科技进步的今天,人们已经越来越重视环保,渴望一个干净、健康、环保的地球,缔造一个绿色的家园。

我们班的学生每隔一个星期就参加一次必胜客绿色小超人活动,了解环保知识。同时,孩子们还参与了"垃圾总动员"环保话剧及"绿色陶娃成长记"微电影的拍摄,作品受到了来校参观的美国教育家葛根的好评。

特色课程之(三)食话食说篇

中国饮食文化博大精深,源远流长,特别是一些节日节气的食物更有许多寓意和讲究。我们班的孩子们研究不同节日的特殊饮食习俗,了解饮食背后所蕴藏的文化历史,并亲手制作节日美食。从研究中,孩子们不仅了解我国节日的丰厚文化底蕴,也锻炼了自己的探索、实践、求知与生活能力。

系列活动1

腊八粥文化

在研究腊八节的历史中,孩子们了解到我国喝腊八粥的历史,已有1000多年,最早开始于宋代。每逢腊八这一天,不论是朝廷、官府、寺院还是黎民百姓家,都要做腊八粥。到了清朝,喝腊八粥的风俗更是盛行。孩子们研究了腊八粥的历史、制作的原料、保健功能等知识,亲手熬制了腊八粥、腌制了腊八蒜,不仅合家团聚在一起食用,还可以馈赠亲朋好友。

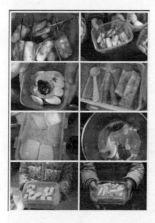

系列活动 2

年糕文化

春节,我国很多地区都吃年糕。年糕有红、黄、白三色,象征金银,年糕又称"年年糕",与"年年高"谐音,寓意着人们的工作和生活一年比一年提高。有诗称:"年糕寓意稍云深,白色如银黄色如金。年岁盼高时时利,虔诚默祝望财临。"孩子们不仅了解了年糕的寓意,也发挥自己的创意,制作了烤年糕、炸年糕、煮年糕、年糕汤、韩式年糕,等等,让传统的年糕成为了时尚的美食。

系列活动 3

素什锦文化

过年的时候,在满桌的菜肴之间,滋味鲜美的素什锦往往格外走俏,即便是再铁杆的嗜肉族,也不会轻易放过这道菜。素什锦,在江浙一带也叫做炒素,是很家常的一道素食,几乎家家户户都会做。只是各地口味不同,选材和做法上稍有变化。孩子们根据自己的创意,加入了不同的食材。比如,加豆腐寓意保平安,加芋头寓意来年遇好人,用十种素菜炒制寓意十全十美。

系列活动 4

元宵文化

元宵节吃元宵是中华民族的又一传统。关于元宵的由来,孩子们了解到了几种传说:一说春秋末楚昭王复国归途中经过长江,见有物浮在江面,色白而微黄,内中有红如胭脂的瓤,味道甜美。众人不知此为何物,昭王便派人去问孔子。孔子说:"此浮萍果也,得之者主复兴之兆。"因为这一天正是正月十五日,以后每逢此日,昭王就命手下人用面仿制此果,并用山楂做成红色的馅煮而食之。还有一种说法,元宵原来叫汤圆,到了汉武帝时,宫中有个宫女叫元宵,做汤圆十分拿手,从此以后,世人就以这个宫女的名字来命名。

此外,还有关于袁世凯与元宵的说法等,光是元宵的传说就有很多种,真是非常有意思。

系列活动 5

饺子文化

民谚有"冬至不端饺子碗、冻掉耳朵没人管"、"初一饺子初二面,初三合子围锅转"。合子也是一种饺子,平时是烙熟, 而初三是煮熟。正月初五叫"破五",也吃饺子。实际,中国人最讲究、最为看重的是大年除夕这顿饺子(也叫"年饭"),这是祖祖辈辈血脉里传承下来的文化之一。饺子皮是圆的,满足中国人祈求团圆、圆满的希望。饺子的形状是扁圆的, 它和古代象征财富的元宝的样子很相似。饺子虽小,文化内涵深着哩!

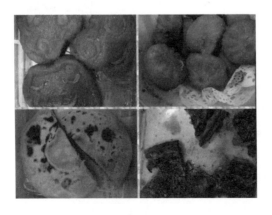

系列活动 6

饼文化

中国饼是黄河文化的一个部分, 黄河流域盛产小麦,面食就是其主流食品,这就是中国饼产生的渊源。相比之下, 米饼品种就少了许多,中国各种饼的另一的特征是把饼作为主食,这也是中国饮食文化的一种特征。

系列活动 7

寿司文化：

寿司原本来自中国。中国辞典《尔雅.释器》记载：寿司也叫"鮨"(qí)，意思是搅碎的鱼肉。寿司的另一写法"鲊"(zhǎ)，意指用盐、米等腌制，让鱼肉发酵后剁碎，煮熟后进食。

寿司的由来、制作方法、种类、食用礼仪等，都是我们研究的范围。

系列活动 8

活珠子文化

活珠子是南京著名的特产，当鸡蛋即将孵成一个生命但是又没有完全成形时，因其发育中囊胚在透视状态下形如活动的珍珠，故称"活珠子"。孩子们通过自己的研究，观其形、嗅其味、品其汤，在品尝中体味着特色美味背后的文化。

系列活动 9

百叶文化

百叶的叫法多见于苏北地区，北方地区称豆腐皮，赣、苏(南)、皖地区称为千张。苏北百叶一般是由煮熟的豆浆浇在布上，再一层一层浇上来，然后用重物压制(有方言名曰"炸")脱去部分水分，最后剥去浇百叶所用的布。

以诗句为证，"荷香的娘端了三个碟子来，一碟豆腐干，一碟百叶，一碟豆腐"，"猪肉鸡蛋山样高，百叶动担挑"。百叶已经成为走进千家万户的美味。

系列活动 10

臭豆腐文化

臭豆腐是中国汉族特色小吃之一，流传于中华及世界其他地方的豆腐发酵制品。王致和发明臭豆腐的故事为孩子们津津乐道，原来地道的小吃背后有着让人惊叹的趣味故事。

系列活动 11

食材中的奇思妙想

这年头，吃货也在他们边吃边作的路上越走越远了。珍惜你身边的吃货，可能他们的创意会让你眼前一亮。一起来瞧瞧我们班的吃货们将食物和图画结合在一起的妙趣创意吧！

【"有知有味"的收获】

1."贴着班级飞翔"更接地气。班级特色课程的开发，满足了学生的不同需要，缩短了课程开发与实践的距离，使我们的课程更符合学生的实际，学生、家长能够更积极主动地参与进来。

2.特色课程强调班级个性。师生共同探索，充分利用班级资源，形成了具有特色、符合班级学生的特长和兴趣的课程；在开发的过程中，师生们充分发挥了独立性、自主性和创造性；丰富多彩特色鲜明的课程内容，使班级也具有了独一无二的班级文化。

学校:南京晓庄学院附属小学
执笔:杨柳

【案例分析】

从教师杨柳对班本课程的开发中，我们可以看出:

第一，发挥教师个性特长，可以培育更多的优质特色课程资源

教师就是课程资源，教师在特色课程建设中的地位和作用十分重要，这一点毋庸置疑。当前，我区大多数学校能够从校本教研和课程建设出发，对中青年教师进行课程培训，激励教师投身课程建设，有些学校还成立了课程研究组或者课程研发团队等。尽管如此，学校优质特色课程资源不足，甚至短缺现象还是普遍存在，为此，部分学校还借用了校外资源，想尽办法为学生开设多样的校本课程。而杨柳等一线基层教师的实践，为我们寻求到一条从班级层面解决问题的出路。

第二，让有个性、有特长的教师走上特色课程建设之路

发现教师的特长——在教育教学实践中，我们看到的每一位教师都具有自己独特的教学风格，有自己喜爱的知识领域，甚至有自己执著的兴趣爱好，这些教师一旦接触到校本课程建设工作，就会表现出较强的实践能力和创新精神，有较大的贡献，教师也将从中发现自身的价值。因此，让这部分教师早一些接触到课程开发，就相当于为特色课程建设开辟绿色通道。

培养教师的特长——"只有教师发展了，学生才能得到最终的发展"，这是世界教科文组织发表的一句宣言，说出了教师的专业发展对学生成长的意义。实践证明，教师的特长也可以后天培养。我们在研究中看到，一些教师带领学生开展课题研究，如通过对中国饮食文化的研究，师生们获得了很多相关知识、信息乃至文化底蕴，教师也成了传统饮食文化的行家，深受学生喜爱。

本章撰稿：王丽　吴兴　宋福云

参考文献

①董辉.对中小学特色学校及其课程建设的观察与思考[J].全球教育展望,2014(6).

②朱治国.学校特色课程建设的深度思考[J].课程研究,2013(5).

③钟启泉.研究性学习："课程文化"的革命[J].教育研究,2003(5).

④石鸥.立足课堂教学,突破知识本位,建设特色课程[J].基础教育课程,2014(12,上).

⑤卫晋丽.特色课程体系建构及管理研究[M].重庆师范大学,2011(10).

⑥何永红.学校"特色课程"的定位及其发展策略[J].教育科学研究,2011(10).

⑦丁玉祥.区域课程建设的基本路径与推进策略[J].教学与管理,2014(10).

第三章
特色课堂建设

第一节　特色课堂建设的内涵分析与文献研究

一、"特色课堂"的基本内涵

1.教学本质与改造学生的学习方式

钟启泉认为,一部教学发展史,说到底无非是"系统学习"与"问题解决学习"此消彼长的历史。这两种学习方式各有其价值,对于基础教育阶段的学生来说都必不可少。问题在于,在我国中小学课堂教学中"系统学习"占据了垄断地位,"系统学习"往往把学生置于一种知识分割、机械练习、教材内容与社会实际严重脱节的教育体制之中,不利于学生的创造精神与实践能力的培养。我国新课程倡导"研究性学习",就是旨在打破分科主义课程的束缚,促进中小学课堂教学从"灌输中心"转型为"对话中心"。①何为"研究性学习"?钟启泉认为,研究性学习即"学生在教师指导下,从学生生活和社会生活中选择和确定研究专题,主动地获取知识、应用知识、解决问题的学习活动"。"研究性学习"作为一种崭新的课程领域和学习方式,承担着追寻学习的真正意义,唤回在传统学习文化的泛滥中悄然隐退的人的尊严。

钟启泉指出,现行学校课程存在三个"断层":与社会、经济、文化的断层;与学生身心发展的断层;与现代学科发展的断层。因此,几乎所有国家都在借助不同层次(国家层次、地方层次、学校层次)的课程标准的驱动,把改革的焦点放在了"改造学生的学习方式"上面。②这是因为,支持教育和教学活动的"学习观"发生了根本的变革。传统的学习观是"输入—产出",即单纯追求"知识传递",追求教师如何把现成的知识输入到学生的头脑之中,以求得高效的产出。与此恰恰相反,建构主义的学习观是"知识建构",即主动的问题解决。所谓"学习"是学习者与客观世界对话、与他人对话、与自身对话,从而形成"认知性实践"、"社会性实践"、"伦理性实践"的"三位一体"的过程。在这个过程里,每个学习者都有一套对信息世界的解读。教学的目标不再是教师知识独白地传递信息过程,而是创造情境让学生以自己的理解方式去解释信息,师生共同参与知识创造性的过程。教师不再仅仅是"教教材",而是与学生一起探索学生所正在经历的一切。学习作为建构知识的活动,一方面成为学生不断质疑、不断探索、不断表达个人见解的历程;另一方面,还超越原有的个人化行为,成为群体合作的行为,成为团队精神和群体意识发展的契机。

成尚荣认为,"教学的本质是教学生学会学习,教学改革必须以学生学会学习为核心;相反以教为主,一味地灌输和训练,甚至简单地'告诉',是对学生学习潜能的漠视,是对学生学习机会、学习权利的剥夺,是对学生主动学习的无情压迫"。③他认为,教学必须以帮助学生学会学习为核心,为使命,为最高境界,这样的变革才是深度的、根本性的。

成尚荣梳理当下关于"学"一些概念,包括以学论教、顺学而教、以学为核心、多学少教、先学后教、以学定教等,认为,这些概念可以形成一个结构,分成上、中、下3层,居于上位的应当是以学为核心。"学"毫无疑问应该是教学的目的,教学的灵魂。居于中间的应当是多学少教、先学后教、以学定教、顺学而教,可以将它们视为保证"以学为核心"的4根支柱。居于下位的应当是讲学稿、导学案、活动单、学习单等等。它们是教与学的载体,载体可以引发整个教学的改革,因此,载体不可忽视,但是绝不能用载体替代整个教学过程,更不能替代教学目的和教学的核心,也不能使之技术化,成为练习册、应试卷。

"以学为核心"这一结构有一个主导思想,即以学论教。从学的核心出发,以讨论、研究的方式改进教学;以学论教,是评价的尺度。以学为目标,教是为了达成学生的学,以此评价教学;以学论教是教学的主线,学生的学贯穿在教学的全过程。

叶圣陶给出过良方,那就是"教是为了不教"。教不是目的,不教才是目的,因此"教是为了不教"应当是"不教之教",即为了不教的教。"不教之教"首先是一种理念和指导思想,即解放学生,鼓励学生主动地、积极地、生动活泼地学,激发学习的欲望和兴趣,让他们处于乐于学习和紧张的智力状态。其次,"不教之教"的核心指向是能力和智慧,不是教知识,而是"转识成慧",获取带得走的能力。再次,"不教之教"是一种策略,关键时候教,教在关键处。关键时教,是学生最需要教师帮助的时候,此时的教让学生"柳暗花明又一村";教在关键处,是指教在内容的深处、难处、转折处、争议处。"不教之教"也是一种方法,是启发、激发、鼓励、引领。总之,"不教之教"不是不教,而是智慧地教,使学生达至高水平、高境界。

2.课堂教学模式释义

何谓"课堂教学模式"?瞿葆奎教授1994年11月在全国目标教学理论研讨会的讲话中指出:"教学模式从静态看是结构,从动态看是程序。"李如密认为,所谓教学模式,是指在一定教育思想指导下和丰富的教学经验基础上,为完成特定的教学目标和内容而围绕某一主题形成的、稳定且简明的教学结构理论框架及其具体可操作的实践活动方式。这一定义具有如下特点:

(1)强调教学模式是指向教学结构的。实践意义上的教学结构包括纵横两个方面:纵向结构是指教学过程中各阶段、环节、步骤之间的相互联系,表现为一定的程序;横向结构则是指构成现实教学活动各要素即教学内容、教学目标、教学手段、教学方法等因素的相互联系,表现为影响教学目标达成的诸要素在一定时空结构内或某一教学环节中的组合方式。教学模式是对教学结构的一种反映和再现。

(2)从静态和动态两个方面揭示了教学模式的中介性。从静态看,教学模式是教学结构的稳定而简明的理论框架,是立体网络的、多侧面分层次的,直观地向人们显示了教学诸因素的组合状态,为人们从理论上认识把握教学模式提供了重要帮助。从动态看,教学模式是具体可操作的实践活动方式,是依序运动的、因果相联的,明确地规范了教学过程的展开序列,为人们从实践上操作运用教学模式提供了具体指导。

(3)强调了特定的教学目标和内容对教学模式的制约。教学模式总是和教学目标、教学内容相联系的,后者制约前者的性质、功能、特点和范围。教学模式本身不是目的和内容,而只能是实现特定的教学目标和内容的工具和手段,不过教学模式与教学目标和内容之间常有微妙的对应关系。

(4)指出教学模式接受教学思想的指导并具有教学经验的基础。告诉我们教学模式的生成原理和逻辑起点,有利于在实际教学中认识和选择教学模式、运用和检验教学模式、归纳和演绎教学模式、发展和创新教学模式。④

有论者认为,课堂教学模式主要是指课堂教学的组织模式。虽然课堂教学模式内含着实践教学,但是,实践教学一般是课堂教学的延伸和补充。无论是何种课堂教学模式,都包含一些基本的要素,即教学指导思想、功能目标、实现条件、教学活动操作程序和效果评价等。⑤其中,教学指导思想是建立课堂教学模式的理论依据;功能目标是课堂教学模式所具有的功能和要达到的目标,它在课堂教学模式的构成要素中居于重要地位,对其他因素具有制约作用,同时也是教学评价的标准和尺度;实现条件是课堂教学模式达到其功能和目标所需的各种条件,如教师、学生、教材、教学手段、教学的时间和空间组合等;教学活动操作程序即课堂教学模式实施的步骤,其关键是教学方法的选择和安排;效果评价就是对该课堂教学模式下学与教所取得的效果进行评价。在这些要素中,核心是功能目标的实现,关键是教学方式方法的采用。

3.课堂教学改革

人类的学习正在经历一场以知识创新与教育创新为基础的深刻变革。在促进我国教育公平和内涵发展的进程中,教学模式的改革是关键。因为教学模式是在一定教学思想或教学理论指导下建立起来的较为稳定的教学活动结构框架和活动程序,不仅反映课程设计者与实施者对待"学"与"教"的态度,还直接影响学习者的学习成效。因此,要保证教育教学活动的顺利推进,促进我国教育的内涵发展,必须高度重视教学模式的改革与完善,尤其是教学模式改革在实践层面的探索。

教学模式改革是人们以一定教育教学理论为指导,在真实、复杂的教育教学实践中,把一个概念形态存在的抽象教学模式变为一个以物理形态存在、可视和可操作的教学模式的过程。教学模式改革的实践探索是推动教学模式改革顺利实施,最终实现教学效能最大化的重要环节。在课堂教学改革的进程中,教学模式起着十分巨大的推动作用。首先,它具有中介性,向上沟通着教学理论,向下沟通着教学方法和教学策略;其次,它具有操作性,教学模式系统化、简约化、结构化,对于改变教学行为习惯、改善课堂结构关系具有积极的作用。

历经10余年的课程改革,在政府行为、专家行为、学校行为、教师行为的推动下,课改的实验场所"课堂"正经历翻天覆地的变革,教师放下身段,学生成了课堂的主人。特别是随着"杜郎口经验"、"洋思先学后教"等课堂教学、模式的推广,一场以发掘人的潜能、激发人的内在动力,以学生自主学习为标志的课堂深度变革迅速席卷了中国的基础教育。"以人为本"的教育思想成功实现了软着陆。

反思课堂教学模式改革,提炼关于课堂教学模式改革的基本思路,概括起来主要体现在以下几个方面:(1)课堂教学模式改革的指导思想是突出"双主体"。(2)课堂教学模式改革的目标是增强学生学习的主动性,提高师生的综合素质。(3)课堂教学模式改革的实现条件是要努力做到三个"最",即最合适的主题、最优秀的教师、最活跃的学生。(4)推进课堂教学模式改革的具体措施是要抓好三个环节:课前的准备、课堂上的引导、课后的总结与反思。(5)课堂教学改革的效果评价是提高学生的满意度。

4.特色课堂研究

课程改革开始之后,教学一线的老师已经越来越充分地意识到,必须进一步深入开展创设符合课程改革要求的特色课堂研究,才能真正达到践行新课程标准、扎实推行素质教育、提高教学质量的目的。⑥因此,开展特色课堂创设工作的研究,努力推进各类特色课堂的形成,对促进课程改革的不断完善和素质教育的扎实开展,具有重要的现实意义。

(1)认识特色课堂的内涵及其特征

开展特色课堂的研究,首先要弄清楚什么是特色课堂。特色课堂,就是课堂的驾驭者在一定理念的指导下,经过长期的探索、研究、实践、积累所取得的一种有别于一般课堂的独特的教学风格、教学方式;在教育资源的消耗上,它能以最经济的代价,取得远远好于一般课堂的教学效果;它是执教者以个人高超、全面的素质为前提,以教学的双边活动为载体,刻意追求的结晶。

所谓特色课堂,就是改变课堂教学的目标指向,把教学本身变成一个载体,一个平台,师生在这个平台上不仅仅以知识的认知程度作为标准,而更多的是以师生获得发展、成长的机会,以生命得到实践历练、感悟体验,从而提高发展质量作为标准。因此,"特色课堂"从执教者来说,就应该在一定理念的指导下,经过长期的探索、研究、实践、积累,在指导学生学习,推动学生发展的路径和教学策略上形成有别于一般课堂的独特的教学风格。

从学习者这个角度来说,"特色课堂"应该是充分实现学生学习方式的变革,学生学习主动性的达成,学生对学习的内容,学习的目标、学习的时空、学习的程序,甚至对学习的结论都能在教师的引导中充分地实现自我调整、完善和优化。从教学论角度考证,特色课堂实质上就是一种独特的教学模式。它是运用"现代科学方法论中模式方法对教学过程中的各因素以及各因素之间的关系进行分析、简化,在经验与科学、现实与理论之间寻求'中介',从而为教学活动提供一个推上有理论基础,推下有操作程序的教学范型"。

教学改革的趋势是使学生把学到的知识运用到具体的社会问题的解决中,增强学生的自主创新能力和动手能力。只有在社会实践中,学生的创新思维才会有不竭的动力和旺盛的生命力，但传统课堂教学模式恰恰忽视了这一点。现代经济社会的发展、信息传播速度的加快、媒体的发达，加之学生年龄特点、心理特点变化等因素，均给课堂教学模式改革提出了新的挑战。因此，如何扬长避短，即在保持或发挥传统讲授式教学模式优势的同时，克服其弊端，创新课堂教学模式，让学生充分参与课堂，真正成为课堂的主人，进而提升课堂教学质量，培养现代化建设所需要的人才，是所有教师必须思考和回答的问题。

特色课堂是关注学生生命成长的课堂。大凡特色课堂的创设者，都会本着"人无我有，人有我优，人优我精"的精神，根据自身实际而精心设计、努力创建。这种努力，必然带来学校特色建设的良性循环。特色课堂的创设，促进教师的专业成长、带动特色学校的创建；教师的努力，是特色课堂创设的基础；特色学校的建设，为特色课堂的创设者提供良好的外部环境。特色学校、特色课堂、特色教师，三者互相依托，相辅相成，互相促进。

现在，人们普遍认为，学校特色建设是当前我国教育改革深入的必然趋势，是建设有中国特色社会主义学校体系的需要。尽管特色课堂不一定就是特色学校的全部，但缺少了特色课堂支撑的特色学校，其生命力将非常脆弱，其含金量将非常有限。

(2)特色课堂创设主要原则

针对传统课堂教学模式存在的弊端，适应教育教学改革的潮流，我们在教育教学改革实践中形成了多种新的课堂教学模式，诸如提问式、情景式、案例研讨式、对话参与式等。

从一般意义上讲，成熟的特色课堂模式，能够充分显示出一种独有的、特别的、超脱的杰出性；它是同一领域发展过程和水平的先进代表及突出表现；它遵循教学规律、顾及社会需要、根据学生实际而构建；原则上以传统的班级授课制为基础而实施。无论特色课堂的创设从什么角度，以什么方式入手，都应注意掌握以下3条基本原则:(1)理论与实践统一;(2)过程与结果吻合;(3)共性与个性协调。

时晓玲在分析反思洋思、杜郎口、东庐三所学校的课堂教学改革之后，提出"教学有法"，中小学课堂教学改革有规律可循，有一定的法则和模式，有一定的基本方法，比如注重学生的知识基础、把握学生的认知规律等。[⑦]但"教无定法"，任何教学模式、方法都不能是机械的，教条的，而是灵活多变、富有个性、充满灵性的，必须根据学校条件、教师状况、教学内容，更重要的是根据学情合理地选择适合学生的方法。她进而提出，模式不可以复制，模式可以学习借鉴,模式可以多元创新。虽然"隔校不隔理",但每所学校都有其特殊的生情、教情、校情。学生的背景、天赋、兴趣与人生观多元,学业水平与学习能力有较大差异性,这就要求中小学教师在课堂教学过程中,需要针对各种因素与条件灵活运用不同的理论设计与课堂教学模式。在课堂教学模式的创建中,也是"一花一世界、一叶一菩提",适合的、多元创新的教学模式才是最好的。

(3)特色课堂有没有标准?

苏格拉底擅长与学生辩论,孔子能有教无类还能教学相长;近现代的教育界,陶行知热衷启发学生、生活教育,蔡元培提倡自由科学、人格教育……大教育家们无不都是坚持出自"人本",深入"人心",达到培养"人"的目的,他们的特色是发现、坚持了个人不同的发展契机。因此,创办特色课堂,也需要清醒地看到教育公平、教育长远,而不单为打造一种形式而倾力。

每一种教育模式都有一定的适用范围、时间和使用条件,也有各种优势和局限。任何时候、任何地方都不存在一成不变的或包打天下的模式。教学没有最好,只有更好。"教学有模,但无定模,贵在创模,无模之模,乃为至模。"作为一名教师,只有不断更新教育理念,不断探索教学的科学规律,不断发展个人的教学特长,努力创造出更多更好的富有个性的课堂教学,才能逐步成长为一位名师。

那么,如何用好教学模式又不拘于模式,进而打造特色课堂?有论者认为,应从以下几个方面着手:第一,教师对教材的理解和解读要准确到位。教学目标不同,教学重点不同,势必有教学方法的不同以及切入点的不同。个性化教学这个"异",不应简单指不同教师采用不同的教学方法,还应包括教师能够结合学生的认知规律,选取一定的角度构建教学过程。第二,教师要根据学生的差异进行教学方法和手段的设计。学生本身就是课堂生态环境构建的主体,其差异性能展现出个体生命的价值所在,这种差异是一种教学资源。正是基于学生的这种差异,才能使得课堂丰富多彩,彰显教学的个性化。第三,个性化教学的宗旨是,在师生的相互作用和影响中实现共同发展。课堂教学中多个主体相互作用,是促进教与学的重要途径。

(4)特色课堂的品质内涵

特色教学在知识传授中具有非常独特的作用和效果,它以其特定的品质内涵影响着学生对教师和课堂教学的综合评价,是教师在课堂教学实践中努力达到和完善的目标。研究者总结出以下4点特色课堂的品质内涵:[⑧]

1.教学方式。首先,教学用语规范流畅,对学生有适应性。其次,形体语言得当。第三,语言条理清晰,富有引导性。

2.教学内容。凡教学具有鲜明特色的教师,一个共有的特征就是对所研究的领域特别是讲授内容十分熟知。教师对所研究的领域及所讲授内容理解的深刻性,是课堂教学具有特色的保证。特色教学认同学生的求知欲,以丰富深刻的教学内容满足学生对知识的渴求,具有特色的教学必然是以其深刻性使学生获得真知的教学过程。

3.教学仪态。具有鲜明教学特色的教师,教学仪态得体自然,行神恰当搭配,同教学内容相得益彰。

4.教学效果。具有鲜明特色的课堂教学,首先表现为既轻松愉悦,又严谨有序的课堂教学氛围。教师特有的渊博知识和授课方式,使学生对知识接受起来较为容易,因而会心情愉悦。教师特有的传授诱导方式,能始终抓住学生的求知欲及其注意力,使教与学融为一体,形成严谨有序的课堂教学氛围。特色教学还表现为启发性强,互动明显。

具体来说,具有一定教学范式的特色课堂是一个以学为主的生本课堂,并具有如下基本特质:

儿童性。教学范式的课堂将儿童置于课堂的中央,成为课堂的首席。

①儿童是自由的探究者

课堂上如果禁锢儿童的心灵,让他们在繁琐的清规戒律中学习、生活,那他们就像一朵朵即将枯萎的花朵,失去生机与活力,最终也将失掉生命。

陶行知先生很早就提出"六大解放"的主张:解放儿童的头脑、解放儿童的双手、解放儿童的眼睛、解放儿童的嘴巴、解放儿童的空间、解放儿童的时间。

在教学范式的课堂里,儿童需要用自己的头脑思考,要用自己的双手去实践、去创造,要用自己的眼睛去观察,要用自己的嘴巴去讨论、去表达,而这一切都需要时间和空间。只有解放了儿童,求真课堂才能真正建立。

教学范式课堂的核心是人本。从儿童出发,"认识"儿童,唯有认识儿童,才能发展儿童。儿童是天生的学习者,他们具有好奇心、展示欲望,课堂就是设法满足他们的这些愿望。

儿童是学习的主体,把课堂还给学生是天经地义的事,特别强调学生思维探求的自由。在课堂上他们可以选择自己感兴趣的学习内容,可以选择自己喜欢的学习方式,可以选择乐于合作的伙伴。

②儿童是无限的可能者

人的发展有无限的空间和丰富的可能性。儿童喜欢好奇、敢于尝试、善于幻想等特点,成为开启无限可能的动力引擎。

教学范式的课堂,让学生成为无限的可能者,强调对儿童潜能的开发。每个儿童都是有待发掘的宝藏,教师的职责就在于观察儿童,发现儿童的种种可能性,呵护他们的童心,帮助他们找到适合自己发展的最大可能性。

在教学范式课堂的舞台上,不仅要展示优等生,还要发展学困生。在这样的课堂里,没有丢失的学生,看不到游离于课堂之外的学生。人人都在自学,都在参与研讨,都在展示学习成果。只是难易不同、深浅不同、形式不同,教师尊重学生的差异,尊重学生的学习个性特点。做到强的不下滑,弱的往上赶,共同进步,缩小差距,力求同步发展,均衡发展。

课堂是学生自主学习的舞台,也是让学生展示的舞台。好学生就是在不断的表扬中,不断的"出人头地"中,不断的"自我感觉良好"中成长起来的。后进生也是在展示中暴露不足,取长补短,奋力追赶不断进步的。只有展示,学生才能有成功感、优秀感、羞耻感、落后感;只有展示,才能调动学生的非智力因素,激发学生的学习欲望。

③儿童是课程资源开发者和建设者

儿童不仅是课程的体验者和享用者,而且还是课程的开发者和建设者。从这个角度来看,儿童不是从属于学科和知识本位的产物,而是课程的资源。

教学范式的课堂灵魂是"相信学生、解放学生、利用学生、发展学生",围绕这个灵魂重构两个关系,即变传统教学关系中的"唯教"为"唯学",变传统师生关系中的"唯师"为"唯生",认为课堂最宝贵的教学资源是"学生","两唯"的核心是"学和学生",主张"让学习发生在学生身上"。

真实性。教学是一门求真的艺术。要挤干水分,抓住精髓,开展本真教学研究。毋庸讳言,当下课堂也存在一些虚假现象,教师假教,违背学科的规律,忘记学科教学的本质任务,一味追求课堂好看的现场效应;学生假学,学的内容假,不是本体性教学内容,而是非本体性内容,假自学,假讨论,等等。

真教:教在学生的疑难处;教在方法的点化处;教在思维的开启处。

真学:让学生静下心来读书、思考、探索;学会和文本对话,带着自己的思考、收获和同伴交流。

真讨论:建立小组讨论机制,分工明确,相互碰撞,达成共识,参与全班交流。

真评价:师生之间的评价,不仅仅停留在形式上,更重要的是针对学生发言的内容,引导学生走出迷津,生发智慧,攀登高峰,体验成功。

探究性。课堂是一段探索之旅、发现之旅、成长之旅,是师生共在的精神生活;教学过程是"在引导下的发现"和"在发现中的引导"交互作用下师生的认知、交往和审美的过程。师生应在课堂中成长,而不是在课堂中被禁锢、被灌输、被驯化。

教学范式的课堂最大的魅力在于引领着学生探究未知。这里的未知是指学生发现了他自己未曾发现的东西，与科学家发明创造是等值的。

①诱发探究的欲望

有欲望才有期待，有期待才有体验。体验是一种经历，也是一次成长。求真课堂，教师善于创设情境，诱发学生探究欲望，激发学生学习内驱力。

②练就探究的能力

传统课堂，注重的是教师的"教"，以教定学。教师作为"知识的代言人"，以其享有的绝对权威，在课堂上发布着"颠覆不破的真理"，教学关系成为：我讲，你听；我问，你答；我写，你抄。先教后学，教了再学，教多少学多少，怎么教怎么学，不教不学。教支配学、控制学，最终教代替了学。学生在课堂上的认知活动大多是浅层次的死记硬背，课堂"训练"也只是机械记忆的练习和模仿能力的练习。

教学范式的课堂特别让学生动起来，和知识直接对话。这个对话的过程就是学习。学习即经历，学习即失败、反馈、矫正，学习即创造、成长、收获。这样的课堂强调的是学生主动地学，积极地学，在经历中提高探究能力，即提高提出问题、分析问题、解决问题的能力。

生成性。人是生成性的存在。课堂教学应该行走于设计与生成之间。生成性是求真课堂的基本价值之一，是从以往的"特例"走向现在的"新常态"。

教师过度的设计就会变成对学生的控制、支配，甚至是摧残。学生不是作家笔下的小说，爱怎么写就怎么写；也不是画家笔下的图画，爱怎么画就怎么画；不是电视机前的观众，演什么就看什么。学生本身就是写小说的主人，本身就是主角，所有的学生都带着自己的兴趣、爱好，带着自己的经验，带着各样的情绪到课堂的，这些经验和背景，使课堂变得丰富多彩。

教学范式的课堂更强调教学是师生交往、互动的过程。文本中的知识可能只是一个维度、一种解读、一个含义，通过师生的互动对话，就可能变成多个维度、多种可能、多重解读。

互动性。课堂是教师与学生交往的场所，教学是师生共同经历的课堂生活，在这样的生活中，师生应该是学习的共同体。所谓的交往就是师生、生生之间相互作用、相互交流、相互沟通、相互理解，这是人的基本生存方式。

交往的意义有两个：第一是促使知识增值，知识在对话中生成，在交流中重组，在共享中倍增。学生通过交往，分享彼此的思考、经验和知识，丰盈学习的内容，求得新的发现。第二是活跃学生的思维。在构建教学范式的课堂时，特别强调师生之间、生生之间的互动性。

(5)特色课堂教学评价

课堂教学评价标准与指标的研究是我国教学评价研究的核心内容和主要内容,大量有关教学评价的论文是对教学评价标准和指标的探讨。我国几个比较有代表性的关于评价标准的研究,包括叶澜主持的"新基础教育课堂教学改革实验"所提出的一套课堂教学评价标准、裴娣娜主持的主体教育实验建立的课堂教学水平评估标准、刘志军提出的分层次的课堂教学评价标准等。

从文献看,我国研究课堂教学评价的学者几乎没有专门讨论过评价方法的问题。除了极少数研究运用的是分类系统收集课堂教学信息的方法,大多数研究运用的是评价标准与指标法。课堂教学评价包括课堂信息的收集和对收集到的信息进行分析评价两个阶段。收集课堂教学信息有两种途径,一是评价者直接观察课堂教学情景;二是采用问卷、量表间接获得课堂教学的信息。

对课堂教学评价标准与指标的探讨,可以追溯到20世纪50年代的听评课,一直到当前进行的课堂教学评价研究,评价标准与指标的确定是将教学理论中所确立的一堂好课的标准分解形成二级指标和三级指标,最终形成课堂教学评价的指标体系。

而对特色课堂教学的评价,首先要评价其在教学目标、教学内容、教学方法、教学资源等方面的设计。着眼于改进教师教学行为、提高课堂教学质量而进行的对教师课堂教学的设计、过程及结果的评价。

特色课堂教学的评价有其特有的激励功能和导向功能,它对全面推进素质教育、顺利实施课程改革、切实减轻学生课业负担、提高教育教学质量等工作,能起到其他活动难以替代的促进作用。如何使特色课堂的评价取得理想的效度和信度?有论者认为,评价应掌握以下四点要求:一要立足促进完善。要通过特色课堂的评价,帮助创设者从社会需要、自身条件等方面分析特色形成和发展的可能性;从思想理念、实施过程中分析特色课堂创设中的问题;从独特技能的掌握、前瞻理念的指导、即时效果的检验、时代特征的捕捉中分析特色课堂品位不断提升的必要性和迫切性,为特色课堂的创设者不断完善特色,提供恰到好处的帮助和指导。二要鼓励不断创新。特色课堂,因特色的存在而发展。其特色从形式到内容,从思想到方法,都有独创性。对特色课堂的评价,就要极力鼓励不断创新。三要准确把握特色。虽然特色课堂尚无一个统一的、权威的标准,但就独特而言,还是可以根据特色课堂的一般特征去加以评价和验证的。四要建立评估机制。

根据特色课堂的创设基本原则,特色课堂的评价可从独特表现、即时效果、时代特征、个人素质、理论依据、其他等几个方面考虑,实行自我评价与专家评价的结合、定量评价与定性评价的结合、绝对评价与相对评价的结合,可对特色课堂的形成与完善起到非常有力的促进作用。

有研究者特别强调指出,课堂教学评价的最终目的不是给教师的教学打分、做一个好或不好的判断,而是为教师的教学提供反馈信息,对教师的教学进行分析、诊断,从而促进课堂教学水平的提高。[9]要达到这个目的,课堂教学评价首先要能做到对课堂教学原生态,即课堂中发生的各种现象包括教师行为、学生行为、师生互动、教学资源的使用等进行客观、准确的描述(包括定量的描述和质的描述),教师本人可以从这些描述信息中获得自我直观,进行自我反思,同时评价人也可根据这些描述与教师讨论其教学行为,从而改进教学。

为了完成对课堂焦点的转移,有学者提出推行课堂模式和价值的三种转化:一是由被动接受向自主学习,自我发展转化。把课堂的主动权交给学生,相信学习是一个需要学习者完整参与、亲身体验的活动过程。教学是以学生"学到"作为结果。二是由再现认证向探究问题,发展思维转化。在教学过程中做到"三讲三不讲",讲疑点,讲方法、讲规律;已会的不讲,通过自己能学会的不讲,讲了也不懂的不讲,教得精当,讲得准确,点拨到位,让学生有充裕的时空思考"为什么",使课堂教学以探究问题、发展思维作为核心价值。三是由间接输入向体验情境,动手实践转变。体验思索的快乐,体验发现的畅达,体验创造的惊喜。在体验中调动积累,激发想象,从而使学习穿越时空,贯通古今,达成与先人共鸣、与经验共通的目的。

5.对区域推进教学模式改革的反思

董洪亮曾撰文指出,教学模式区域化推进的组织者都懂得课堂教学不能模式化的道理。在此前提下,要使区域化推进的行动更加合理化,就要把"教学模式"之外的意图明确地作为改革行动的目标,并使所有的行动参与者达成共识。他认为,教学模式区域化推进需要拓展的目标主要包括两方面:一是提高课堂教学的规范化水平,二是增进教师的教学技艺。要做好教学工作,需要教师有技艺方面的保证。而教学模式区域化推进最令人忧虑的倾向,就是在"提高质量"的口号下,把"教学"窄化为单纯的、狭义的知识掌握。因此,他进一步指出,教学模式区域化推进很可能由此成为一个教学的窄化过程,成为一个以提高质量为名、行应试教育之实的过程。为杜绝这种倾向,需要坚持超越知识教学的改革原则,在保持"教学"完整意义的前提下推进教学改革。[10]

对此,我们深有感触。我们将依据以下三条原则,进一步改善我们的行动:

(1)形成过程化的质量观

所谓过程化的质量观,就是首先要确认教育的质量具有不可测度、不可量化的特征。如此,我们对教学改革的关注焦点就会从对结果的量化考核转向对教学过程合理性的拷问。

对教学过程合理性的拷问,不是一种量化判断,而是一种经验判断。教学不单纯是一个精确的生产过程,更是一个模糊的经验过程。只有建立过程化的质量观,教师个体的经验和实践智慧才能得到体现和尊重,教学改革、教学模式的推进才能超越狭隘的知识教学,教学对于学生发展的完整意蕴才能得到充分展示。

(2)重塑学校课程文化

基础教育课程改革的一项重要目标就是要改变过于偏重学科知识的倾向,保证学生在学校中能够获得丰富而全面的成长机会。学生成长的机会由国家、地方和学校共同赋予,而机会的落实只能在学校中完成。学校的课程文化有没有相应的变革,标志着课程改革是不是真的已经发生。因此,在新课程背景下区域化地推进教学模式,应当是一个区域化地重塑学校课程文化的过程。区域内所有学校课程文化的变革程度,是衡量教学模式区域推进行动合理化程度的标准。

(3)扩大选择空间

当我们试图组织教学模式区域化推进的时候,不仅要关注"为什么要推进",更要关注"正在推进什么"。后一种关注是对改革方案本身的拷问,它与改革者对于教学模式的理解程度密切相关。一项好的改革方案,应该能够为改革参与者提供足够大的选择空间。

①提升教学模式的概括水平

教学模式是教学活动的结构安排和程序设计。我们对教学活动的结构和程序既可以在较低的水平上概括,也可以在较高的水平上进行概括。比如,同样是山东杜郎口中学的教学模式,我们可以把它概括为"10+35"模式(教师只准讲 10 分钟,学生活动 35 分钟),也可以把它概括为"预习—展示—反馈"模式。前者概括水平较低,后者概括水平较高。因为前者对教学活动的规定十分具体,而后者虽然也对教学活动的结构和程序作出了规定,但具体实施时仍然可能会出现较大的弹性和灵活把握的空间。

无论是从可接受性还是从可持续性方面看,推进具有较高概括水平的教学模式总会取得更好的效果。李吉林老师情境教学的成功就是最好的证明。情境教学在具体实施时,也会有一些大致的结构和程序安排,但不论采用什么样的结构和程序,目的都是为了"创设情境"和"在情境中教学",因此,"情境"是对这一类教学活动的高度概括,有了这样的概括,"情境教学"才有可能从模式化的僵局中摆脱出来,成为一种教学思想甚至教育思想。

②提供不同类别的教学模式

教学模式的概括性和可操作性是一对矛盾。解决这对矛盾,可以采用过渡性的策略,即向学校和教师提供具有中等概括程度的若干类模式。教学模式的选择总是与教学的任务与目标类型相匹配,在教学任务与目标未知的情况下,先行确定教学的结构与程序,其合理性难以得到证明。因此,当我们试图区域化推进教学模式时,所推进的不应是过于单一和具体的模式,而应是若干类模式。

教学模式以"类"的形式呈现,就意味着在每一类模式中都可能包含若干"种"具体的模式。从"种"到"类",是一个概括程度不断提高的过程,是一个选择空间不断扩大的过程,也是改革行动的合理性不断增强的过程。采用这样的进路区域化地推进教学模式,要求我们在有关教学模式的分类方面形成必要的理论准备,并且要在改革过程中大量增加教师的专业培训和研讨,提高教师对教学任务与目标的分类能力,并在此基础上,从"类"到"种",灵活地选择或者生成具体的教学模式,将教学改革真正变成每一个教师主动参与的过程。

第二节　特色课堂建设的研究历程与操作细则

实施课程改革以来,栖霞区的课堂改革探索取得一些经验,也产生了一批成果。但是,没有行政主导的区域推进,难以取得高品位的成果。因此,区域课堂教学改革亟须聚合力量,整合资源,攻坚克难,从区域层面确立战略突破口和具有引领性的课堂改革主题,在课堂教学个性化、特色化方面取得重大突破,形成独特的"教育气质"和"教育个性"。这既是深化特色学校建设的需要,更是建设现代化教育强区的需要。

我们比对广东的生本教育实验、江苏洋思中学的课堂改革、山东杜郎口中学教学改革、重庆綦江模式等后发现,这些课堂教学改革的典型在"把课堂还给学生,让课堂焕发生命气息"、"把创造还给教师,让教学充满智慧"方面取得显著进步,并形成了具有创新意义和可操作的典型经验。但是,任何一种经验都有其局限性,一旦经验成为模式,后学者如不创新,则不免步入僵化的窠臼。另一方面,没有任何一种模式或经验能够解决中小学课堂教学的所有问题,因此,特色课堂研究具有发展创新的空间。

同时,在对全区中小学课堂教学调研中发现,课堂教学中存在教学方式模式化、教学过程程序化、教学方法简单化的问题。课堂教学中教师缺乏主动创新精神,师生个性饱受压抑。譬如教师课堂教学中的失语、失态、失"念"可谓司空见惯。拙劣的模仿扼杀了教师的教学个性,教师找不到自我,也就没有自己对于课堂的独特见解和行动。另外,课堂教学中还不同程度存在"恶劣的个性化"倾向。盲目性、随意性的"放羊课"、"乱课"时有发生。课堂教学规范得不到应有的尊重,新课程提倡的探究式教学、合作学习在教学实践中遭遇困难,三维目标的落实与课程标准的要求存在明显差距。

从2011年开始,我们在研究现代教学理论、分析各种教学模式、剖析大量案例的基础上,引导全区11所公办小学全面开展课堂教学范式研究,各所学校根据自身特点,建构了富有个性的教学范式。历经4年多的研究,教学范式形成了从"区本"到"校本"一体化的推进模式。

一、教学范式研究的历程回顾

1.理论为先,开拓思路

聚焦课堂,深入课堂,践行真实、求实、落实的科学态度和科学精神,在继承中发展,在发展中创新,坚持本土性、实践性、实证性、包容性和实效性,遴选不同类型的学校、学科作为实验样本,集合区域内教育行政领导、教研科研团队、中小学三方力量,聚焦课堂,发现、培育、总结、提高,创新课堂教学经验,促进区域课堂教学的变革,优化教师的教学方式和学生的学习行为,全面提高教学质量。在优化区域教育生态上,以校为本,丰富和完善教学研究的内容和形式,形成特色课堂的行为规范;建立和完善区、校两级培育特色教师的激励机制、运行机制和保障机制;优化区域教育生态环境,形成区域、学校自主创新的课堂教学改革氛围。

教学活动,从理论上来说,首先应当是学生学,然后是教师辅之以教的活动。因此,学生在教学活动中应当居于中心地位。教,从根本上说是为了学生的学,而且要使学生学得积极主动、扎实有效。因此,教学过程中,教师的主导作用不仅表现在教师对知识的加工和处理上,更为重要的是表现在引导和促进学生"学"上。先学后教,自主建构的范式研究其目的在于:

1.改变学生的学习方式

从学习行为来看,学生形成良好的学习习惯,学会质疑、解疑、释疑,学会表达、讨论、争辩,学会在对话中倾听和吸收他人的观点,乃是至关重要的学习品质。从学习时空来看,课前学习、课堂探究、课后拓展必须形成一个整体。从情意品质来看,学生从学习中体验到进步、成就和对自我的超越,这是激励学生自主发展的核心所在。先学后教,自主建构将有利于学生养成自主学习的良好习惯,有利于提高学生学习的兴趣和积极性,有利于学生增强学习的自信心,有利于提高学生的学习力,为学生终身学习奠定基础。

2.改变课堂教学方式

学习过程的前移和学习环节的重构,将会使得传统的教学方式得到改变,课堂所需解决的问题将更加明确,教师的点拨和提升、课堂的练习和训练、课后的巩固和拓展也将更具针对性。这有利于动态生成、支架式教学等先进教学思想的落实,有利于提升教师的整体目标意识、驾驭教材及课堂的能力,最终促进学生的主动性发展和教师的专业成长。

(1)与专家对话,打开思路

2011年年初,教学范式对于大部分教师来说还很陌生,教学校长也不例外。我们及时联系专家,给教学校长指点迷津。前后邀请了南京师范大学课程专家李如密教授,国家督学、原省教科所所长成尚荣先生等专家来区开设讲座,并和校长互动交流。这些讲座让校长知道了什么是教学范式,教学范式和教学模式的区别,教学范式的特点,以及如何建构教学范式等。

(2)与书本对话,汲取营养

教学范式的本质是要变革过去课堂教师主宰、学生被动的局面,要凸显以学为主、以学定教、以学促教的特点。其实要想真正进行课堂的改革,面临的困难很多。教师因循守旧,习惯以前的教法,不愿意主动去改。教师对学生学习的过程缺少清晰的认识。学生究竟是如何开展学习的?有什么规律?学习的本质是什么?呈现什么样的特点?如对这些问题没有清楚的认识,要想彻底变革课堂的面貌是不可能的。

理论学习学什么?区教育局联合南京师范大学课程与教学研究所前后分专题汇编了多本文献资料,如《学生学习指导》《研究性学习》《教与学的协调》等,这些资料对各所学校都非常实用,具有较强的指导意义。

在此基础上,区教育局还向全区教师推荐了现代学习理论系列丛书,如行为主义学习理论、认知主义学习理论和建构主义学习理论等。

(3)与同行对话,开拓思路

为了进一步拓展思路,区教育局把各学校研制的课堂教学范式以"教学简报"的形式进行了汇编成册,并多次举行了研讨活动,让大家相互学习,相互启发,开拓思路,丰富认识,共同提高。

2.携手共研,攻克难关

若将我区教学范式研究以一条路径概括,则是课堂实录—分析研究—理论假设—实践验证—总结提炼—再次验证—丰富完善—专家论证—成果推广。

(1)携手共进,区域推进

我们深知,对于教学范式的研究,单靠一所学校去探讨,力量是单薄的,如果联合几所志同道合的学校共同研究,那会拓展研究的广度、深度和效度。

2012 年 5 月,在区教育局、进修学校的牵手下,晓院附小、迈皋桥中心校、仙林小学三家成立了"课堂教学范式"研究共同体。共同体举行了简单而隆重的签字仪式,并宣读了共同体章程。

共同体成立以后,各学校按章程要求,每学期承担一次教学范式的研究活动。到目前为止,我们共进行了 8 场研讨活动。三次语文,三次数学,两次英语,初步构建了各学科学案编制的框架,教学范式的基本流程和操作策略。

(2)有效整合,廓清认识

共同体成立以后,我们在各家研究的基础上,重点研讨了这样的几个问题:教学范式课堂的基本特质是什么?基本操作的流程是什么?

在研讨和实践的基础上,我们达成了一些共识:

A.范式课堂的基本特质:

儿童性——教师安排的教学内容、方法、环节一定是从儿童的立场出发的,教建立在学的基础上,以学促教,教学相长。

探究性——学生在探究中发现问题、分析问题、解决问题。

真实性——学生经历学习的过程是实实在在的真实的体验，教师的助学也是真实的，不走形式，不玩架子。

创造性——课堂是师生生命能量释放的地方。在课堂上，教师的智慧在闪烁，学生的潜能被发掘。教与学不仅是预约的精彩，更有生成的精彩。

成长性——学生通过自主学习、合作学习、探究学习，无论是学习的热情、态度、自主性，还是学习力，都应该有所体现和变化的。

B.范式课堂的基本操作策略

①树立一个基本理念：先学后教，自主建构。

②倡导解决问题的三种方式：自己解决、小组交流解决、教师点拨解决。主张问题从学生中来，结论由学生出。

③操作的基本流程：完成学案，初步感知→评阅学案，调整教路→小组交流，促进感悟→智慧理答，深化认识→清晰建构，及时训练→修订错误，整理复习。

3.研究任务

(1)探讨先学后教·自主建构的课堂教学模式。

(2)探寻小组合作学习的基本途径和策略。

(3)寻找先学后教·自主建构范式研究校本教研机制。

4.研究方法

(1)文献法：学习研究有关课堂教学改革的相关文献，搜集和分析各地行之有效的课堂教学模式和课堂教学改革经验和教训，探索课堂教学的规律，提高理性认识。

(2)课堂观察法：制定相关课堂教学观察量表，对各类学校、不同教师的课堂教学进行实地观察，并进行定量和定性分析，解剖课堂教学的问题，把握第一手材料，作为行动研究的基础和课题研究假设验证的依据。

(3)个案研究法：收集整理特色教师的优秀课例、教学实录、教育故事、典型案例等进行实证分析，剖析特色课堂形成的具体途径和方法。

(4)行动研究法：以鲜活的课堂教学为载体，分析课堂教学要素，研究师生在课堂上的教与学的行为，通过"教学实践—课堂观察—反思—再实践—总结—再实践"的循环上升方式，构建特色课堂，大面积改进教师的教学行为和学生的学习行为，形成区域特色课堂百花齐放的局面。

(5)经验总结法：及时总结、提升研究经验，在验证中发现问题、解决问题。在行动研究中对课堂教学实践、教师反思进行归纳、总结和分析，边实践、边总结、边推广成果。丰富课堂教学理论,努力让"特色课堂"成为教育均衡发展背景下课堂教学改革的亮点。

案例——先学后教·自主建构教学范式研究步骤及主要措施

(一)研究内容

1.范式界说

①先学后教:"先学后教"就是让学生利用学案进行前置性的预学,教师在翻阅学生学案的基础上,根据学情,调整教案,有针对性地教,实施有效教学。

②自主构建:自主建构是指学生在教师的组织、引导下积极地学,自主建构自己的知识,主动成长。

③先学后教,自主建构:第一,调整了教师和学生在教学过程中的地位关系,使得学生的学被赋予相对重要性和优先性,使得学生的学走在教师教的前面。第二,注重学生的自主学习和合作学习,进一步培养和发挥学生的自主性,而不是否定和压抑学生的自主性。第三,将教师的教奠基于学生的学,当学生能够通过自主和合作的方式解决问题的时候,教师放手让学生自行完成任务,当学生不能够解决这些问题的时候,教师给予适时、适当的引导,帮助学生解决问题。简单地说,就是让教学更具有针对性,教学生不会的,学生会的不教。第四,它使得教学结构能够得到重组和优化,教学的开放性得到加强,课堂不只是知识在不同主体之间的传递,更使课堂成为智慧激发和生成的场所。

2.操作说明

(1)完成学案,初步感知。

①理解学案,读懂学案。

学生要了解学案的基本结构,看懂学案,理解学案。语数英三门学科的学案结构如下:

语文:学习内容、学习目标、自主阅读(问一问、填一填、想一想、说一说、读一读、查一查等)。

数学:学习内容、学习目标、例题导学、我的收获与问题。

英语:学习内容、学习目标、自主导学(读一读、忆一忆、听一听、译一译等)、我的疑惑。

②多种方法,有效完成。

看:带着学案上的问题看书,进行自主学习,为完成学案做好铺垫。

做:按照要求认真做学案,让学生经历一个操作、体验、感知的过程。学案的完成放在学校和课堂上效果会更好。

找:学案中有一部分是拓展性的内容,学生必须到网络上去找相关资料,或在生活中寻找素材,帮助自己建立和感知相关的概念。

(2)评阅学案,调整教路。

教师评阅学生的学案,检查学生自主学习的情况,对课前学案完成情况做出基本的判断和评估,收集和整理学生在自主学习过程中存在的问题以及提出的疑问,并根据课前学案完成状况中反映出来的基本信息,重新调整自己教学设计的思路。在教学的初次设计中,教师对于教学目标、教学过程的预设带有很大的"假想"成分,现在则可以进行二次设计。根据课前学案完成情况,教师可以清楚地判断出教学的起点,了解学生的准备状态,区分学生已经解决的问题和尚未解决的问题。二次设计时,教师的教学目标更为明确和具体,对教学思路和难点的把握有了更准确的依据。

(3)小组交流,促进感悟。

学生完成了学案,应该说是带着一定的知识、能力和问题走进课堂的。在这样的情况下,如果教师还是采用传统的讲授式教学方式,那么,课前学案的学习效果只能事倍功半。课堂上要成立合作学习小组,让学生在小组内将自己的认识和能力充分展现出来,与同伴分享,从而获得学习的成就感;让学生在小组内将自己的问题呈现出来,通过同伴互助,寻求解决问题的方法与结论,真正打造生本课堂,体现学生的主体性。

①训练学生小组交流的基本技能,做到"三学会":

学会倾听。首先要让学生明白,认真倾听别人的发言,不打断,不插嘴,这样的行为方式是表示对别人的尊重。其次,要训练学生在倾听别人发言时,及时汲取他人的新颖观点,为我所用,完善自己对知识的理解与认识。

学会表达。首先要训练学生能够清晰、准确地表述自己的观点;其次,要学会对别人发言的评述,常用的表达句有"我同意××的观点","我觉得××说的是有道理的,但是,如果我们这样来说,效果可能会更好些","刚才××已经说了,下面我再补充一点……",等等。

学会讨论。讨论是小组交流的重要方法,是学生听、说、思的综合训练。学生在讨论中,既要自由地表达自己的思想与认识,又能够从同学的见解中得到启发。讨论常常采用的方法有:答辩、对辩、反问、反驳,要学会摆事实、讲道理、以理服人。

②选择恰当话题。小组交流的话题很重要。一定有讨论碰撞的空间,给学生的交流发言提供可能;讨论的话题还要有思维碰撞的价值。

③建立小组长负责制。小组长是小组交流的主持人,是学生小组合作学习

的核心人物,要使小组合作学习有效,我们必须教会组长带领组员进行讨论与交流,组长应该承担起三项职责:一是确保每位组员都能参加到小组的交流活动中来。二是带领组员听取别人的意见,并及时给予小结,引导组员进行讨论。三是引导组员形成小组一致性的意见,并确定小组发言的代表。

④建立小组评价机制。把小组总体学习成果作为评价的依据,才能形成一种组内成员合作、组员间追逐竞争的局面。把整个评价的重点由鼓励个人转向鼓励小组集体,这种突出小组团体评价、淡化学生的个人意识的方式,易于学生把个人的成功融入到团体中去,而团体成功激励学生更加积极主动合作,从而获得共同发展。

⑤形成小组集体智慧的结晶。开展小组交流活动后要建立以小组为单位的班级汇报交流机制,小组代表的发言此时不再代表个人的意见,而是集体智慧的结晶,其目的是促进学生在小组交流过程中,通过对问题的探讨与结论的概括,能够初步形成统一的认识。

(4)智慧理答,深化认识。

理答就是教师对学生回答问题后的反应和处理。在平时的课堂上,教师的理答并没有发挥其应有的效应。比如教师只是简单地重复学生的话,这是一种无效的理答,对学生思维发展没有丝毫推动作用。还有的教师对学生的回答只作出简单的肯定与否定,理答浮于表面,这是一种低效理答。理答不是对学生简单的回应,理答要充满智慧。智慧理答是激发学生思维的密码,具有激励、概括、导向和提升的功能。小组汇报,教师如何理答?

①激励性理答。

教师要善于发现学生回答中的优点,对正确的加以赞扬,对错误的作建设性引导。坚持评价角度多元化,不仅评价结果,还要评价思维过程与解答方法,对不同的学生给予不同的评价。

表扬一个,带动全体。激励一个,鞭策一批。教师鼓励的话语就是学生生命的阳光,为学生的成长给力。所以课堂上教师要注意倾听学生的发言,用放大镜去寻找学生发言中的优点,及时释放温度,用夸奖去增添学生的自信,用激励去拔节学生的生命。

②引导性理答。

课堂上学生回答问题出现卡壳现象是常有的事,还有的时候学生回答问题偏颇,甚至错误。究其原因是思维出现了障碍,教师必须及时出击,牵引修正,给予疏导,让学生思维变轨、通畅。

探问是一种很好的引导性理答方式。所谓的探问就是向学生提出更进一步的问题。但是探问并不是漫无边际地乱问,应该是帮助学生廓清思路,指点迷津,让学生的思维逐步入轨,正确前行。探问要围绕主要目标,构成一个指向明确、思路清晰、具有内在逻辑的"问题链",通过层层铺垫,最终让学生深刻地认识文本的价值。

③提升性理答。

课堂充满了变数,时刻考验着教师的教学机智,也处处潜伏着能够精彩生成的契机。有时候学生的回答或肤浅、或零碎,教师要及时捕捉生成的机会,作巧妙地引导,激活学生的思维,把学生的认识由表及里、由此及彼、引向高度、引向深度、引向广度。

(5)清晰建构,及时训练。

在分组交流和充分讨论的基础上,教师要帮助学生清晰地建构知识,使得学生的学习建立起内在的联系,形成对本单元教学内容结构性的认识,并与前面的知识建立起关联。这个环节非常必要,因为在第三环节的讨论和交流中,学生未必能够达到建构知识所必需的清晰性。在这个环节,教师必须用最清晰、最简洁的语言,陈述命题、原理,归纳和阐释各要点之间的关系。这对教师提出了很高的要求。在此基础上,教师需要组织学生当堂训练,及时反馈,以便检验和巩固知识建构的成果,拓展和深化学生对于知识的理解,提高解决具体问题的技能。

由于课前学案的学习,使学生提前进入了知识的学习阶段,因此,在课堂教学过程中,课堂的新授教学时间必将缩短,给课堂当堂训练提供了保障。我们应充分利用好这有效的时间,精心设计课堂练习,强化基础,提升认识,培养能力,让不同层面的学生都能得到发展。

(6)修订错误,整理复习。

在进行练习和总结之后,教师需要对学生提出明确的要求:结合小组讨论和课堂学习的情况,重新审察自己完成的课前学习方案,订正其中的错误,并评估自己是否解决了原先在自主学习过程中产生的疑问。如认为没有能够解决自主学习时产生的困惑,可以申请教师的帮助。课前预习方案由学生装订保管,并作为整理复习时使用。

(二)研究范围

本范式在本区各小学3—6年级语文、数学、英语等学科中展开实验。

(三)研究过程

第一阶段(2013年3月—2013年6月):方案设计及实施前的前期各项准备工作。

第二阶段(2013年9月—2015年6月):全面开展范式研究。

第三阶段(2015年9月—2015年12月):总结反思,完成本范式研究报告等。

(四)人员分工

职　　务	姓　　名	承担任务
组　　长	金立义	全面管理范式的研究工作
副组长	张玲　陈玉梅 曹金花	具体制定范式研究的方案及实施
教科室主任	顾新佳(附小)	协助课题管理,主管本校教学范式研究
教科室主任	辛小卫(迈小)	协助课题管理,主管本校教学范式研究
教科室主任	夏春美(实小)	协助课题管理,主管本校教学范式研究
组　　员	陈瑶	承担语文课例研究,撰写相关论文
组　　员	刘晓红	承担语文课例研究,撰写相关论文
组　　员	刘青	承担语文课例研究,撰写相关论文
组　　员	吕桂林	承担英语课例研究,撰写相关论文
组　　员	王剑	承担英语课例研究,撰写相关论文
组　　员	袁甫	承担信息技术课例研究,撰写相关论文
组　　员	杨美	承担数学课例研究,撰写相关论文
组　　员	刘梅兰	承担数学课例研究,撰写相关论文
组　　员	许新新	承担数学课例研究,撰写相关论文

(五)培育特色课堂案例

栖霞区小学特色课堂汇总表

序　　号	范式名称	学　　校
1	"板块式"教学范式	龙潭中心小学
2	"三案四步"教学范式	摄山星城小学
3	"5215"四环高效课堂范式	栖霞中心小学

（续表）

序 号	范式名称	学 校
4	"以学定教,当堂训练"课堂教学范式	栖霞实验小学
5	"导学·合作"自主学习课堂教学范式	仙林小学
6	"3+1自主发展"课堂教学范式	太阳城小学
7	"研究性学习单"范式教学	迈皋桥中心小学
8	"自主+合作"的生本化课堂教学范式	八卦洲中心小学
9	先学后教·自主建构教学范式	晓庄学院附属小学
10	小学语文阅读教学范式	实验国际学校小学一部
11	联系生活实际,优化"四环"设计	幕府山庄小学

学校:南京晓庄学院附属小学
执笔:金立义　顾新佳

第三节　特色课堂建设及其案例分析

案例一

"求真课堂"让孩子回归真我

一、缘起

如何理解和认识儿童的本性,儿童为什么要受教育,我们为什么要教授儿童知识,这些知识和儿童的生活是什么关系?这些是在学校中最重要却又是最容易被遗忘的问题。追问和思考这些问题,可以使得学校的办学逐渐摆脱浮躁和功利,回归到教育的真实和根本。

2011 年的 5 月,晓院附小的会议室,省教科院张晓东博士、孙向阳研究员等专家应邀对学校历时 5 年的研究"先学后教·自主建构教学范式"进行结题总结。这次课题结题,既是学校教学范式成果的凝练总结,也是学校"求真课堂"的发轫。当年 8 月,冒着盛夏的酷暑,学校课题组的成员在晓庄学院儿童研究所所长王本余教授的带领下,策划学校教学范式研究方向,最终确立"求真课堂:基于陶行知儿童哲学的实践研究"这一课题,并成功申报立项为江苏省"十二五"教育科学规划重点自筹课题。

"十二五"期间,我们着力构建"求真课堂"。即立足于陶行知先生的儿童哲学观,探求"求真课堂"的基本特质,并探索"求真课堂"操作的一般范式。

课题确立之后,从哪些层面进行突破,需要回应哪些问题,又应该获得哪些愿景?这些问题一直萦绕在课题组成员的脑海中。于是,我们采用个别实验法,首先由学校高数组开展研究。2011 年 12 月,笔者接到学校通知,执教一节体现"求真课堂"理念的课,彼时,"求真课堂"这个概念刚刚在我们的脑海中形成,对于其基本特质和基本结构,我们一无所知,怎么操作?

这时,课题主持人鲁照斌校长引领我们一起出谋划策,经过几次激烈的碰撞和交流,我们确立,首先不要被概念化了,不要被概念框住了,我们应该回归教学本质,回到学科特质上来,回到教学内容上来。

当时笔者执教苏教版六年级上册《解决问题的策略——替换》一课。这节课,我们依然延续了"课前学案导学"的结构,先学后教,课堂中,以学生的"问题意识"为突破口,把课堂时间交还给学生,鼓励学生大胆质疑,大胆提问,鼓励由学生自我解决问题、小组解决问题,进而由教师点拨提升。

课上完后,我们为学生在课堂中的自由提问、积极发言、主动合作所感染,也受到了鼓舞,对求真课堂也越来越心向往之。2011 年 12 月 21 日,当我们的高数研究课结束后,我们召开了"求真论坛",重点讨论课堂研究的走向问题。也就是在这次会议上,我们确立了"求真课堂"基本特质和教学范式为研究的重点。

于是,朝着这样的方向,我们学理论、研课标、读教材、备学生。向诸多的理论名著和专家学者学习儿童与课堂的关系,并梳理出版了《发现儿童》理论文献丛书。同时,我们开设了多种形式的课题研究课,并号召大家依据课例研究,梳理反思,写成文章,结集出版《解放儿童》教师研究文集和《寻找儿童》研究足迹画册。这些研究丰富了我们对陶行知儿童哲学的理解,加深了我们对"求真课堂"基本特质和教学范式的认识。

二、"求真课堂"教学范式

1.学案导学

学案导学是一种前置性学习。教师依据学生的认知水平、知识经验、能力基础,围绕教学目标,结合教材内容,编制"课前学习指导方案"。学生通过阅读教材,查阅资料,自主完成"课前学习指导方案"。学案导学可以引领学生走进文本,初步感知学习内容,为知识与能力的自主建构奠定基础。苏教版小学数学第十册《圆的认识》第一课时,我们设计的"课前学习指导方案"如下:

【学习内容】苏教版数学第十册　P93—94　例 1—例 3

【学习目标】在观察、画图、操作等活动中认识圆,知道圆的各部分名称,了解圆各部分的特征以及直径与半径的关系。

【例题导学】

1.动手画一画:用不同的方法画出几个圆。你发现圆与我们过去认识的长方形、正方形、三角形等平面图形有什么不一样?

2.看书学一学:用圆规画 1 个圆。你能在这个圆上用字母标出圆心、半径、直径吗?

3.操作想一想:任意画一个圆并把它剪下来,在纸圆内画一画、折一折、量一量,你有什么发现?

【我的收获与问题】:＿＿＿＿＿＿＿＿＿＿＿＿＿＿＿＿＿＿。

从此案例可以看出,"课前学习指导方案"具有三个特点:第一,明示学习目标,让学生依标而学。第二,内容简约,紧抓核心问题。第三,将知识点转变为探索性的问题点,激发学生主动思考,培养学生的思维能力和创新素质,为课堂上积极主动地建构新知做好准备。

2.小组互学

学生通过"课前学习指导方案"的学习,就能够带着一定的知识和问题走进课堂。在这样的情况下,我们可以将学生组织起来,成立合作学习小组,让学生在小组内将自己的认识和能力充分展现出来,与同伴分享,从而获得学习的成就感;让学生在小组内将自己的问题呈现出来,通过同伴互助,寻求解决问题的方法与结论。

良好的小组交流机制,需要做好四方面工作:

第一,训练小组交流的基本技能,做到学会倾听,学会表达,学会讨论。关键是能够清晰、准确地表述自己的观点,学会对别人的发言进行评述,讨论时要学会摆事实、讲道理,以理服人。

第二,建立小组长负责制。小组长是小组交流的主持人,是学生小组合作学习的核心人物,要使小组合作学习有效,需要教会组长带领组员进行讨论与交流。

第三,建立小组评价机制。把小组总体学习成果作为评价的依据,才能形成一种组内成员合作、组间成员追逐竞争的局面。

第四,形成小组集体智慧的结晶。开展小组交流活动后要建立以小组为单位的班级汇报交流机制,小组代表的发言此时不再代表个人的意见,而是集体智慧的结晶,其目的是促进学生在小组交流过程中,通过对问题的探讨与结论的概括,初步形成统一的认识。

3.班级展学

在学案导学、小组互学的基础上,班级教学环节可通过认知呈现、观点质疑、问题探究等展学活动,或规范其不准确的表述,或解答其疑惑的问题,或纠正其错误的理解,帮助学生构建知识体系,形成能力,感悟思想与方法。例如,在教学苏教版小学数学第12册(第38~39页)《图形的放大与缩小》内容时,学生通过测量、教材阅读等学习活动,初步感知了"把原来图形按2:1放大"的意义,但这样的认识可能在全面、系统、逻辑、优化等方面存在着一定的不足,因此,在学生展示认知的基础上,教师要进一步点拨提升,帮助学生完善认知:①"按2:1放大",比的前项和后项各代表哪一幅图形?②结合放大前后的两幅图形说一说"相对应"的含义。③"按2:1放大"后的图形与原来的图形相比,哪些发生了变化,哪些没变?以帮助学生从粗放的感知认识中形成科学、规范的知识体系。

班级展学环节需要重点解决四个问题:

(1)把握学生认知的"最近发展区"。学生认知的"最近发展区",指的是现实水平和可能达到的潜在水平之间的区域。班级展学过程中,要给学生提供充分的时间和空间发表自己对问题的认识与理解,只有学生将自己的认识呈现出来,教师才能真正做到有的放矢,切实提高教学的针对性。

(2)注重学生学习方法的指导。班级展学不仅帮助学生完善认知,更重要的是要教会学生学习的方法,要能够对别人的观点与方法进行总结,并针对别人的观点与方法提出质疑与建议。长期训练,让学生从"学会"走向"会学",从而达至叶圣陶先生所说"教是为了不教"之境界。

(3)化解学生认知中的问题。学生通过前置性的学习,往往是带着问题进入课堂学习的。有些可能通过小组互学进行了释疑,但大多数情况下,学生可能还存在着困惑与不解。因此,在班级展学环节,应让学生有充分的时间与空间提出自己的不解问题,并组织学生进行讨论与探究,帮助学生释疑,让学生的问题不再带离课堂。

(4)帮助学生树立学习的自信心。积极的情感态度是学生学习的重要动力。因此,在班级展学环节要充分保护学生的自尊心,激发学生的自信心,使学生体验学习的成就感,享受课堂学习,这样就能促进学生学习能力的不断发展。

4.拓展延学

拓展延学是学生学习过程中不可缺少的重要环节,是学生掌握知识、形成技能、发展智力、挖掘创新潜能的重要手段,也是教学目标达成及学生学习效度测量的重要依据。拓展延学主张不在多,而在于精当。要紧紧围绕课程学习目标和课堂教学目标,强化基础,提升认识,让不同层面的学生都能得到发展。拓展延学的习题设计主张思辨、综合、开放,让学生的潜能得到发展。

案例1:下面哪些解答思路是正确的,请选择正确答案的序号填在括号里,并说明理由。

小明 $\frac{3}{4}$ 小时行 $\frac{7}{8}$ 千米,小明1小时行(　　)千米。

A $\frac{7}{8} \div \frac{3}{4}$ B $\frac{3}{4} \div \frac{7}{8}$ C $\frac{7}{8} \div 3 \times 4$ D $1 \div \frac{3}{4} \times \frac{7}{8}$

启示:这是一道开放题,需要学生通过作图、分析数量关系,然后从众多的供选信息中寻求出正确结果。不一定要求每名学生均能找到全部正确的思路,但是,每名学生在对每道算式进行分析的时候,其实就是一种数量关系的综合分析。

案例2:如图,太极图的黑色部分和白色部分哪个面积大?为什么?

├──40厘米──┤

启示:图形比较复杂,数量信息又比较单一,凭着直觉,学生能够很快判断结果,但是,从数学思维的角度来说,需要学生运用转化的策略来进行思考,是学生信息分析、策略寻求、面积计算等综合能力的运用。

总之,我们认为,"求真课堂"应该充满智慧与活力,一定会呈现出生机勃勃的景象,在这样的课堂学习与生活中,学生的知识与能力、过程与方法、情感态度与价值观三维目标将真正得到实现与持久发展。

学校:南京晓庄学院附属小学
执笔:顾新佳

案例二

先学低入　互动分享　开放问题
——对语文"问学"课堂的实践思考

"学习"、"学问"和"问学"代表了三种不同的课堂教学境界。"学习",目标直指"学会",学生在课堂上接受理解;"学问",顾名思义,学会"问",即在课堂上通过学生的探索发现,培养其质疑的方法和反思的能力;"问学",则强调"问"为"学"的途径,学生通过"问"来学习,从"问"中学习。

较之前两者,"问学"在培养学生积极的学习态度、主动的思维能力尤其是创新意识和创新能力方面更有价值。在学生的学习和教师的课堂教学中,"问"既是起点,又是过程,更是目的。

因此,在课堂教学中,我和学生们都努力以"问"为中心,构筑属于我们的语文理想课堂——"问学"课堂。这是一种以"问题"发现、思考和解决为主线的课堂学习模式,孩子们带着问题进课堂,以各种有效活动为学习平台,在自主建构、合作探究的过程中,学会思考与分析,并以新生成的问题延伸课堂、拓展学习。

一、先学低入——自主发现问题

语文教学犹如"植树",树木是自己长的,别人替代不了它的生长。学生只有意识到对学习的责任,自主进行学习,才能获得积极的、深层次的学习体验,也才能真正感受到求知的豁然开朗,妙不可言。因此,进入课堂前的前置学习显得尤为重要。

1. 分层低入，自选"先学"目标

尝试用目标明确的"学习单"进行导学。可是这种内容统一、形式僵化的方式很难激起学生自主学习的兴趣，学生仅仅将其视为教师额外增加的一项预习作业，成为一种看似甜蜜却沉重不堪的负担。

既然初衷美好，那么问题究竟出在哪儿呢？究其根本，其实是因为这种学习单所呈现的学习目标忽视了学生的原始状态和个别差异。既然是教师零介入的"先学"，就应该充分促进不同水平的学生都得到差异发展。

首先，我们将学习单分为过关和自选两块内容。过关内容大多由扫清阅读障碍、读懂文章内容的目标组成，这是每个学生都有能力且必须达到的目标。而自选内容就开放、灵活很多，诸如拓展相关背景、搜集类似文章、探讨文章主题、发现写作方法，等等，这些内容中，学什么、学到什么程度都由学生自主选择。

当然，我们也有必要的激励机制确保学生能够选择符合自己能力的"先学"目标。我和孩子们约定，在自选的"先学"内容中，学得最深入的 3 名学生将被聘为本课学习的"星级小导师"，由他们来教授全班学习这些内容。正如马斯洛的需要层次说所言，每个人都有被他人认可和肯定的需要，学生对自己选择的目标大多倾尽全力，都试图比别人学得更深入、更有个性，这样的前置学习怎能不劲头十足呢？

2.自主建构，迁移学习方法

确定了前置学习的目标，学生便开始了尝试学习，自我建构知识。在这一环节，千万不要将学生的"自主"误解为"自能"。孩子就是孩子，知道学什么，并不表示他同样知道怎么学。所以，学习单上不仅要罗列学习的目标，还要将达成这一目标的方法进行提示。

通常，我们的学习单会通过回顾一个相关旧有知识的学习方法，唤醒学生的已有学习经验，再将其迁移到新知识的学习中，从而完成对知识的自我建构。例如在学习《爱因斯坦和小女孩》时，学习单呈现了以往学过的《大作家的小老师》一文中描写人物外貌、语言的片段，提示学生从外貌、语言着手分析人物性格。两篇文章的相似度不言而喻，对人物形象的品析方法也大致相同。如此一来，学生对于爱因斯坦和小女孩形象的理解自然有法可循、水到渠成。

虽然有时在方法的指引下，学生的前置学习依旧未够全面，尚欠深度，但是这些知识是由学生自我建构而得，这是一种愉悦的成功体验。长此以往，学生自学的兴趣浓厚，自学的能力得到提高。

3.反思过程，自主发现问题

学贵有疑，疑而能问。没有产生问题的前置学习是不完整甚至不成功的

学习。学生的知识水平、思维能力毕竟都有限,在前置学习中,或遇到困难,或对个别内容理解不够透彻,这都很正常,也是彰显"教"的价值所在。

因此,在学习单上我们都预留了"我要问"的内容,鼓励学生在前置学习时,善于发现问题,整理、记录疑难问题,进而在课堂上大胆发问。

可是学生的小脑瓜中有着无穷无尽的奇怪问题,教师不是"十万个为什么",有时难免招架不住这些偏离正常教学轨道的问题,在耗费时间、精力的同时也耽误了正常教学。那么,对于一篇将要学习的文章,怎样引导学生发现有价值的问题呢?我们往往用"三问三不问"来进行评价导向:一读就知道、一看就明白的问题不问,通过自主学习仍无法解决的问题才问;过于偏离课文内容的问题不问,紧扣题眼、中心的问题才问;能够查阅资料了解的拓展性问题不问,与本文语言文字相关的问题才问。

如《西湖》一课中,在文本中直接就有答案的问题"杭州被人们称作什么"就没有问的价值,反之"杭州为什么会被称为人间天堂"倒有探讨的意义。"西湖的名字是怎么来的"这一问题过于偏离文本内容,且可以通过查阅资料了解,可以不问,而"哪些句子能看出西湖很美?为什么"则紧扣文章中心,直指语言表达,很有问的价值。

二、分享互动——合作探究问题

"问学"的课堂强调"过程"的学习:以学生"发现问题"为起点,以学生"探究问题"为状态,以学生"解决问题"为发展,课堂上展示"问学"过程,引导学生反思学习过程。

1.组内分享,在倾听中思考"问题"

由于大多数孩子积极进行了充分的前置学习,所以课堂这个学习场域中存在着丰富的差异化信息。如何让这些学生自主获得的信息呈现多向、立体的流动,小组交流是途径之一。

倾听是"问学"课堂中首要的技能,是获取问题最基础但又最重要的环节。那么怎样才能完成"听—思—问"的线性转变,实现信息输入、分析、输出的全流程呢?

首先,自我监控。教师要指导学生在倾听过程中保持高度集中的注意力来倾听别人的发言,不被任何因素所干扰。只有具备了自我监控的能力,才能有助于学生自身与所听到的信息进行心灵上的沟通,通过分析与思考进而对对方的信息提出自己的问题。

其次,解释信息。在倾听别人发言时,小组长可以及时询问组内成员"你听懂他的意思了吗?你能解释一下吗"。通过这些问题促使组员有意识地去倾听其他同学的发言,并用自己的表达方式对别人的信息作出有意义的解释,促进理解信息、重构问题。

第三,辨析信息。学生不仅要倾听一位组员的发言,更要对组内众多发言进行分析和争辩,通过相互质疑、相互启发、相互补充,自我不断提出问题。如在《彭德怀和大黑骡子》一课的前置学习中,学生对"彭德怀爱战士还是爱大黑骡子"这个问题各有想法。倾听组内交流时,通过比较、辨析,学生的头脑不自觉地处于"质疑、否定、提升、再质疑"的螺旋上升状态。

2.组间互动,在合作中探究"问题"

组内交流后,关于课文学习真正有价值的问题逐渐浮出水面,这些问题往往是集全体组员之力仍不能得出清晰答案的问题,那么扩大交流人数,以组间的互动合作探究"问题"就尤为必要。

例如笔者执教《晏子使楚》一文时,对于"晏子凭什么赢得楚王的尊重",组内成员大多认为是了得的口才,少数认为是勇敢,两方相持不下,于是组间开始了合作互动。在依据文本语言细致分析了口才和勇敢之后,有一个学生质疑道:"即使你再勇敢,口才再好,那可是楚王啊,杀了晏子不就解心头之恨了吗?"一石激起千层浪,"对啊,楚王并不是真心尊重晏子,书上说的是'不敢不'?""为什么会'不敢不'呢?'不敢不'的原因是什么呢?"学生开始了自我怀疑,再一次潜心会文后,终于找到"春秋末期,齐国和楚国都是大国"的关键句子。在这样的组间合作中,学生通过互动探究,终于明白"强大的国家实力才是一个外交家赢得尊重的真正原因"。

3.理答调控,在点拨中解决"问题"

教师是"问学"课堂的"导师"。"导师"的职责是"向导、伙伴、顾问",学生带着问题走向教师,师生之间是一种坦诚的碰撞、交流和沟通,教师置于学生中间,通过恰到好处的理答为学生指明前进的方向,为学生的学习活动提供指导。

其一,点石成金——变个别人的亮点为所有人的亮点。生成的问题火花往往在课堂互动的过程中,教师应及时发现这种稍纵即逝的生成资源,抓住它,放大它,让个别的创造变为全体的创造,提升学生的问题品质。

其二,因势利导——变错误资源为有价值资源。在解决问题的过程中,学生在创造有价值资源的同时,也会产生一些错误资源。这些错误资源是对教师教学理念和智慧的挑战。教师如果轻轻滑过或者把学生往预设的轨道上赶,都会造成对资源的极大浪费。正确的做法是,面对学生的"错误",迅速进行判断、分析,进而反向提出同样有价值的问题,引领学生的思维向纵深方向发展。

其三,顺藤摸瓜——变低质量资源为高质量资源。由于受知识积累、生活阅历、心理条件等因素的限制,学生的思维常缺乏一定的广度和深度。在合作探究"问题"中,学生的发言常常或者内容芜杂,重点不清;或者语言啰唆,不得要领;或者浅尝辄止,喉不到肺……在这种情况下,教师如果顺藤摸瓜,或点拨、或概括、或补充,相机诱导、要言不烦,则可使学生的思维向纵深发展或多向发展,从而有效地解决"问题"。

三、开放问题——阅读延伸课堂

我们的"问学"课堂并不以解决"问题"为终点,而是以新生成的"问题"延伸课堂,将学习拓展到课外。在任何的阅读过程中都自觉保持一种"问学"的学习状态才是我们的理想追求。

1.开放的问题,主题化阅读

每到课文学习结束前,我们的课堂会有一个"我还要问"小环节。这时学生提出的问题可以是与课文有关系的任何开放性问题,这些问题往往具有探索性、发展性和答案不确定性等特征,继而教师以问题为学生们做主题阅读推荐。

如学习《林冲棒打洪教头》一文后,有学生对林冲使的武器——棒——很感兴趣,于是提出"在《水浒传》一百零八好汉中,还有使棒的好汉吗"这一问题。所以,以关注武器和武艺为主题的《水浒传》阅读便自行展开了。相信在阅读中,孩子们还会有各种各样的问题产生,阅读也将不断深化。

2.开放的活动,延伸性课堂

有时,某些开放的问题并不适合只通过阅读来解决。如学习《水》一文后,学生提出问题"我们可以如何节约用水",这时语文综合性学习便派上用场。学生通过调查、亲自实践、撰写报告、制作漫画等,在小组内将课内学习延伸到课外。

综上所述,"问学"的语文课堂,用"问题"唤醒每个学生自我改变、主动发展的意识,用"问题"解放每个学生内在的求知渴望和学习力量,用"问题"培养学生的自我反省、自我纠错的能力,用"问题"带给学生独立思考、探索知识、克服困难的思维快乐,用"问题"促进学生和教师的可持续发展……笔者以为,这才是我们要追寻的教育本真,我们要追求的语文理想课堂。

学校:南京市迈皋桥中心小学
执笔:李洁

教师手记

行走在"问学"的漫漫路上
——我的"问学课堂"研究随笔

困惑中思考

让孩子成为学习的主体是课堂的应然追求,然而骨感的现实却是:在"课堂讲解+课后作业"的传统课堂模式下,孩子依然被动地听、无趣地记;教师依然辛苦地说、无效地讲。那么,到底什么样的课堂才能真正落实孩子的主体地位、最大限度地发挥其学习主动性呢?

"学问"和"问学",字序之差,却代表着两种学习的路径。"学问",以学及问,通过深入学习后产生探究的问题,这是一种更适合成人的学习路径;而"问学",先问后学,以强烈的问题探究意愿去进行学习,这更符合孩子的学习心理。

因此,在学校"十二五"省级规划课题《小学小组合作学习单的设计与应用研究》的研究基础上,我开始尝试一种"问学"课堂模式进行语文教学。这是一种"课前提问+课中探究"的崭新模式,以"问题"发现、思考和解决为主线的课堂学习模式,孩子们带着问题进课堂,以各种有效活动为学习平台,在自主建构、合作探究的过程中解决问题,学会思考与分析,提升自己的言语能力,增长自己的言语智慧。

实践中收获

在不断的课例中尝试,在不断的缺憾中总结,我的语文"问学"课堂已经逐步形成了三大操作步骤:先学低入——自主发现问题,分享互动——合作探究问题,开放问题——阅读延伸课堂。

我对于"问学"课堂的研究在一定程度内亦得到了大家的认可。区第31场"我与名师有约"活动中,我与特级教师潘文彬同台献艺,展示自己对于"问学"的独特理解;第四届"七彩语文杯"三省习作教学竞赛,我用"问学"的理念执教,以总分第一的成绩获特等奖。此外,还有多篇与"问学"相关的论文获奖、发表。

坚守中前行

个人的研究成果如何进行推广,如何影响更多的教师,进而改变更多的孩子?借助教科室平台,我以"一三五"项目大力推进"问学"在课堂中的践行。相约单周星期一,开设"尚美"大讲坛;相约双周星期一,开设"问学"沙龙研讨。相约星期三,青蓝结对互惠共生,就"问学"常态课堂解惑答疑,促进"问学"模式全面铺开。相约星期五,"问学"课堂展示。由区级骨干教师进行"问学"课堂示范课,初步形成"问学"课堂操作模式。

坚守中,孩子天性中最绚丽的花儿——问,尽情绽放。教师教学中最本源的追求——学,本质回归。

反思中成长

教学犹如"植树",树木是自己长的,别人替代不了它的生长。"问学",让孩子们真正感受到求知中豁然开朗的妙不可言。

但操作模式只是形式,问什么才是"问学"的真正内涵。反思中,我和我的团队继续前行。在吸纳、借鉴众多理论文献后,我们提出了"四问":问源、问流、问法、问得。

儿童问学,一问源,学会刨根问底,追寻知识的源头;二问流,亲历过程,自主实践,勾连新旧知识的内在联系;三问法,习得学习方法,形成学习经验;四问得,每课必省,了解自己究竟学到了什么。当然,在儿童问学的过程中,教师也问源,能够循本溯源,追寻教学源头;问流,能够尊重规律,激发动机,唤醒并引导学生自我成长;问法,注意领悟教学方法,生成教学智慧;问得,我成长了什么。如此,学生之"问"与教师之"问"相得益彰,教学相长。

研究之所以让人着迷,是因为在获得的欣喜之余,总还有更多的未知在前方。所以,在"问学"研究的漫漫路上,吾仍在上下求索。

南京市迈皋桥中心小学　　李洁

案例三

让阅读教学简约而丰盈
——南京晓院附小金立义"简约语文"案例综述

一、名师简介

金立义　中学高级教师,现任南京晓庄学院附属小学副校长,江苏省特级教师后备、南京市语文学科带头人、南京市优秀教研组长,苏教版教材编委会评价组核心成员。

先后受河南、新疆等地邀请,进行公开课或讲座40

多场。两次荣获苏教版教材全国课堂教学竞赛一等奖。在《上海教科研》、《语文教学通讯》、《教学与管理》等核心杂志公开发表60多篇论文与案例,其中《阅读考试命题不能跟着感觉走》、《阅读教学亟待二次转身》被中国人民大学书报资料中心全文转载。近几年来一直致力于"简约语文"的研究,形成了"简约而丰盈"的教学风格,《小学"简约语文"的实践性研究》获江苏省2013年教学成果评比二等奖。2011年出版了个人专著《守望简约——我的小学语文观》。

二、课堂特色

金立义的"简约语文"课堂,大道至简,轻盈行走。最显著的特点是"简约而丰盈"。

简约,体现在"教学目标简明、教学内容简要、教学环节简化"。他的课堂教学目标精简、清晰、可观、可测,且指向语言文字运用能力的培养,围绕教学目标,他重组教材,找到适切的教学内容,跳出课文教语文,利于教学目标的达成;在教学环节的安排上,他围绕语文实践活动,设计板块教学,腾出更多的时间和空间让学生在实践中学语文、用语文,提升能力,因而学生学得充分、积极、主动,收获丰盈。

三、案例设计

《夹竹桃》第一课时教学设计

【教学内容】
选自苏教版第12册第6单元第19课

【设计理念】
阅读教学的变革亟待从教课文向教语文转身。因为培养学生的语言文字运用能力是语文课程的独当之任,所以教学时要从文本的语言文字入手,理解内容,体会情感而得意;还要从领会作者是怎样用语言文字阐述内容、表达情感的而得言,追求言意兼得。

阅读教学的变革还须从"教语文"向"学语文"转身,要倾力打造"让学"课堂。人民教育家陶行知先生说:"先生的责任不在教,而在教学生学。"教是为学服务的,教必须让于学。

本案例的设计就是基于以上两点考虑,以学生提出的问题为目标,以"三品"夹竹桃的韧性为抓手,以学定教,不但理解文本,而且学习认识事物特点和描写事物特点的方法,再把学到的方法迁移运用,化知为能,提高学生的言语表达能力。

【教学目标】

1.正确、流利、有感情地朗读课文。

2.三品夹竹桃的"韧性",学习认识事物特点和描写事物特点的方法。

【教学过程】

(一)揭示课题

1.出示课题,读准课题

(1)出示"夹竹桃",谁能把这个课题读正确?

(2)"夹"有两种读音,在课题中究竟读哪种音呢?

出示字义:jiā:①从两旁同时向同一个对象用力;②夹子;③从两旁限制住;④掺杂。jiá:里外两层的。

你能根据字义判断出读哪个音呢?

2.明白其理,总结学法

一个字有多种读音时,拿不准读什么音,可以根据字义选择。

3.猜测题意,阅读资料

(1)这种花为什么叫夹竹桃呢?请你根据字义和这个花名猜测一下。

(夹竹桃叶片像竹,花朵如桃)

(2)补充"夹竹桃"相关资料。

【设计意图】把理解课题和学习方法融合在一起,体现的是"教语文"的理念。阅读教学要想华丽转身,实现正能量,教师必须跳出课文教语文。

(二)读一读

1.检查字词

(1)读准词语,注意加点字。

第一排:榆叶梅 熏透 凄清 荇藻 夜蛾 乍起

第二排:花团锦簇 满院生辉 五彩缤纷 美不胜收 花开花落 万紫千红

第三排:叶影参差 无日不迎风吐艳 无不奉陪

(2)理解第三排词语的意思。

【设计意图】第一排是课文的6个生字,第二排是四字词语,第三排是多音字和变调。词语教学的设计循序渐进,由字音到词义,由易到难,遵循学习规律。

2.学生朗读课文

(1)学生自读课文,注意读准字音。

(2)学生展示读。每人任选一节,读后说说这一小节让你知道了什么。

(三)问一问

1.出示课文的第一节：

夹竹桃不是名贵的花,也不是最美丽的花,但是对我来说,它却是最值得留恋最值得回忆的花。

2.读了这节,你有什么疑问?

(夹竹桃不是名贵的花,也不是最美丽的花,但对作者来说为什么是最值得留恋最值得回忆的花?)

【设计意图】日本教育家小原国芳说:"儿童是哲学家,是真理的热爱者,疑问丛生,一个接一个。其中有异常宝贵的东西在闪耀,有无数神秘的萌芽。"学生学语文应从学会提问开始。学生提出的这个问题是全课教学的抓手,让教学目标清晰起来,也让教师把教的起点建立在学生的疑点之上,以学定教,以学促教,让教学更有针对性和实效性。

3.这节课我们就来研究这个问题。这个问题的答案就在课文中,请你找出相关的语句来回答。

4.出示课文结尾:"这样的韧性,又能这样引起我许多的幻想,我爱上了夹竹桃。"

由"韧性"你想到了哪些词语?(坚持不懈、坚忍不拔、顽强不屈)

(四)品一品

1.抓正面描写,一品"韧性"

(1)出示课文的第四小节。

(2)学生批注阅读,想一想夹竹桃的韧性表现在哪儿?

(3)组织学生交流,认识夹竹桃的"韧性"。

(引导学生扣住两个"又","迎风吐艳",两个"一直",品味夹竹桃的韧性)

(4)有感情地朗读这一小节。

【设计意图】周国平先生说:"最好的境界是丰富的安静。"让学生批注阅读,潜心会文,静心思考,穿行在文本的世界之中,与文字对话,尽情享受着静悄悄的丰富,细细品味夹竹桃的韧性,这是学生在经历真实的阅读过程。

2.抓侧面描写,二品"韧性"

(1)出示课文的第三小节。

(2)读了这节,你有什么问题?

(作者为什么要花那么多笔墨写十四种花?)

(3)为什么要写这十四种花?说说你的理解。

(形成对比。这些花虽然开得艳,但花期短,和夹竹桃相比缺少韧性,这样

更能衬托出夹竹桃的韧性)

(4)感情诵读,读出"韧性"。

【设计意图】教学要关注文本独特的言语表达形式。精选这样的教学内容,一方面让学生通过侧面描写进一步认识夹竹桃的韧性,另一方面也是学习侧面描写法。

(5)教师小结,回应上课伊始问题。

课文学到这儿,对于上课开始时提出的问题你理解了吗?

3.联系作者,三品"韧性"

(1)作者季羡林对夹竹桃情有独钟,其实还有原因。课前你找到了哪些季羡林的材料? 和大家交流交流。

(2)补充季羡林的材料。

季羡林,北京大学副校长、教授、中科院院士。我国著名的语言学家、佛学家、翻译家、教育家和散文家。他博古通今,学贯中西,被誉为"国学大师"、"学界泰斗"。

24 岁时到德国深造,遇上战事,10 年中经受着战火之苦,但他顽强学习和生活,获得了博士学位。

55 岁时,"文化大革命"开始,他遭受严重迫害,但笑容依旧,用幽默的笔调写出了《牛棚杂忆》。

92 岁时,因病住院,但他仍然没有停止学习,5 年的病榻生活,写成了 20 多万字的《病榻杂记》。

读了以上的资料,你想说什么?

学生完成填空:季羡林先生就像一株夹竹桃,＿＿＿＿＿＿＿＿＿＿＿。

(3)出示季羡林先生说的话,齐读——

我的要求就是不停地工作,我一辈子没停过。我的生活习惯就是不停地工作。不写不行,好像没吃饭一样,第一需要。一个人干什么事都要有一点坚忍不拔、锲而不舍的精神,没有这个劲,我看是一事无成。

难怪季羡林先生对夹竹桃情有独钟呢,齐读——

夹竹桃不是名贵的花,也不是最美丽的花,但是对我来说,它却是最值得留恋最值得回忆的花。

【设计意图】阅读教学要打通课内与课外之间的壁垒。补充季羡林先生的资料,把夹竹桃和作者联系起来,让学生从认识花到认识人,进一步感受夹竹桃的"韧性"在作者心目中的影响力,也是对课始所提出的主导问题的有效回应。

（五）议一议

1.我们刚才是怎样认识夹竹桃的特点的？讨论一下。

（抓正面描写、侧面描写，联系作者经历；今后阅读状物的文章，要学会通过多角度去认识事物的特点）

2.如何写好事物的特点？

（可以正面描写事物的特点，还可以通过侧面描写去烘托事物的特点）

【设计意图】学习方法是教语文的重要内容。在学生经历了学习的全过程后，从阅读和写作两个方面总结方法，是自然点化，有效导引，提升学生的学习力。

（六）写一写

描写一种植物，采用正面和侧面描写法，突出这种植物的特点。

【设计意图】在水里学游泳，在空中学飞翔，在语文实践中学语文。语文课程是一门实践性很强的课程。学生在阅读中学到了一些言语表达方式，教师要努力创设语用情境，及时迁移运用，把积累的语用经验化为真实的语用技能，让语言文字运用能力的培养接地气，生根开花。

学校：南京晓庄学院附属小学

执笔：金立义

【案例分析】

一、"求真课堂"和"问学课堂"体现了以学生为本（落实"以学生发展为中心"的教学观）

从南京晓庄学院附属小学"求真课堂"的实践探索，我们可以看出，"求真课堂"教学是晓院附小研发的以学生发展为本、开发特色课堂的新型教学模式。该校在课程结构、教学内容、教学方式、教学评价、教学资源等方面，积极体现以学生为本的教学观，努力为学生提供适切性选择服务的"丰富化教育"。

新课改推进至今，不少基层教师的教学观念已经有明显的转变，但是，如何使得"以学生发展为中心"的教学观在课堂教学中真正体现？通过对相关文献资料的查询和外出听课培训，我们发现，无论是山东杜郎口中学，还是洋思初中、溧水东庐中学的课改实验，在这些课堂上，孩子敢于表现、敢于质疑、敢于争论，个性化的思维、情感和爱好都有了张扬的空间。因此，我们以为，如果我们的课堂上孩子也能敢想、敢问、敢说、敢演、敢答，也就能很好地落实"以学生发展为中心"的教学观。

课堂教学的核心环节是"课前展示→教师点拨→合作探究→评价赏析→知识整合→反思升华"。在这6大环节中,唱主角的是学生,学生是"演员",教师是"导演"。学生首先要明确在下一个时间段中要做什么,做到什么程度。其次是通过自学,对知识有初步的领悟,再通过交流、展示、互评,浸透了知识的内涵与外延,学生在互动中找到了自信,体验了成功的喜悦,历练了全面客观地观察和解决问题的本领。

以上所说的只是在落实"以孩子发展为中心"这个教学观的一些尝试。既然学生的"学"发生了改变,我们认为教师的教学方式也应发生转变。在课堂教学这个大舞台上,教师要退居幕后,担当导演,发挥着把握方向、创设环境、优化配置教学诸要素的作用。教师要能对教材、教法进行更深刻的解读——为了在课堂上创设更多让孩子展示自我的平台;教师要有更强的教学机智——为了随时调节和控制学生在心理、个性、情感、能力等方面的变化;教师要掌握好点拨的时机和问题——为了把握课堂教学中的主基调。

"以学生为主体,教师为主导"新的教学模式有别于传统"以教师为主体"的填鸭式教学方法,而是运用教师的主导作用,充分调节学生学习的积极性,从而大大提高学生综合应用的能力和学习的兴趣,让课堂成为学生展现自我的平台。这样的课堂无疑是对教师提出了更多、更高的要求。

二、"求真课堂"和"问学课堂"促进了教师专业发展

从晓院附小和迈皋桥中心小学组建研究团队,打造"求真课堂"、"问学课堂"的探索实践中,我们可以清晰地发现,这些研究活动促进了学校教师专业的深入发展。组建了教学范式共同体,一方面能博众人所长,另一方面能使研究辐射的范围扩大。在此基础上,他们还确定了课题的研究方法之一:团体行动研究法,即通过教师们的头脑风暴,反思目前课堂中亟待解决的问题,通过价值排序,确定阶段研究的小主题;接着由每个教师个体先进行学习思考,寻找解决问题的对策;然后再进行团队学习,互相交流,形成阶段研究计划;再者,落实到教学行动上,调整教学行为;最后通过实践,总结经验,确定下一步的实验计划。实际上,这是教师团体"思—学—做"的反复循环和螺旋上升,把研究一步步推向深化。

从教师个体走向教师团体,标志着教师走出了封闭的状态,保持开放的心态,随时准备接受新的、更好的教育观念,更新自己的专业技能。而且,这样的研究更能带动一批教师的专业发展,也为学校的发展提供了有力的保障。

开展特色课堂研究以来，栖霞区各牵头研究学校已有不同级别的优质课和接待课百余人次，有力地推动了全区特色课堂的打造。

本章撰稿：王丽　吴兴　宋福云

参考文献

①钟启泉."研究性学习"的基本内涵[J].上海教育科研,2005(2).

②钟启泉.研究性学习:"课程文化"的革命[J].教育研究,2003(5).

③成尚荣.教学改革要坚持以学生学会学习为核心[J].人民教育,2013(22).

④李如密.关于教学模式若干理论问题的探讨[J].课程·教材·教法,1996(4).

⑤郭玉莲.课堂教学模式探论[J].教育理论与实践,2012(10).

⑥王文静.中国教学模式改革的实践探索[J].北京师范大学学报(社会科学版),2012(1).

⑦时晓玲,于维涛.中小学课堂教学模式改革的省思与多元创新[J].教育研究,2013(5).

⑧赵复强.特色课堂教学的品质内涵[J].边疆经济与文化,2013(7).

⑨丁朝蓬.我国课堂教学评价研究概况、问题与设想[J].教育科学研究,2006(12).

⑩董洪亮.教学模式区域化推进的行动原则[J].教育发展研究,2010(20).

第四章
特色活动建设

第一节　特色活动建设的内涵分析与文献研究

　　一所学校的特色活动不是刻意打造出来的，而应该是这所学校长期发展过程中自然而然形成的，是源于实践的。特色的形成需要实践，也需要时间。也就是说，特色是"做"出来的，不是"提炼"出来的，更不是文字游戏，这种"做"是一种长期坚持与积淀，那种急功近利为特色而特色推出的"特色"，都不是真特色。那么，我们该怎样正确理解学校的特色活动？

一、特色活动的含义分析

　　什么是特色活动，这是我们开展学校特色活动首先必须厘清的问题。

　　"特色"，即事物所表现的独特的色彩、风格等。[①]事物特色通常是指一事物有别于他事物的不同之处。不同的词语搭配，在不同的语境中具有不同的含义。

　　"活动"一词作为名词是这样解释的：为达到某种目的而采取的行动，如体育活动、文娱活动。[②]

　　那么，在学校这个特定的环境里，"特色活动"一词就可以这样理解：一所学校举办的这个活动与其他活动不同的地方，这个不同的地方非常独特和吸引人。换句话说,它是一所学校积极进取的个性表现。③

学校教育活动涵盖面比较广,一般来说,在德育、智育、体育、美育、劳动技术教育这五个基本教育内容中,有些学校"五育"并举,突出某一"育",抓住某一"育"作为"突破口",对学校实行整体优化,形成鲜明的特色。④能称为办学特色的活动内容,应当是持续时间较长,甚至要固化在学校的常规活动之中的。

目前有一些管理者认为,办学特色就是搞那些能够拿得出手的热热闹闹向外展示的东西。比如说,书画展示、歌舞表演、大型团体操,或组织学生到社会上开展一两次有一定社会影响的环境保护宣传活动等。应当承认,这类教育活动可以称为特色,但特色有深刻与肤浅、宽泛与狭窄、持久与短暂、强势与弱势之分。

深刻与肤浅之分,是指设计特色活动的指导思想和目标集于深层还是表层。就拿歌舞表演来说,如果组织少数学生活动的目的仅仅是为了造成一定影响,那就是表层的和肤浅的;如果把这类活动作为带动全校开展教育活动的一个组成部分,并且组织全体学生每人都参加一项艺术活动,把美育真正落实到每个学生身上,那么,显然在当前美育普遍不受重视的情况下,创造这个办学特色的指导思想就是深刻的。

宽泛和狭窄之分,是指特色活动涉及人员的多少。如果这种活动仅仅局限于少数学生和部分教师参加,那么,只能称其为"有特点的活动"或窄范围的特色了;真正的办学特色应当是多数师生参加的,并真正能产生作用的活动。

持久与短暂之分,是指特色活动持续时间的长短。一般来说,能称为"办学特色"的活动内容,应当是持续时间较长,甚至要"固化"在学校的常规活动之中的。

强势与弱势之分,是指特色活动在校内外发挥作用和产生影响的大小及时间的长短。影响大并且持续时间长的,就是强势特色,反之则是弱势特色。⑤

特色活动是对学校本身教育资源和办学客观规律的科学而独到的认识,找到了本校的办学规律,有效地挖掘了学校的教育资源,那么学校的办学就会充满活力,就会获得可持续发展的动力。

二、特色活动的目标定位

目标是个人、部门或整个组织所期望实现的成果。如何定位特色活动的目标,是学校面临的首要问题。

在特色活动创建的过程中,我们常常会看到以下几种现象:一是追求功利。一些学校为了"彰显特色"、"打造品牌",或为了迎接什么大型的验收检查,赶忙请来专家帮着"提炼"、"梳理",找几个别致新颖、言简意赅的短语,"特色"便诞生了。这些学校创建特色活动,不是努力在特色活动的内涵发展上下工夫,而是好大喜功,做表面文章,搞一些表面的、缺乏内涵的、看上去轰轰烈烈的展示活动、现场会等,这是教育浮躁的表现。二是随性而为。有的校长喜欢打篮球,就把篮球定位于学校特色活动;有的校长喜欢书法,就把学校特色活动定位于书法;有的校长喜欢乒乓球,就把学校特色活动定位于乒乓球,这些学校的特色活动常常随着校长的更换而更换,有的甚至是校长一时兴起,为了"时髦"或者"迎合"而赶出来的。然而,学校特色活动不是校长的随性而为,更不是由校长的喜好而定。学校特色活动是做好教育本色基础上的一个长期积淀的过程,是展示学校历史沿革、地域风貌、办学理念的一个不断生成的过程,是一茬又一茬校长付出心血薪火相传、接力赛跑的过程。三是盲目跟风。一些学校在打造特色活动的过程中,一味跟风,模仿继承,而忽视自身的挖潜、提炼、创新,因此也就难以收到好的效果。

作为培养人的学校教育活动,首要的问题是培养什么样的人的问题,这是一切学校教育改革的出发点和归宿。我国的教育方针是把受教育者培养成为德、智、体等方面全面发展的社会主义事业的建设者和接班人。学校必须遵照教育方针的基本精神,依据当地经济建设、社会发展和学生的实际情况,确定本校的特色活动育人目标,牵一发而动全身,达到优化全局,形成特色活动的目的。因此,学校创建特色活动必须从学校自身的实际情况出发,合理定位学校的特色活动目标。⑥

一是认真研究社会发展给学校提供的机遇和提出的挑战,研究学校发展的资源、条件和能力,把创建特色学校的外在动力——环境和内在动力——学校本身的优势统一起来。二是必须体现校长的办学理念和办学目标。三是挖掘学校已有的历史文化积淀,找准突破口。也就是说,根据学校的强项或优势,选准几个特色项目来为特色学校的创建做基础,通过特色项目的逐步实施、推进以及全方位渗透所产生的整体效应,形成自身学校特有的文化模式,并在不断巩固、充实和提高的基础上形成特色学校。四是目标的确定应具备独特性、整体性、稳定性、科学性,要将特色学校和学校特色密切联系起来。

特色活动的目标体系,可分为:发展愿景(对学校未来的一种愿望和憧憬)、整体目标(概括性的)和具体目标(可达成可检验可量化的标准,分若干方面列举)。

每所学校的办学理念和文化底蕴皆不相同,都应该有适合自己发展的特色活动目标,不能用一把共性的尺子来衡量。学校的特色活动目标定位必须坚持以人为本,实事求是,既要注重学校的历史,又要充分考虑现有的物质条件,既要考虑教师队伍的实际能力,更要重视学生的现状和发展,只有发挥群体作用,才能真正彰显特色,办好学校。

三、特色活动的实施策略

策略,指计策、谋略,就是为了实现某一个目标,首先预先根据可能出现的问题制定的若干对应的方案,并且在实现目标的过程中,根据形势的发展和变化来制定出新的方案,或者根据形势的发展和变化来选择相应的方案,最终实现目标。

在创建特色活动的过程中,需要学校的师生员工不断地根据学校的办学思想、办学目标,对开展的特色活动进行评价与调节,不断改进、完善与优化,以保证特色活动目标的实现。

因地制宜

任何一所学校都是在特定的社会和自然环境里办学的,学校今天的现状是昨天发展的积淀,而今天的改革决定了明天发展的结果。从某种意义上讲,学校发展是一个不断适应内部和外部变化,调整、改革自身的教育教学和学校管理的过程,因此特色活动的建设与发展必须建立在对学校过去(办学历史)、现在(现有条件)和未来(机遇与挑战)深入调查、分析的基础上。[7]因此,学校要形成活动特色,就要努力挖掘和优化自身独特的教育资源,合理选择和打造本校特色项目。学校特色活动是"生成的"、"自创的",而不是"给予的"。如果远离了学校实际,盲目地追求所谓的高品位,只会把学校引入一条违反教育规律、强求"学校特色"的尴尬之路。

扬长避短

特色活动,是在全面贯彻教育方针的过程中和长期的教育教学实践活动中,在学校教育工作的整体或全局上形成的,具有比较稳定的、区别于其他学校的独特风格或独特风貌,体现鲜明的学校文化特征,并培养出具有特色人才的学校。创建特色活动,就是要根据不同学校的不同条件和特点,扬长避短,体现各个学校独特的办学特色。学校在办学过程中,各方面发展不可能完全平衡,有的学校这方面发展快些,有的学校另一方面发展快些,允许这种发展差异存在,使一些学校在某方面发挥优势,不仅有利于学校之间互相促进,更有利于推动学校办学水平的全面提高。[8]因此,学校要根据自身的特长和潜在的优势,找到个性化的办学思路,促进学校特色发展。

循序渐进

任何事物的发展都有一个循序渐进的过程。特色活动的创建与发展也不例外,需要经过一个循序渐进、不断发展的过程。在这个过程中,要经过挖掘、提炼、规划、设计、论证、实施、反思、逐步调整等步骤。这是一个长时间逐步发展的过程,不可能一蹴而就。

学校特色活动形成的过程大致可分为特色创生、特色发展、特色显现三个阶段。在特色创建的过程中,学校一定要认真研究不同阶段的特点,明确其具体目标和任务,采取针对性措施,把握好节奏,循序渐进地推进学校特色创建。

传承创新

学校特色活动具有稳定性,又具有变动性,是稳定性与变动性的统一。

一方面,任何一所学校在长期的办学过程中,都有不同于其他学校的历史,在历史的长河中必将积淀并衍生出属于自己的、深厚的学校文化。创建特色活动,核心就是创办有自身特色的学校。不同的办学历史和学校传统,是形成办学特色的重要资源。抛弃学校文化和传统,不断变换、人为打造、突击创新的所谓的学校特色,最终将导致学校价值观和方向感的失落以及学校历史和文化记忆的遗忘,学校不可避免地趋向平庸,学校特色也会逐步消解。⑨ 因此,特色活动的创建,必须基于学校的历史文化底蕴,关注学校的历史传统、敬重学校的文化积累,回到学校的历史文化中重新发现、解读和建构学校思想和文化资源,并由此形成鲜明的学校特色。

另一方面,特色活动的这种稳定性是相对的,并非一成不变。变动,是指前进、发展,特别是在互联网信息技术快速发展的今天,犹如逆水行舟,不进则退,不会长期停留在一个水平上。因此,学校还要充分发挥创造性,借助科研解决探索过程中的实际问题,突破和超越原有条件的制约,在新的条件下,不断推动特色活动向更高水平发展。

四、特色活动的发展阶段

从特色活动的发展来看,对特色的追求可以分为以下三个阶段:

初级阶段:大致处于义务教育的普及阶段,学校追求具有基本的校舍,有教师和学生,能够开齐课程,开足课时,追求的是"形成一所学校"。

中级阶段:大致在普及阶段后期,学校最大的困难在于正常办学的经费和升学压力,尽管学生人数超出容纳能力、教师学历合格问题依然存在,但校舍、设施、教学管理规范都有所改善,追求的是"形成合格的学校"。

高级阶段:大致处于普及后的提高阶段,学校在办学经费等方面都有改善,不仅开始改建学校,而且通过各种途径提高教师综合素质,管理上致力创新、希望概括出符合学校的教育理念,这个阶段的学校追求的是"我"的生成,追求"形成有特色的学校"。

此后就是特色的深化和扩张,最终形成深厚的学校文化传统,形成一种稳定而鲜明的个性风貌。从根本上讲,学校是一个自适应、自协调、自组织的有机系统,它的发展动力机制不在其外部而在其内部,学校特色活动建设是学校发展到一定阶段的必然追求。⑩

著名教育家陶西平认为,"特色学校就是核心价值与附加价值的统一。核心价值就是贯彻国家教育方针、实施国家的课程标准、落实国家的培养目标;附加价值就是自身改革的切入点、自身的个性追求、自身的独特传统。根据办学理念、办学模式、学科建设、学校文化的不同,就形成了多彩的学校办学特色"。这种特色正是一所学校发展的优势所在。因此,要办好一所学校,就要立足这个学校的实际,合理定位,大力挖掘学校内部潜力,找到学校特色的突破口,把潜在的优势变为显性的优势,这样就会极大地提高学校的整体办学实力和核心竞争力,使每一个孩子都获得更好的发展。

第二节　特色活动建设的研究历程与阶段成果

一、栖霞区特色活动创建的时代背景

《国家中长期教育改革和发展规划纲要(2010—2020年)》中明确提出,"树立以提高质量为核心的教育发展观,注重教育内涵发展,鼓励学校办出特色,办出水平"。"办出特色",不仅为中小学校发展指明了前进的方向和目标,也为我区走上特色化发展道路提供了政策支持和理论依据。学校要办出特色,是这个变革的时代赋予我国基础教育学校的神圣使命。

二、栖霞区特色活动创建的现实背景

在南京市教育局"新三基"战略背景下,在栖霞区区委、区政府"教育优先发展"战略的指引下,为使栖霞教育更优质均衡发展,提升各学校的办学特色和层次,使学生得以个性化成长,教师得以个性化发展,我区全面推进素质教育,不断深化教育改革,促进学校内涵发展,进一步提升全区各小学办学品位。在《"新三基"引领下区域推进学校特色建设的策略研究》重点实验项目的引领下,我们以"幸福每一个"为价值追求,促使区域内每一所小学充分挖掘自身资源优势,树立学校特色品牌,提升知名度和竞争力,促进学校可持续发展。

适合学生的教育就是最好的教育。学校发展的道路也是同一个道理,适合学校个性发展的道路才是最好的道路。当前,我区的教育正处在深化改革阶段,办好每一所学校,提高教育教学质量,是栖霞的办学目标;特色发展,走内涵发展之路是栖霞教育已明了的康庄大道。

三、栖霞区特色活动创建的总体目标

在全区范围内,每一所学校以"新三基"为基点,以现代科技成果为支撑,充分实现教育以人为本,充分发展每个学生的潜质,重点关注学生成长,通过提供体育、科学、艺术、文学、行为等多领域的区域性特色活动,让孩子们找到与自己匹配度最高的成长路径。

通过特色活动评选机制,促使每一所学校建立起自上而下的特色活动创建评价体系,实施好发展每个孩子个性特长的社团活动,研发出推进特色活动开展的校本课程,培养出有个性特长的教师团队,最后逐步创新、深化出学校文化。在此基础上,通过评选梳理出一批优秀样板学校,为区域优质均衡发展做典型示范。

四、栖霞区特色活动创建的具体目标

1.区域内每所学校都开展种类繁多的特色活动。

2.区域内每所学校都有一门以特色活动为载体的特色课程。

3.通过"新三基"理念引领下的特色活动创建,结合"三名计划"推动建构一批学校、成就一批校长、促生一批名教师。

4.建立具有栖霞特色的过程性资料库。

5.总结梳理出具有推广价值的实施策略。

五、栖霞区特色活动创建的重点工作

1.建立自上而下的特色项目创建评价体系

科学的评价体系是推动特色活动开展的有效手段。在我区教育局的指导下,各小学都要固化学校特色,走出适合校情的特色发展之路。同时,必须有全体教职工的广泛认同和积极参与,把师生的个人价值追求与学校的发展目标、教育质量、教育特色的追求紧密联系在一起,努力把这种办学愿景和目标内化为广大干部教师的内心需要和共同为之奋斗的精神追求,形成共同的价值观。通过特色活动创建,让师生能够实实在在地体会到"特色活动"的开展对学生、教师、学校发展的价值;对在特色活动创建中做出特殊贡献的教师,在精神和物质上给予适当的奖励,不断激励教师的主观能动性和工作积极性;对表现优异的学生也要给予适当的奖励,让学生体验参与特色活动给自己成长带来的收获与喜悦。

2.实施发展每个孩子个性特长的社团活动

为体现"所有的教育行为均建立在了解学生学习规律和个性特征的基础之上,给予其最适切、最有效的教育服务"这一理念,我们要求各校首先要为孩子提供充分的教育资源,如学校图书馆、实验室、计算机教室和体育、艺术教育等场所,并充分发挥学校社团活动的优势,制订并逐步完善活动计划和方案,让每个孩子都找到适合自己的学习方式,同时激发全体学生的学习兴趣、发展每个学生的个性特长。

3.研发推进特色活动开展的校本课程

学校特色活动的开展离不开课程的引领。我们要求学校将"特色活动"的开展与校本课程的开发有机结合起来。学校要聘请专家来校指导特色活动的开展,要组织一批有思想、有抱负、有能力的教师,形成校本课程的开发团队,以为学生创造更多的学习机会和更大的发展空间、最大限度地因材施教、促进每一个学生的身心发展和个性舒展为指导,开发有内涵、有品位的特色化活动课程,研发与特色课程相应的校本教材,努力让特色活动校本课程成为开展特色活动的重要载体,保证特色活动开展得有声有色。

4.培养有个性特长的教师团队

一个好校长,就是一所好学校。校长是一所学校的灵魂,他的教育思想、办学理念、办学风格、价值观念和人格魅力等会时时刻刻地渗透到学校工作的方方面面。因此,我们要求校长要能够成为办学思想和办学模式的创新设计者;要对学校资源进行整合与运作,找准教育政策与学校发展的结合点,从战略的高度对学校的特色活动建设进行统筹,要通过自己的指导和协调让教师的智慧、热情迸发出创造的火花,让学生的天赋、个性和能力得到充分的锻炼和提升,让学校的特色活动建设能够不断得到传承、凸显,并实现可持续发展。

然而,校长的办学理念必须经过教师的实施才能得以落实。教师是学校的生命和活力所在,是实现学校特色活动建设的关键因素。我们要求学校要针对自身特色活动的创建和学生个性培养的要求,对特色教师队伍建设进行统筹考虑,有计划、有步骤、有层次地培养和引进特色教师;要开展校本教研活动,通过制度化的学习研讨、课例分析、教学实践问题分析等活动,提高教师对学校特色活动的认识和把握;要引导全体教师树立特色教育意识,广泛参与教育科研活动,为广大教师搭建成长平台,营造奋发向上的良好学习氛围,加快学校青年教师发展。

5.学校特色活动逐步创新、深化为学校文化

特色只有积淀上升形成一种文化,才能具有持久的生命力,才能成为顺势而生的华章,成为提升学校办学品质的源泉。因此,我们要求学校在特色活动的创建过程中要不断创新、不断深化,力求形成自己的文化。

六、栖霞区特色活动创建的保障措施

项目保障机制

1.一个重视

栖霞区教育局对《"新三基"引领下区域推进学校特色建设的策略研究》实验项目非常重视,成立了以徐观林局长为组长的领导小组,指导制定各项管理制度和考核奖励制度;促使每所学校在每学期制订学校工作计划时,将特色活动纳入学校工作的重要议事日程,做到有内容、有要求、有措施、有目标。

2.两个坚持

坚持每年进行特色活动学校评比。

区级特色活动学校评比,是我们推进《"新三基"引领下区域推进学校特色建设的策略研究》实验项目的重要抓手。参加评比的学校,通过材料申报、现场答辩、现场展示等环节,能够更好地促使每所学校特色发展。今年7月28日,我们组织了2015年特色项目学校评审工作。此次评审,我们邀请了南京市教科所所长肖林元、南京市教研室主任严必友、南京市教科所原副所长宋宁及海门市教师发展中心主任吴勇担任专家评委。在本次评审中,八卦洲中心小学的"小小农民画"等7所学校的特色项目通过了评审。

坚持每所学校都有特色活动。

我们积极向区域内每所学校宣传开展特色活动的意义,将特色活动开展纳入学校年度考核。学校为学生提供体育、科学、艺术、文学、行为等多领域的区域性特色活动,为区域内每一个孩子找到与自己匹配度最高的成长路径创造条件。

3.四个调动

充分调动每所学校的积极性。我们通过建立奖励机制,调动每所学校创建特色活动的积极性。

充分调动教师的积极性。在学校重视的基础上,我们积极发掘、推进具有特长教师的专业成长,为他们搭建展示平台。

充分调动家长的积极性。每所学校特色活动的开展势必会占用孩子的时间,需要家长的深入理解和大力支持。因此,在特色活动的创建过程中,我们以各种方式让学生家长积极参与其中,让家长们能够充分感受到孩子的成长更具特色。

充分调动学生的积极性。学生是学校特色发展和特色活动开展的主体和根本目的。因此,我们在特色活动的开展过程中,充分让孩子们对学校特色活动的开展具有更广泛的参与度和更多的选择权。

项目实施条件

1.政策条件。栖霞区教育局立足区域整体,科学设计特色活动的整体规划,从政策制度层面制定了《栖霞区中小学特色学校评估标准》,建立了实施方案、评价指标和考核办法。

2.经费保障。对于认定的栖霞区特色项目,我们给予学校20万元的奖励。随着特色项目的深入推进,奖励的额度将进一步增长。

3.研究条件。2012年,我们启动了区级特色项目创建工作,全区现有28所公办小学,80%以上的学校已初步形成或正在着力打造学校的特色品牌,部分特色项目已具有一定的影响力。

4.队伍条件。特色活动的创建要依靠强有力的管理团队和师资力量。学校管理层将特色活动建设作为学校工作的核心,列入学校发展总体规划和每学年工作计划,建立校长负总责、具体工作落实到人的管理责任体系,形成有效的管理体制与机制。同时,加强教师的特色教育培训,把学校特色的发展内化为每一位教师的教育理念,建立具有特色教育能力的管理团队和教师团队。

研究保障措施

1.行政推动制度保障。我们通过教育行政部门的政策引导和管理,用制度推动和保障研究的实施与落实。

2.专家引领培育典型。我们坚持专业引领的实践策略,通过聘请专家学者指导,以及与高校研究院建立"教育联盟",进行"学校内涵发展"研究项目落实研究。

3.资源整合形成校本。在"新三基"战略引领下,我们积极开展校本化研究,丰富和完善全区整体特色活动理论和实践策略。

七、栖霞区特色活动创建的阶段成果

特色学校与特色项目的创建,有效地激发了栖霞区小学的办学活力,改变了学校外在面貌和内在气质,有的甚至改变了学校的命运,栖霞区各小学已经初步尝到了特色办学的甜头。

在创建特色活动的实践过程中,我们要求全区每一所小学都依托本校或本地区的特色资源进行深入挖掘、不断凝练,开展至少一项特色活动研究,以促进学生的全面发展和个性特长的培养,通过精心组织区域展示行动、现场会,分享孩子们的成长喜悦。

在开展特色活动创建的过程中,各学校在不断的碰撞与提升中,他们厘清了以下几个方面的问题:一是创建特色活动的重点是关注学生的成长,通过提供体育、科学、艺术、文学、行为等多领域的区域性特色活动,让孩子们找到与自己匹配度最高的成长路径。二是特色活动的开展,必须以现代科技成果为支撑,充分实现教育以人为本,充分挖掘每个学生的潜质,努力提高教育和每个学生的匹配度。三是学校特色发展的路径可以从建立自上而下的特色项目创建评价体系开始,实施好发展每个孩子个性特长的社团活动,研发出推进特色活动开展的校本课程,培养出有个性特长的教师团队,最后到学校特色逐步创新、深化为学校文化。

通过这几年的实践与探索，我们栖霞区涌现出了一批具有典型引领价值的特色活动，完善了特色活动创建框架，明晰了特色活动创建的五大策略，各校在创建特色活动的同时，在各方面都获得了长足的发展。

典型引领 通过材料申报、现场答辩、现场评审三个环节，我们从全区 24 所中小学中梳理出了具有典型引领价值的"特色活动"，包括第一批的"盛世龙鼓"、"玩转龙板"等四个项目，第二批的"鹏岛野韵"、"E 善陶园"等五个项目，第三批的"小小农民画"等七个项目，涉及艺体、科技、信息等诸多领域，通过数字评审，促使各校积累了大量关于特色活动的音像、文本资料，为下一步建构特色资源库奠定了基础。

完善架构 在推进特色活动创建的过程中，我们不断完善特色活动创建架构，如特色活动必备的十大要素，即特色名称及理念、特色标识(logo)及景观、特色制度、特色教师、特色设施及展示平台、特色相关课题、特色课程、特色特质呈现、特色资源库、特色成果。

建立策略 在特色活动创建过程中，我们明晰了特色活动创建五大策略：即典型引领，如栖霞区开展的三届区级特色项目评比，共评出 16 个特色项目；文化引领，如通过"e 善陶园"特色项目向"至善"特色文化转变；内在机制，区域内激励评价机制，如在学校综合评估中加大特色学校(项目)得分比重，以及项目创建成功后的经费奖励；学校联盟，如"盛世龙鼓"特色项目结合南京市民俗联盟学校开展活动；课题研究，如化纤小学写字特色，与写字树人文化课题研讨结合，并形成特色课程。

如今，我区各小学个性鲜明，精彩纷呈：龙潭中心小学的"灵美教育"，从"灵秀龙娃"、"灵动课题"、"灵慧课程"等多个角度切入，构建了学校"灵美"的特色文化；作为地处长江第三大岛、中国芦蒿第一乡的八卦洲中心小学，积极实施"鹏岛野韵"特色活动，开展了富有地方特色的拳韵、鼓韵、画韵、诗韵、江韵和桥韵"六韵"系列活动；金陵中学仙林分校小学部的"科技体育"更是从一个新的维度，开拓并实践了"快乐的体育"、"科技的体育"项目；栖霞中心小学的"小红枫文化研究院"则紧扣地域资源，立足校本，创建了全校师生课堂内外精彩、活跃的徜徉栖霞文化的行走方式……晓院附小、栖霞区实验小学、幕府山庄小学也分别从求真教育、信息技术、信息化管理、"励进小先生"等方面进行了探索与实践。丰富多彩的特色活动，满足了学生多样化的发展需求，为每个孩子提供了自主选择的机会和个性发展的空间，使每一个孩子都能获得更好的教育。

第三节　特色活动建设及其案例分析

案例一

悠悠琴韵伴童心飞扬
——仙林小学"雨竹琴韵"民乐特色教育的实践与思考

我校坐落在美丽的南京紫金山东侧,学校前身是南京仙林农牧场职工子弟学校,2004 年 8 月迁入现在的新校址,2005 年 5 月,与南京师范大学联合办学,成为南京师范大学仙林实验小学。2012 年 5 月,由栖霞区政府、栖霞区教育局、南京市教育局和南师附中四方合作,成为南师附中集团的一员。

建校以来,学校立足弘扬祖国传统文化,努力构建现代文明学校,坚持以人为本,精心打造师生共同发展的广阔平台,全面实施素质教育,课程改革不断深化,经过十年的摸索打造,学校特色愈见鲜明,社会声誉日益提高。学校先后荣获"全国青少年艺术人才培训基地"、"江苏省文明学校"、"南京市小学艺术活动中心(器乐)"等荣誉称号。

为什么要做民乐特色

地域资源

我校地处南京仙林大学城,地域的特点要求学校的发展必须和大学城的整体发展趋势相匹配,同时该地区丰富的优质教育资源为特色教育的开展提供了很好的保障条件,为特色教育的快速发展奠定了基础。

文化背景

我校的文化核心理念是"诗意雅韵",我们希望让诗意的校园文化润泽每一个师生,伴随着悠悠丝竹,让每一个人从中源源不断地汲取精神营养。

家长需求

仙林地区人口素质高,对优质教育期盼程度自然就高,他们希望仙林小学培养出来的学生应该具有"仙林"的特质:品质高雅,儒雅脱俗。

怎么做民乐特色

2006 年,学校开设了民乐兴趣班;2007 年,学校被授予南京艺术学院的音乐类考级点;2008 年 7 月 31 日,学校成立了"南京民族乐团仙林小学雨竹分团";2010 年,学校成功创建了南京市艺术活动中心;2013 年,学校又被评为南京市器乐类艺术活动中心。学校民乐团先后参加了在南京举办的"第四届世界城市论坛",参加中央电视台第三届、第五届、第七届"和谐春晚"全国青少年电视才艺展演,分获特等奖和金奖等殊荣,被授予"全国青少年艺术人才培训基地"。

"琴韵悠悠,童心飞扬。"几年来,我们从民乐的物态化、课程化、活动化、机制化和数字化等五个方面来整体架构,不断探索践行"雨竹琴韵"特色项目。

物态化　学校在校园环境整体规划上融入民乐特色,从特色景观、特色教室和特色场馆三个方面来建设。我们将校园里的小路以民乐曲目命名,并建造"水韵流音"景观,清清的水流从山石上潺潺而下。每块山石上都刻着民乐曲目,如"高山流水"、"百鸟朝凤"、"十面埋伏"等。教师上下班,学生课间午间都能听到悠扬的民乐。民乐教室更是各具特色。学校目前拥有云锣、扬琴、琵琶、古筝、中阮、柳琴、二胡、笙等大批乐器,涉及10余个专业,有"12乐坊"之称。学校建有一座能容纳500人的民乐演奏厅,学生在这里举行一年一度的新春音乐会,在演奏厅举办大型汇报和演出以及各种形式的表演比赛,我们还邀请家长和各界人士前来观看。学校"曲水流觞"文化景观也已建成,小桥流水,丝竹悠悠,别有一番情韵。

课程化　学校开发了《雨竹琴韵》校本课程,课程分为两类:一种是必修的、面向全体学生的欣赏课程,具有普及性,分低、中、高三个年段三册教材,以曲目的主题来划分单元,每个年段6个主题,分为乐景、乐俗、乐史、乐画、乐诗和乐星等主题,其中涉及历史、地理、人文、名胜、民族、民俗等。每个主题又根据这首曲子的特点,编排了听、读、品、唱、画、诵、说、研等板块,让学生去了解这首曲子的创作背景,进行乐曲欣赏、了解演奏家、诵诗歌、画意境、说民俗等。欣赏课程主要是通过嵌入式教学来实施。另一种是选修的、面向部分学生的技能操作课程,具有提高性,主要是乐器的演奏技能,我们美其名曰"十二乐坊"。对于这类课程,我们主要是利用课余时间由辅导老师对这些学生进行专业训练。

如高年级教材中的《春江花月夜》,这是一首著名的民乐合奏曲,另有同名古诗词,张若虚所作的《春江花月夜》。根据这首曲子的特点,我们编排了听一听、读一读、品一品、想一想、说一说和研一研等板块,让学生去了解这首曲子的创作背景,乐曲欣赏、诗歌赏析、想意境、说民俗以及对相关作品《乐府诗集》的研究。

学生通过学习民族乐器和参与丰富多样的艺术实践活动,从中领略到民族器乐的魅力,同时也培养了学生对民族音乐的兴趣,健全了学生的人格,提高了学生的音乐素养,让学生拥有高雅的人文气质。

活动化 学校在民乐项目管理上主要开展八个方面的活动,如乐·诗,"诗意雅韵"是我们的校园文化,在校园里,学生随处都可见到、读到经典诗词;在我校的课间休息时间,都能听到从广播里传出的古诗词的赏析。学校少先队每周都会推荐一首古诗,供学生诵读感悟。我们将诗词与民乐融合,陶冶学生性情。乐·文,结合民乐学习,我们对教材中的文章、成语故事等进行糅合,促进学生对祖国经典文化的喜爱,在潜移默化中促进学生语文素养的提高和综合素质的提升。乐·歌,以民乐配古诗,诗词歌赋,相得益彰,学校少先队每学年都会组织全体学生进行古诗的吟唱比赛。乐·画,每学期,学校都要组织诗画作品比赛,并展示优秀作品。曲中有诗,诗中有画,美不胜收。乐·舞,艺术节、联欢会,我秀大舞台,师生同欢,舞在其中,乐在其中。乐·俗(风土人情),通过民乐,学生了解了祖国各地的风土人情。乐·演,借助民乐,学生演绎着多彩快乐的童年。乐·星(明星),历史人物、音乐演奏家都成为我们的明星,在学校里,在班级中,每一个孩子也是一颗闪闪的明星,他们总能找到自己的自信。

机制化 制度保障。学校领导高度重视特色项目的打造,由德育校长分管,校中层干部负责,民乐活动中心主任负责日常的培训和演出;成立了有器乐活动领导小组,由分管德育校长担任组长,民乐活动中心主任担任副组长,并有明确的管理职责,出台了《仙林小学办学特色打造方案》、《仙林小学民乐特色管理制度》、《仙林小学民乐教师培训制度》、《仙林小学"乐星"评比办法》等,制订民乐活动中心工作计划和每一次活动方案,保证学校民乐活动中心各项工作及学校民乐特色活动的正常开展。

师资保障。我校专职音乐教师配比充足,有琵琶、二胡等专业教师;聘用的民乐教师中,有江苏省音协委员和江苏省戏剧学院教师,有雨花民族乐团演奏员,有南京少儿课外音乐辅导中心教师,他们都毕业于艺术院校。此外,我们还定期邀请南京民族乐团专家来校讲课指导。

经费保障。我校每年都要投入数万元用来添置教学用乐器、乐器配件,改善教学条件。学校目前拥有云锣、扬琴、琵琶、古筝、中阮、柳琴、二胡、笙等大批乐器。现在,学校将一幢教学楼作为民乐活动中心。2014年,创建民乐特色项目,我们用于改造民乐教学环境、购买演出服装、添置乐器的资金达20万元。

数字化 在我校的校园网上,有民乐专栏,对一些乐器和曲子进行了详细的介绍。在雨竹校刊中,有学校民乐团丰富多彩的活动信息。同时,音乐教师在课堂上将多媒体与民乐教学相结合,对学生进行民乐知识的渗透。今年,学校成功创建数字化校园,现在我们的学生也可以通过阿拉丁学习网收看教学视频,进行在线学习。

民乐特色取得的成果

我校的民乐特色教育注重点面结合,注重横向发展和纵向拓展,学校民乐艺术特色教育成绩喜人。

2007年,我校民乐特色获得南京市红领巾创新项目奖。2008年,民乐班的学生先后参加了"第四届《德艺双馨》中国文艺展示活动"和"中国青少年艺术节活动",获团体金奖和团体铜奖,另有20多名学生分获个人金、银、铜奖。2008年12月,我校民乐团在南京市第七届少儿艺术团队比赛中获优秀演出奖和表演铜奖。2009年春节期间,学校民乐团的部分学生前往北京参加了第三届"和谐春晚"少儿文艺节目展演录播,录播的节目在中央电视台少儿频道播出,并获得最高奖"国星奖",学校荣获"第三届和谐春晚·年度最佳组织"奖和"全国青少年艺术人才培训基地"称号。2009年暑期,学校民乐班的部分学生参加了"全国青少年才艺展示大赛",2人获银奖,3人获铜奖,学校获优秀组织奖。2010年元月,民乐班的部分学生参加了第九届"祖国颂"才艺大赛,4人获银奖,7人获铜奖,另有25人分获十优奖、十佳奖和十新奖,集体节目《邮递马车》获团体组金奖,学校获江苏省优秀组织奖。2011年2月,参加中央电视台第五届"和谐春晚",合奏《采茶扑蝶》荣获金奖;学校荣获"第五届和谐春晚·

年度最佳组织"奖。2013年,我校民乐团参加在北京举办的第七届"和谐春晚"全国青少年电视才艺展演,合奏《春天在哪里》再一次荣获金奖。2014年,我校民乐项目被区教育局评为"特色项目学校",活动获区艺术展演一等奖。2015年2月,我校民乐团参加"童年梦想"南京市第十届少儿艺术团队文艺大赛颁奖晚会,荣获"2014年度南京市优秀少儿节目选拔赛金牌节目奖"。

民乐特色教育的展望

民乐特色教育应立足学校,放眼世界,憧憬未来,注重点面结合,注重横向发展和纵向拓展。因此,我们正在努力进行以下几个方面的探索与实践。

新民乐 所谓新民乐,就是运用现代的乐器、艺术手段来重新演绎原有的民乐经典作品,或利用传统的乐器来演奏使用现当代作曲技巧创作的作品,以寻求一种特殊的、不同于现代音乐和古典音乐的效果,是追求古典和现代结合的一种艺术形式的尝试。我们学校特色办学的目标是"传统文化与现代文明双燕齐飞",那么如何做好文化的传承与创新?引进新民乐的元素是我们思考和努力的方向。一是将民族乐器与西洋乐器结合,二是将传统音乐与流行音乐结合。

联盟化　我校是南京市中小学器乐类艺术活动中心学校,在南京市内就有南昌路小学、小营小学、新城小学等联盟学校,我们可以利用这个平台与兄弟学校进行交流活动,取长补短,促进学校民乐特色课程的发展和学生民乐演奏技能的提升。2015年2月3日,在新春佳节来临之际,南京市艺术活动中心联盟学校举办了一场盛大的迎新汇演,我校民乐团的部分孩子演出了精彩的节目。作为南师附中集团的一员,附中这个大家庭也给予我们更多相互学习与交流的机会,为我们共同发展、共同提高提供了更广阔的空间。我校已经与南昌路小学结成共建单位,在他们的帮助下,我们会有更好的发展。

国际化　仙林大学城高端的定位,特殊的地域资源,让大学城的孩子有更宽广的国际视野。仙林大学城有国际实验学校、金中仙林分校小学部国际班,我们可以利用身边的"国际环境"进行文化碰撞、分享,进一步弘扬民族传统文化。此外,我们还可以出国游学,与国外的手拉手学校进行互访,和国际友人进行文化交流。2014年9月,我们参加金中仙林分校小学部国际班澳大利亚"汉语桥"培训班结业典礼,孩子们的表演受到外国友人的赞誉。

苏霍姆林斯基说:"音乐教育并不是音乐家的教育,而首先是人的教育。"雨果说:"音乐,是思维着的声音。"尼采说:"没有音乐,生命是没有价值的。"我们希望,通过民乐演奏技能的学习,让孩子们能掌握一项艺术专长,学会用最细腻的心灵去倾听、去感受、去体验,一颗颗童心就能在优美的音乐中得到滋养,童年的生活也因此变得快乐而精彩,并绽放生命的艺术价值。

【点评】

民乐,是我国传统文化精髓的体现,不仅是中国的,更应该是世界的。对民乐的教育,应放眼世界,着眼新的质量观,学生学习民乐,不仅学习音乐本身,更要注重提升民乐素养,培养学生体验美、欣赏美、表现美、创造美的能力。特色,应根植于学校的文化,学校应贯彻落实教育部体育艺术"2+1"项目,积极开发校本课程,为学生提供喜欢的课程资源,满足学生的发展需求,努力给学生一片天空,让学生自由飞翔。

学校:南师附中仙林学校小学部
执笔:朱永刚

案例二

板上"芭蕾"
——龙潭中心小学龙板特色活动扫描

当你走进南京市栖霞区龙潭街道江畔人家小区，随处可见我校的孩子们驾驭龙板的英姿。他们或快速直行，或飘逸转弯，或随意刹停，个个怡然自得，引得路人驻足观看。

当你走进龙潭中心小学，课余时间，这里到处洋溢着孩子们驾驭龙板的欢乐气氛。大课间，孩子们双人或多人成线、成片、成多种图形相互换位。他们飘如风、移如影，驭风而行，乘龙翔翔。体育课上，教师们精心设计龙板教学，孩子们踊跃参加龙板运动，师生共同创编龙板动作，被人们誉为"板上芭蕾"的龙板运动已成为我校的一大特色活动项目。

为打造"龙文化"特色教育，以"灵美教育"为主线，建设灵秀的校园、追求灵动的管理、造就灵慧的教师，最终目标为培养灵气的孩子。2010 年 9 月，我校将龙板作为学校的特色项目进行打造。学校先成立了兴趣小组，由学校投入 50 套器械进行活动。但是，我们没有想到的是，随着学校龙板兴趣小组的成立，很多没有被选上的孩子闻风而动，自己购买龙板，要求参加的人数急速增长。在这种情况下，学校因势利导，果断作出决策，将龙板作为特色活动在全校范围进行推广，并且就此作了详细的规定。随后，我们将龙板引进体育课堂。由学校教导处安排，各班每周拿出一节体育课专门进行龙板教学和活动，此举进一步激发了孩子的学习兴趣，丰富了体育课题教材资源，有力地促进了龙板运动的普及。此外，全校每天安排一个年级的学生利用大课间活动由各班主任带领进行龙板巩固性练习，进一步促进了各班学生之间的良性竞争。在各班主任的带领和指导下，孩子们迅速地掌握了一些简单的动作，一些组合动作和团体创作也不断问世，有力地促进了龙板运动向更高水平发展。我们还从各年级中挑选龙板爱好者成立精品社团，重点开发龙板的动作，将开发后的动作与体育课教学紧密结合，及时将新动作运用到课堂教学中，以点带面，使全校学生受益。

为了给学生提供展示、竞技的舞台,学校每年利用体育节进行龙板各项比赛,包括竞速、合作、游戏等项目,并举办龙板动作创编的成果展示。此外,我们还积极向市区两级教育部门申请召开现场会,邀请市区两级专家莅临指导;社团成员走进社区,在学校和街道重大活动中进行宣传表演,接受各方面人士建议,积极加以改进。这些举措,进一步提高了我校龙板的影响力,有力地促进了龙板运动的可持续发展。

　　通过这几年的研究与实践,龙板逐渐成为我校的体育特色活动,在课程、课题、活动等方面都有所建树,取得了丰硕的成果。2010 年 5 月、2011 年 5 月,我校两次召开区级现场会,开设游龙板特色教研课 4 节,在全区具有一定影响;2010 年 11 月,我校利用四城区连片教研活动,召开“活力游龙板,与青奥共成长”市级体育特色现场会,并面对全市网络直播;游龙板表演社团先后参加街道“相聚五环旗下、迎接青奥盛会”和“放飞童年梦想、点亮希望之光”大型广场活动,获得社区居民高度赞誉;在 2011 年栖霞区小班化教育实践分享暨特色学校创建工作推进会和 2013 年小班化教育示范学校创建工作和栖霞区中小学生田径运动会上,我校龙板社团的“板上芭蕾”表演获得了市区领导的一致赞誉;2013 年 11 月,《龙潭中心小学龙板社团展示》获南京市第六届优秀校园电视剧节目评比一等奖、第十届全国中小学校园影视铜奖;《龙潭中心小学板上芭蕾》获南京市第六届优秀校园电视剧节目评比二等奖。

　　在课题研究方面,由钱明、王东老师主持的南京市教育科学“十二五”规划课题“游龙板运动特色课程的开发与实践研究”,王东老师的第七期个人课题“游龙板运动与体育游戏整合的研究”和侯三妹老师区级个人课题“游龙板在小学体育课堂教学游戏化的研究与探索”均已顺利结题;第八期市级个人课题“小学龙板课堂如何有效培养学生创新能力的研究”成功立项,现课题正在研究中。这标志着我校游龙板运动在课题的引领下,研究逐步规范化、课程化,将更加有利于龙板运动健康有序地开展。

　　如今,我校的龙板运动在市区已经具有一定的影响力。今后,如何使龙板运动向纵深发展、更具有文化内涵和品位、更具有体育的特质和气息,跳出龙板看龙板,我们初步设想是把轮滑项目融入龙板运动,把世界非物质文化遗产“手龙”和龙板运动进行嫁接,力图在课题的引领和专家的指导下,使我校的龙板项目健康有序地向纵深推进,形成学校的特色品牌文化。

学校:南京市龙潭中心小学

执笔:钱明

案例三

扬龙舞精神　传至善文化

——栖霞区实验小学"盛世龙鼓"特色活动侧记

我校创办于 1919 年,迄今已走过 90 多年的发展历程。1927 年,学校有幸成为人民教育家陶行知先生的乡村教育试验点。长期以来,学校以陶行知教育思想为办学指引,提炼出"师陶至善"的学校核心文化。学校根据地域特点、环境资源等因素,将特色教育定位为民间艺术教育。多年来,学校着力打造以"龙文化"为核心的民俗文化体系,形成了独具特色的"盛世龙鼓"特色活动品牌。

栖霞龙舞是省级非物质文化遗产。1998 年,栖霞区被江苏省文化厅命名为江苏省民间艺术之乡。2008 年,栖霞区被命名为全国民间艺术龙舞之乡。

根据地域资源优势,我们认为,将"盛世龙鼓"作为特色活动项目进行打造,对继承和弘扬中华民族龙文化、增强民族文化认同感、增强民族凝聚力和创造力发挥着重要的作用,能为学生继承龙的顽强拼搏、团结协作的龙舞精神打下基础,能为学生的全面发展和终身发展打下基础。为此,我们将"盛世龙鼓"作为我校一项面向全体学生的综合性、实践性特色活动,并将"盛世龙鼓"的精神提炼出这样几个关键词:大我、包容、昂扬、灵动、至善。

在打造"盛世龙鼓"特色活动初始阶段,学校充分发挥本校专职体育教师的特长,成立了一支少儿舞龙队,以兴趣班的形式开展舞龙特色活动。学校利用每周的兴趣小组活动时间,由校内体育教师召集少儿舞龙队成员在固定场地进行舞龙兴趣小组活动。随着时间的推移,越来越多的学生爱上了舞龙这一特色活动。学校为适应学生发展需求,将原来的由少数学生参与的舞龙选修课发展为全校学生参与的必修课。从此,舞龙活动走进了课堂。学校从三年级起利用每周一节体育课进行舞龙活动学习与创编,三至六年级为一个学习周期,开展舞龙普及性活动。学校还将舞龙运动引进大课间,全校学生都进行龙操的学习与表演。如遇阴雨天,则通过室内课的形式学习龙操。学校加强了与区文化馆和南理工舞龙方面专家的合作,对舞龙动作的编排、大课间龙操的创编等活动进行了全面的指导。近年来,学校还联合南京民俗馆、行知少儿艺校、栖霞区文化馆等多家单位,并由专业人士担任指导教师,把学校有这方面特长的教师和外聘教师进行配对,定时、定点、按既定内容开展全校性舞龙活动。

随着"盛世龙鼓"特色活动的不断发展壮大,学校着手进行龙文化校本课程的开发,希望用课程引领活动。学校积极邀请专家进行理论引领和体系的搭建,专职教师和特长教师进行分工合作,分头搜集资料,并结合教学实际进行"金陵龙韵"校本教材编写。教导处、教科室进行审稿,美术、信息、音乐教师进行插图和配乐,最后专家组进行评审,最终根据专家的意见进行再修改并最终定稿。定稿后,学校先在个别班级试点,再逐步全校推广。目前,学校以"龙文化"为主题的校本课程已经列入学校课程计划,并在全校推广实践:第一,开设舞龙(含手鼓龙)特色课,以课程内容形式进入课堂,由体育教师在体育课上指导学生学习舞龙,并不断从中选拔后备人才。第二,建立健全舞龙队,进行提高性质的培训,定期组织学员参加各类活动,同时做好梯队建设。第三,编制彩带龙操,体育组利用集体教研时间,创编了彩带龙操,并纳入体育课教学内容,利用集中和分散的形式进行教学。目前,彩带龙操已成为学校大课间活动一道亮丽的风景。龙舞表演以其灵动的套路、优美的舞姿、磅礴的气势,舞出了灵动与美好,舞出了龙舞精神之魂,更舞出了校园文化之韵。第四,利用校园网站、课题研究、艺术节、校园环境布置等活动阵地,定期组织宣传、活动。

为扩大"盛世龙鼓"的影响力,学校积极争取各种外出演出和交流的机会,把原来只在校内的"盛世龙鼓"特色活动扩大到了校外。近年来,学校舞龙队积极参加省、市、区各项活动和比赛。学校舞龙队参加了国际梅花艺术节开幕式展演、江苏电视台系列文艺晚会演出、第18届全国中学生运动会开幕式演出;连续两届参加南京市"屈原杯"中学生龙舟大赛活动的开幕式;参加了全国龙狮精英赛演出、南京市喜迎龙年春节民俗演出、无锡吴文化节开幕式演出……多次历练,收获的是成长。学校舞龙队在江苏省"陆家嘴"舞龙精英赛和南京市"金陵五月风"活动中获得金奖,在"全国舞龙精英赛开幕式"上精彩亮相。一次次的演出展示,既让学生的艺术素质得到了提高,又为学校赢得了荣誉。

学校:南京市栖霞区实验小学
执笔:戴顺芳

案例四

我的项目我选择
——金陵小学打造科技体育特色

"让科技融入体育,让科学引领运动"。我校在整体规划中将科技体育的开展与实施作为学校特色项目进行打造,并结合阳光体育活动进行试点开展研究。借助科技体育的先进理念,全方位考虑学生的素质发展,我们努力实践集科学知识、社会人文、体育意识、体育技能、体育习惯于一体的阳光体育活动,力争达成以体促质、以体辅德、以体益智、以体育美、以体娱乐的目的。实施科技体育这一特色活动项目以来,我们将成人化的运动设施儿童化,让每一项运动成为人人可参与的游戏;将校园运动课程化,让科技体育走进课堂,促进孩子综合素质和创新能力的发展。如今,科技体育已成为我校一道亮丽的风景。

整合运动时间 原来学校课程规定:每天上午30分钟的大课间,下午30分钟的体育活动课。我们将这两部分时间进行整合创新,同时将活动时间纳入课程,形成了完整的一个小时阳光体育活动时间。我们将时间安排在学生放学前,分水平阶段进行安排。这样安排,既不影响学生的学业,减少队列所带来的时间浪费,学生现在锻炼时间是50分钟,以前则是20分钟。有了时间的保证,学生有效锻炼强度相应提高。

自选运动项目 创新思维,创新举措,力争做到班班有特色、生生有发展。在此目标的引领下,我们创新体育活动内容、方式和载体,增强体育活动的趣味性和强度,从而提升学生的运动兴趣,培养学生的意志品质、合作精神和交往能力,让学生在掌握科学锻炼的基础知识、基本技术和基本技能的同时,可以自由选择运动项目,并了解自己的运动强度。

科学改造设施 最贵的不一定是最好的,最重要的是要最适合儿童发展需要的。为了满足每一个孩子的运动需求,我们对校园基础运动设施进行了科学改造,每一项基础体育设施都是按照小学生的尺寸量身定做,使其更加儿童化、趣味化和科学化:可以调节高度的篮架,让一年级的学生也能亲自体验扣篮的感觉;穿起迷彩服、戴上贝雷帽、背上负重袋,穿梭在校园中定向;一架架纸飞机在空中飞翔;其中最吸引眼球的便是力量协同训练网和碧树攀爬,可以让孩子们在攀爬中促进小肌肉群的发展,有效提高学生的空间定位能力、平衡能力、心理耐力、社会适应能力。

科学设计活动项目 针对不同水平段小学生的年龄差异,我们遵循儿童生理发展规律,分层要求,分阶段确立目标。低年级主要安排趣味性运动;中年级主要安排三大球活动;高年级则主要安排身体素质提升活动。在此过程中,我们关注学生的自我感觉,用心率值来反映运动情况,降低活动危险概率。以前,大课间能承受的负荷是多少,一直没有任何数据反馈,只能说控制在靶心率范围内。现在,我们提出目标心率为 130 次/分钟。所有项目定期更换,阶段评比,体育教师、班级科任教师联动一体,带动学生全面参与。

我们坚持活动育人,以课堂教学为主阵地,注重学科渗透;以课余训练为辅,发挥社团功能;科技体育主题活动加以配合,月月有竞赛,周周有活动,推进全员参与。我们积极创建科技体育传统校,撰写特色校本教材,创建多元活动形式,实施体育与学科整合、教学与训练相结合,让学生在活动中学会学习、学会运用。

我校科技体育特色活动开展以来,学生的体质不断增强。我校学生的《国家学生体质健康标准》合格率、优秀率分别超过均值的 96%和 26%;在南京市开展的六年级学生体质监测活动中,我校学生各项身体素质均高于市均分,素质、匹配度综合评分全市第一。学校先后获得了全国科技体育传统校、南京市青奥示范学校、南京市阳光体育学校等荣誉称号。科技体育运动品牌的创建,不仅使学生在运动中享受到了乐趣、在运动中快乐成长,也扩大了我校的知名度。

学校:南京市金陵中学仙林分校小学部
执笔:王义龙

本章撰稿:潘玉英　吴兴　宋福云

参考文献

① 现代汉语词典,第 6 版.
② 现代汉语词典,第 6 版.
③ 高洪源.如何创办特色学校(上)[J].中小学管理.2000(4).
④ 闫德明.如何创建学校特色若干典型案例评析.天津教育出版社,2012
⑤ 梁青山.现代校长如何开展学校品牌的创建——锻造品牌学校的四大要素.
⑥ 闫德明.如何创建学校特色若干典型案例评析.天津教育出版社,2012
⑦ 胡方.定位学校特色之策略解构.人民教育,2010.
⑧ 陈万志.建设特色学校就是办好每一所学校
⑨ 彭钢.在学校文化建设中形成学校特色.教育发展研究,2008.
⑩ 张熙.为学校特色发展找一条合适的路径.人民教育,2014.

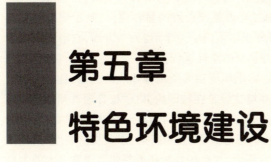

第五章

特色环境建设

第一节　特色环境建设的内涵分析与文献研究

一、校园环境的含义

校园环境的优劣，对于学生整体素质的提高有着特殊的作用。马克思曾说，人创造环境,同样环境也创造人。人类的发展历史,就是不断适应环境、改变环境、创造环境的历史。环境对人影响重大,教育学家认为,影响人身心发展的因素有三,即遗传、教育、环境。而校园环境作为一种特殊的教育载体,其教育功能的表现形式也有非常显著的特点。[①]

环境育人的最大优势在于,景观与文化密不可分,有着深厚的渊源,环境建设作为学校的一门课程和艺术,发挥着越来越重要的作用。在教育发展日新月异的今天,校园环境与文化建设被提上了重要日程。学校不仅是传播知识的地方,更是培养情操、追求真理的场所,环境设计应着力体现校园精神,自然与文化的完美结合是校园文化的最高追求。在校园文化建设中,非常重要的一环是校园环境建设,校园建筑风格、校园绿化配置、校园景观格调都是提升校园文化的重要元素。[②]

作为人类有意识建造的一种文化传递场所,校园环境是学校内部作用于学生的一切外界事物的力量的总和,它由人工与自然生态环境复合而成,是学校为培养优秀人才而建造的各种环境的总称。③它包括自然、人文和社会等诸多因素,涵盖了学校物质形态与文化形态及其在校园空间中的表现,并将学校作为一个子生态系统,置于整个生态系统之中,是物质的、社会的、精神的等多种环境面貌的综合反映。具体说来,校园环境作为一种重要的教育资源,一方面,它既是学校的硬件条件,通过看得见摸得着的显性建设,昭示学校的教育理念,凸显学校的办学品位,服务于学生的学习生活;另一方面,它潜移默化地影响着师生的观念和行为,成为学校的隐性课程。

如上所述,校园环境指的是物质环境和人文精神环境的总和,是学校教育中不可缺少的因素之一。校园环境建设是在校园内,由学校管理者和师生员工在教育、教学、管理和服务活动中创造形成的一切物质形态、精神财富,它包括校园环境建设的物质载体,师生的思想观念、意识行为,以及规章制度等,具体可以分成两方面。一方面是自然环境,这里的自然环境并非普通意义上的大自然,而是在校园中除了人类思想意识之外的客观存在,如高大气派的校舍,宽阔的道路,开阔的球场和跑道,成荫的绿化,四季不败的鲜花,叽叽喳喳的小鸟,游弋的锦鲤,假山上的亭台楼阁,充满文化气息的办公室、教室、宿舍、洗手间等都可以成为学校的自然环境。另一方面是人文环境,简单说来,就是掺杂人类感情的不存在实体的那部分环境,比如学校的管理体制、组织架构、规章制度等。

要了解校园环境的重要性,打造特色校园环境,我们还应知道校园环境都具体包含些什么、有哪些特点、以及应从哪些方面进行校园环境建设。

二、校园环境的特点④

(一)弥散性

校园环境往往以朦胧的姿态、感性的形式,广泛而丰富地刺激着学生们的感官,通过广泛而持久的渗透作用,对学生产生一种潜移默化的教育效果,从而启迪、感召学生的心灵,促进学生建立崇高的理想和审美情趣。因此,校园环境的教育功能具有弥散性的特点。它的教育作用可以充斥任何时间和空间,使人全方位地产生由内而外的变化。

(二)多元性

校园环境对学生的教育作用是多种层次、多种形式的。它往往从各个角度、各个侧面,随时随地释放出教育的能量。从校园设计到校园建筑,从校园绿化到卫生管理,都可以对学生产生教育的意义。除物质环境外,人文精神环境也有着巨大的教育作用。例如良好的教风、团结向上的校风,将在学生心中产生一种情感的内化力,从而使他们积极追求崇高的境界,树立为理想而奋斗的精神。

(三)潜隐性

校园环境对学生的教育作用大多是朦胧、抽象的,因此,其教育效果的显现也相对迟缓。校园环境不可能像课程教学那样具有立竿见影的直接教育功效。它主要是通过呈现美化了的形象,对学生的感官进行持久、反复的刺激,使学生的情感受到潜移默化的陶冶和感染,在日积月累中使学生的心灵和心理产生从量变到质变的飞跃。因此,它的教育功能是潜隐性的。

(四)间接性

校园环境对受教育者的教育作用是间接的,它要通过学生个体的精神体验来加以实现。因此,要使校园环境的教育作用真正落实,还必须依赖学生主观上的努力。

三、校园环境的作用⑤

明白了校园环境的含义和校园环境的特点,为打造特色校园,还有必要进一步探讨校园环境的作用,即校园环境在育人功能上的具体作用。

所谓校园环境的育人功能,是指客观存在着的具有审美价值的客体对象(校园环境),通过在人们头脑中能动的反映,使学生产生美的感受,通过美的熏陶,使学生知美、懂美、爱美、护美、创造美,美化学生的心灵,陶冶学生的情操。

(一)健康情感的熏陶和培养

环境作为一种外部刺激,通过情境氛围使人产生动作和心理活动。良好的环境能使人心情舒畅、精神饱满,并增强视觉、听觉和思维的灵敏性。加拿大的斯蒂芬·利考克教授在《我见之牛津》中深有感触地说:"对大学生真正有价值的东西,是他周围的生活环境。"校园环境对学生心理情感的影响是多方面的。学生们如果长期置身于一个高雅整洁的环境之中,将自然而然形成一种健康向上的精神力量。例如,阔大深邃的校园布局、新型典雅的空间组合和层次变化的整体构思,能使人胸襟宽广、气度恢弘、理想远大;四季常青、浓荫蔽日、鸟语花香的生态环境,能使人心旷神怡、神情舒展;高大的树木、别致的花坛、娴静的草坪,能营造出一种优雅、清爽、恬静的校园氛围;干净整洁、高度卫生的校园环境,能以另一种典雅的风格沉淀在学生们的心灵之中,使他们逐渐形成高尚的情感。在这种情感的感召下,他们将对学习与生活焕发出极大的热情,从而坚定为理想而奋斗的信念。

(二)审美情趣的形成和提升

以审美的原则和要求加以精心设计的校园环境，能对学生审美理想的形成和审美情趣的提升产生极大的作用。审美化的校园设计，可以使他们积累美的感性认识；艺术化的校园绿化，可以陶冶他们的美好性情；秩序井然的校园陈设，可以提高他们对美的审视能力和评判能力。整体与局部的统一、点与面的结合、色彩搭配的和谐可产生永久的魅力。学生们长期置身这样的校园环境之中，可以充分积累美的观念，加深对美的理解，从而在心里奠定良好的审美基础，大大促进审美能力的提高。

(三)文化知识的渗透和传播

良好的校园环境，是一部立体、多彩、富有魅力、无声的"教科书"。它不仅能给学生提供身心愉悦的多种感官刺激，而且还能为知识传播创造良好的条件。例如，利用黑板报、宣传窗等场所，可以渲染出浓厚的文化与学术气氛；领袖画像的悬挂、名人名言的张贴等，可以提升学生们的精神品位；自然标本、机械模型的制作、科技图片的展览等，既可以扩大学生们的视野，展示他们的才能，又有使教育教学活动得以进一步延伸的效果。

(四)人格内涵的同化和演变

整齐、秀丽的校园环境，会为学生奠定良好精神活动的基础。例如，主体雕塑庄严肃穆，国旗的颜色鲜艳夺目，画像、地图的悬挂和行为规范守则的设置端庄整齐，将使学生们由衷地产生一种神圣感、秩序感，并由此萌动规范自己言行的意愿。学生们长期置身于幽雅、宁静、整洁、清爽的校园环境之中，有助于他们自觉约束自己，改正懒散懈怠的陋习，养成良好的生活和卫生习惯。例如，看到青松，人们会向往它的坚强高洁；见到青竹，人们会颂扬它的虚怀若谷；见到荷花，人们会赞叹它的出淤泥而不染……通过这些审美意象的积累，可以在学生心中培养一种高深的涵养、宽阔的胸怀和乐观的情绪，从而帮助学生形成一种高尚的人格内涵。

总的来说，具有审美价值的校园环境的育人功能是客观存在着的，其对学生思想、情感的影响是重大且深远的。校园环境作为学生生活、学习的场所，几乎天天与学生紧密接触，学生无时不在接受着校园环境的熏陶，并形成对校园环境的审美感受，这会潜移默化地影响学生的思想情感，影响学生对校园环境的态度。

第二节　特色环境建设的研究历程

2011年,栖霞教育走上特色兴校之路,2013年,《"新三基"引领下的区域推进学校特色建设的策略研究》和项目实施,使区域内的中小学校特色环境建设提上了日程。学校在改革开放中嬗变,实现可持续、高品质的发展,需要强有力的文化支撑。为此,在近年来的项目建设中,各项目学校把寻文化之"根"、铸师生之"魂",作为基本指导思想,坚持以人为本、育人优先、重在建设、突出个性、协调发展的原则,全面打造特色校园环境。

一、特色环境建构项目的基本情况

特色环境建构项目由南京市栖霞区实验小学牵头,南京市八卦洲中心小学、南京市龙潭中心小学、南师附中仙林小学部、金陵中学仙林学校小学部共同参与研究的一个项目,项目所要达到的区域层面的目标是:总结和提炼区域范围内学校环境文化建设的已有经验,并针对目前区域学校特色环境建设研究尚存在的主要问题,提出区域内学校特色环境建构的主要策略。学校层面达成的目标包括:(1)通过学校特色环境的建构、提炼,积淀和丰富独具特色的学校文化内涵,积极建构各学校特有的文化标志,促进学校的特色发展、内涵发展、品牌发展。

(2)通过学校特色环境的建构过程,提高教师对于学校办学理念的认识和理解,最终形成教师共同遵循的愿景、信念和价值标准。

(3)通过学校特色环境的建构过程,提高学生对学校的认同和热爱,使学校文化成为学生共有的精神气质。

为促进这项工作的推进,自2013年项目研究开始以来,栖霞区成立了特色环境项目建设小组,制订了项目实施方案,召集各项目学校领导小组组长进行研讨,并完成了《学校特色环境文化创意建构的操作手册》使项目能够有计划、有目的地开展。

二、特色物质环境的建构

(一)学校主题区角特色环境建设

学校的主题区角不仅应发挥其服务功能,还应在区角的设计、装饰和布局等方面与学校的整体风格保持一致,体现学校的文化底蕴,呼应学校的育人理念,落实学校的办学主张。

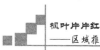

作为栖霞区首批特色学校的太阳城小学，走进学校的大门，一面刻有办学理念——教育是一种阳光普照——的景墙就会映入眼帘，让每一个走进校园的人直接感受学校的文化精神。结合该校全面实施"阳光教育"的理念，学校对校园舞台文化进行了重新规划，在原有的环境中增添文化元素，赋予景物文化内涵。如以润物无声为设计理念的"百草园"，在实现文化育人的同时增添学校文化新内涵；清幽怡人的"初景园"，洒落颗颗珍珠的"朝晖广场"，南大门的"日晷"等，都在景观设计的过程中，融入了促人奋进、催人进取的理念。

走进南京市八卦洲中心小学，就会被一份绿意环绕：翠竹、松柏、紫藤、水杉、山茶等30多种绿色植物和谐地植根于校园的山水亭树之间，勾勒出如园林般的宜人景观。岛上的孩子爱水，悠悠延伸的校园内河如母亲般呵护着孩子们的成长，在"母亲"的怀抱里，孩子们流连忘返，"紫藤诗廊"、"诗缘亭"中，孩子们吟唱着对家乡的眷恋；"印象画廊"里，学生们用画笔勾勒鹏岛动人的画卷；"太极墙"上映衬着孩子们的飒爽英姿；"田园野趣"则是小科学家们梦想的实践场……在风景如画的校园里，孩子们收获快乐、收获成长。

(二)廊柱、墙壁特色环境建设

学校的门廊、立柱及墙壁都是环境育人的重要载体。走进太阳城小学教学楼中心的"伙伴广场"，四周全是绿意盎然的小花坛；汉白玉雕刻成的孩童雕像，两个孩子专心致志地一同读书学习，尽显该校学生勤奋共学的精神风貌；雕像四周的白玉墙壁上，以中华成语为背景的浮雕，时时让孩子们感受中华文明的源远流长……

为了让每一面墙壁都会说话，让每一片绿地都会抒情，龙潭中心小学围绕"慧园"课程体系，开辟校园物态景观的不同板块，建设了"美丽的龙园"、"星星争辉"等为代表的智慧德育景观课程板块；还建设了"芬芳的书香园"、"活力龙娃"等为代表的智慧美育课程板块。不仅如此，该校还在每个楼层开辟了龙娃图书角，让孩子时刻都能徜徉在书的海洋。

(三)教室特色环境建设

教室特色环境是校园特色环境建设的一个重要组成部分，学生们在设计优美、主题鲜明的教室环境中，也能够拓宽视野、展示个性、提升素养。如太阳城小学在各教室内外悬挂的名言警句，能时刻让学生感受伟人的思想光辉；印有"阳光教育"的窗帘，使教室呈现出一种自然、平静的氛围；各班级的"阳光是笑脸"展示着学生们的特色作品，班牌下方设计精美的"班级名片"则让人感受到班级的阳光的精神力量。

走进八卦洲中心小学的"完美"教室，则处处散发着鹏岛特有的文化气息：

春芽班、三叶草班、白鹭班、牵牛花班、青青翠竹班……师生们从鹬岛的自然景物中汲取灵感,生发智慧。这里的"芽",不是普通的草木之芽,而是不断向上、锐意进取的"芽";这里的草,也不是普通的草,而是健康成长、追求幸福的"草"。师生们在各自的班级中释放活力、展示才华,共同营造美丽的校园环境。

三、特色精神环境的建构

(一)学校特色制度建设

学校制度是学校文化的重要组成部分。制度文化是处于核心精神文化和浅层物质文化之间的中间层文化,它不仅是维系学校正常秩序的必不可少的保障机制,也是学校文化建设和学校发展的保障系统。

以太阳城小学为例,为保证学校健康运行、推进特色环境建设,该校制订了切实可行的学校工作计划,完善奖惩方案、办公制度、备课制度、请假制度、班级量化管理制度和安全卫生制度等多项管理制度;与校干、班主任和教师签订岗位目标责任书,落实岗位目标责任制;认真开好例会和组织好相关活动,如周五下午的班子例会、周一的教师例会和周一上午的升旗仪式等。通过制度文化的建设,促进和保障学校特色环境建设的落实,推动学校文化建设、实现学校的可持续发展。

(二)校风、校训和特色环境标识的建设

学校的校风、校训、校标和校歌等文化标识,像和煦的春风一样吹拂在校园的各个角落,在无声无息间浸润每一位教师和学生。如龙潭中心小学以"龙文化"为引领,打造以"灵美教育"为主线的特色校园。该校的办学理念是灵美、福生,即以灵秀的校园、灵慧的课程、灵动的课堂和灵气的龙娃为抓手,让每一个孩子都能健康、快乐、自主和适性的成长。在此基础上形成了智慧点亮智慧的教风和活动、活泼、活跃的学风,并逐步勾勒出了灵美教育的图谱。

四、特色环境创建的保障措施

(一)项目保障机制

1.一个重视

栖霞区教育局对《"新三基"引领下区域推进学校特色建设的策略研究》实验项目非常重视,项目立项后,成立了以徐观林局长为组长的领导小组,指导制定各项管理制度和考核奖励制度。

2.两个坚持

坚持进行特色环境学校评比。区级特色环境学校评比,是推进《"新三基"

引领下区域推进学校特色建设的策略研究》实验项目的重要抓手，通过材料申报、现场答辩、现场展示等环节，能够更好地促使每所学校特色发展。

坚持每所学校都有特色环境。积极向区域内每所学校宣传开展特色环境建设的文化意义，为区域内每一所学校找到与该校匹配度最高的发展路径。

（二）项目实施条件

1.政策条件。栖霞区教育局立足区域整体，科学设计特色环境的整体规划，从政策制度层面制定了《栖霞区中小学特色学校评估标准》，建立了实施方案、评价指标和考核办法。

2.经费保障。对于认定的栖霞区特色项目，给予20万元的奖励。随着研究的深入推进，奖励的额度将进一步增长。

3.研究条件。从2012年起，已开展了区级特色项目创建工作，全区现有的34所公办小学，90%以上的学校已初步形成或正在着力打造学校的特色品牌，部分特色项目已具有一定影响力。

（三）研究保障措施

1.行政推动制度保障。通过教育行政部门的政策引导和管理，用制度进行推动和保障研究的实施与落实。

2.专家引领培育典型。坚持专业引领的实践策略，通过聘请专家学者指导，以及与高校研究院建立"教育联盟"，开发"学校内涵发展"研究项目、落实研究。

3.资源整合形成校本特色。在"新三基"战略引领下，开展校本化研究，丰富和完善全区整体特色环境文化的理论和实践策略。

4.区教育局高度重视和支持学校特色活动项目的开发和研究工作，开设了多场高层次的专家讲座和特色活动现场会，在理论上和实践上给予各校指导和帮助，并在经费方面给予了高度重视和保证。

五、特色环境构建的成效

特色学校与特色项目的创建，有效地激发了栖霞区各中小学的办学活力，改变了学校的外在面貌和内在气韵，甚至将改变许多学校的命运，栖霞各小学已经初步尝到了特色办学的甜头。

（一）凝练了校园的文化特质，彰显鲜明的文化特色。

如上所述，通过数年的区域整体推进，在项目牵头学校的带领下，栖霞区各项目学校通过对学校的自然条件、文化传承、文化现状和文化环境的分析，都提炼出了各自不同的校园文化特质，赋予学校特色的校园环境以文化之根，用鲜明的文化特质铸成了师生文化之"魂"。

(二)提炼校园文化符号,丰富学校的办学内涵。

通过对学校的校园环境和文化特质进行分析提炼以后,参与项目的各学校对学校文化理念的内因和实质进行了深入研究梳理,并结合学校历史打造出了各具特色的校园环境和文化特色。在此基础上还提炼出了具有丰富文化内涵和个性的校园文化符号。

(三)制定出了师生的形象标准,提升师生的整体精神风貌。

各项目学校根据本校特色,制定、提出了新的校风、教风和学风,同时也制定了领导形象标准、教师形象标准和学生形象标准。在此基础上,栖霞区在区域范围内鼓励各校都结合实际,出台了各自的管理形象标准、环境形象标准、生活形象标准和学习形象标准等。制定了校园文明公约、教师行为规范和学生仪容仪表管理细则等形象文化制度,用内化的规范铸造师生形象之魂。

第三节　特色环境建设及其案例分析

案例一

走进儿童世界　培养世界儿童
——南京市金陵中学仙林分校小学部校园环境建设思考与分析

南京市金陵中学仙林分校小学部(以下简称金陵小学),又名南京大学仙林实验学校,学校地处仙林大学城,是由南京大学、南京市教育局、栖霞区人民政府和仙林大学城管委会四方联合创办的一所现代化的公办学校。学校依山而建、错落有致,古典与现代交融的建筑风格与自然环境和谐统一。学校以"走进儿童世界,培养世界儿童"为理念,以"为学生一生奠基,对民族未来负责"为宗旨,努力培养一代具有中国胸怀、国际视野的世界小公民,建设出一所具有南京特色的现代化国际化的标志性学校。

一、源头设计:理念统摄下的环境表述

一所学校要有文化作为基石,师生的成长更要有一处坚韧而富生命活力的精神家园,环境的建设离不开发展愿景和办学理念的支撑。该校校园环境建设初期,设计小组即以"儿童世界 世界儿童"为根本,进行整体规划,融合民族文化特色和世界文化经典,从国际视野、民族情怀、家乡情结三个维度建构,依据儿童性、教育性和艺术性原则,谱写成校园四十八景中动人的旋律。

从学校大门拾级而上,艺体楼、行政楼、生活区呈"品"字形布局,开放而包容。位于楼群的中央,鲜红色"learning from life"英文语句与碧绿如毯的草地,加上草地中栩栩如生的三位音乐家铜雕像,构成了一幅精美的图画,这就是校园中的"国际广场"。"learning from life",意思是从生活中学习,这与陶行知先生的"生活即教育"、"社会即学校"的思想一脉相承。草地两侧的地面上嵌有铜

板,铜板上镌刻着古今中外的教育名言;体育馆前的世界风情与对面的西餐体验区遥遥相对,打开一扇世界之窗。踏入"智慧彩虹",赤橙黄绿青蓝紫多色三角形立体管柱沿着走廊向前延伸,印刻其中的古典诗词、励志故事、校园生活,伴随着英语译文,在抬手转动时悄然浸润;左侧的"诚真勤仁"四园描绘出做人的底色;向右延伸的一路胜景从北方的"长城烽火"穿行至富有江南水乡特色的"方堂"建筑群,延伸至教育历史、学校历史兼具的"逸少苑"。听雨廊侧的碑文赏鉴、梨园风华中的名剧荟萃绘就着金陵小学的古典风貌,校园的一墙一壁跨过中外文化的长流,润化为无声的心间启迪。

二、建构融合:审美观察中的文化行动

从设计到实施,是校园环境从抽象的概念走向具体、丰满的过程。环境的打造并非各种美的堆砌,更非各种外在的文化装点。建构整个空间文化,需要在紧紧抓住学校办学理念的基础上,在硬件建设中凸显文化软实力,形成超越当下的文化生长点。

因地制宜的融合。金陵小学依山而建,绿意葱茏的桂山营造了"悠然见南山"的意趣,其复杂的地貌特征也成为学校环境建设中不可忽视的软肋。学校经过细致的考察,将南面临山部分进行了三部分划分:临山势较缓一带规划成"桂山茶园",感受浓郁的中国特色茶文化,体验荷锄南山下的乡间乐趣;山势陡峭、横沟穿越一代规划为"长城烽火"和江南水乡群建筑,北方文化中粗犷、刚健、质朴、豪迈的特点,与江南水乡文化的温婉秀美交相辉映,相映成趣,融合为中华民族的瑰丽画卷。

文化精神的融合。"石抱树"是该校一处重要的文化景观,于 2012 年 10 月

18日自安徽省巢湖市一偏僻乡村移植于此。石抱树破石而出,顽强生长,树干挺拔,枝叶苍翠,是校园中一道独特的风景线,矗立在校园中最显要的位置,和"国际广场"连成一个有机的整体。"石抱树"象征了学校自强不息、虚怀若谷的精神,和国际广场"自由开放"的意蕴水乳交融,彰显学校国际化的办学理念。

审美功能的融合。站在国际理解教育的高度建构学校环境,这是金陵小学环境建设的重要原则。在融合民族文化和世界文化,进行艺术化呈现的同时,学校注重环境中国际交流平台功能的打造。"英语俱乐部"和"揽胜园"是校园中两处重要的国际文化交流场域。"英语俱乐部"由三个部分组成:英语文化展示区、交流区、国际交流记录区,融学生的英语作品、口语交流、对外交流照片墙为一体,营造了浓郁的交流氛围;"揽胜园"以国际友好学校地域建筑(景观)微缩模型为主,融合中国古典特色文化,成为国际交流的特色场域。

三、本位彰显:活动体验里的丰厚呈现

儿童立场,是学校环境建设中遵循的基本视角。儿童是什么?儿童是"较幼小的未成年人(年纪比'少年'小)","走进儿童世界,培养世界儿童"这一理念的出发点是基于儿童,归宿点是发展儿童,这是学校秉持的理念,也是素质教育的要求。"小学要有小学样",校园环境建设要为儿童的学习、生活、实践提供丰富的资源,让儿童在学习中获得知识,在生活中获得体验,在实践中得到发展。这是儿童成长发展的重要途径,也是培养具有民族根基、国际视野的世界小公民的主要着力点。

"梨园风华"中不仅以文字的方式呈现中国主要戏剧的品种及由来,水榭前的小舞台更是戏曲表演的绝妙场地,景、情、演融为一体,戏曲文化在情境活动中根植于儿童心间;"长城烽火"的烽火台内设有两处体验区,其一为古城墙砖陈列台,让学生在观赏和触摸中感受长城的厚重感和历史感,其二为可操作触摸屏,内置由学生自己制作的展示长城相关知识的网站,可供学生阅读了解;"西餐文化体验区"不仅可以品尝到风味独特的各国美食,还是感受西方餐饮礼仪及文化的温馨场所;桂山茶园中,孩子们细心采摘,精心烘焙,品茶问道,熏陶"采菊东篱下,悠然见南山"的情怀。校园是开放的课堂,活动的课本,

是学生真实而丰厚成长的乐园。

　　作为人类空间设计的特殊产物——校园，它集中反映了一个国家文化价值观念的主流，尤其是反映了教育目的的价值取向。学生在与其反复"对话"中不断得到塑造，形成相应的文化价值观念，拓展了自身的生活视野。在金陵小学，学生不仅通过文化景观掌握一定群体的环境知识，而且从景观中领会特定文化的内涵，潜移默化地影响学生的态度、情感和价值观，真正落实具有中国情怀、国际视野，饱含中华民族文化基因的世界小公民的培养目标。

学校：南京市金陵中学仙林分校小学部

执笔：林慧敏　黄文峰　马茵

案例二

漫步雅韵世界　浸润诗意童年
——南师附中仙林学校小学部校园环境建设思考

　　南师附中仙林学校小学部坐落在钟灵毓秀的紫金山东麓、人文气息浓郁的仙林大学城中心地带，周边环境优美、交通便利。学校秉承南师附中百年老校的文化，全面贯彻以"诗意雅韵"为核心的校园文化精髓，践行"从小事做起"的校训和"为学生一生成长服务"的办学理念，以继承和弘扬祖国的传统文化为突破口，确定了"传统文化和现代文明双燕齐飞"为主题的特色办学目标，发扬博爱雅学的仙小精神，追求师生语言文雅、行为儒雅、情趣高雅、心灵善雅。

　　南师附中仙林学校小学部占地面积67670平方米，建筑面积28558平方米，其中绿化面积达到53%以上。校园一年四季芳草茵茵、空气清新。该校基础设施完善，各种功能室、场馆应有尽有，是学生学习的乐园，成才的摇篮。目前学校有49个教学班，1800余名学生，125名在职教师。该校先后荣获"江苏省文明学校"、"全国青少年艺术人才培训基地"、"南京市首届百家优美校园"、"南京市绿色学校"、"南京市园林学校"、"南京市艺术活动中心"等荣誉称号。伴随着学校的成长，该校的校园环境也在不断地建设中逐渐丰实，形成了一道道亮丽的风景。

一、花草树木，让校园绽放绿色生态美

校园环境建设是校园文化建设的重要组成部分。马克思曾经说过："人创造环境，同样，环境也创造人。"校园环境对学生教育起着潜移默化的熏陶和启迪的作用，布局合理、生机盎然、整洁优美、蓬勃向上、健康和谐的校园环境，对学生的健康成长和发展，必然产生巨大的影响。该校不仅绿化面积大，用来绿化的植物品种也很多：红花继木、大叶黄杨、月季、栀子花、鸢尾花、荷花、杜鹃、山茶、芍药、红枫、含笑、丁香、垂柳、桃、梅、樱花、棕榈、海棠、石榴、夹竹桃、竹子、香樟、玉兰、棕榈等。整个校园里高大的乔木与低矮的灌木错落排列，绿树成荫、百花溢香、草地呈碧，置身其中，情趣无限。校园西边的"芳菲苑"是校园里植物最密集、品种最多的地方。早春盛开的梅花，宛如天空中绚丽的彩霞；初夏火红的石榴花，犹如一个个小红灯笼，点亮了"芳菲苑"；中秋的金桂，远远就能闻到沁人心脾的芳香；寒冬的腊梅，傲雪绽放，清香扑鼻。古朴的清风亭，高大的水杉，质朴的木槿，嫣然的含笑，娇艳的桃花，粉嫩的樱花，低矮的山石，小小的荷塘，快乐的游鱼，曲折的小径，摇曳的柳枝，无尽的芳香，是学生眼中的乐园，教师眼中的憩园，客人眼中的公园。初春时的"紫藤书香"幽深而别有情怀，如同该校教师的模范表率，不断自我完善，"桃李不言，下自成蹊"。盛夏"曲荷滴翠"的荷花淡泊明志，芬芳宁静，自然久远。深秋的银杏，叶子黄了，果熟自落，当老师们两鬓斑白，和它们并肩站立，也是校园里的一道风景。寒冬的"梅林"蕴于苦寒，却自我激励，清香如许；还有那古朴的景点牌，丰富的卡通形象，鲜亮的文字介绍，更是契合了小学生纯真和喜好幻想的天性。

同时，该校还将绿色生态观念融入班级文化建设中，围绕"仙林"这个地名中的"林"字，建设绿色且富有生命活力的班级文化，使得该校的班级也处处回荡着绿色的旋律，初步形成了一个个有创新力、有凝聚力、有浓厚文化气息的班集体，班名、班训、班花、班徽都彰显着每个班级的文化特色，表现出每个班级独特的风貌和精神，最终凝聚成一种隐性的教育力量。它"无声地润物"，滋润着学生的心田，产生着"蓬生麻中，不扶而直"的强化效应。

二、标志建筑，让校园绽放景观内涵美

"对学生真正有价值的东西，是他周围的环境。"校园里的人文景观，能够很好地表现出一个学校的精神价值取向，是具有强大引导功能的教育资源。走进仙林小学，一道道亮丽的风景蕴含着丰富的文化内涵。

位于校门口的起航雕塑，向到访的客人诉说着仙林小学师生在知识的海洋中锐意进取的信心和决心，古色古香的学校简介讲述着仙小的昨天和今天，内涵丰富的校标醒目地立于校名前面，时刻提醒着学校的追求。✈是学校的校标，主体图像是由两个"x"组成，这是仙林小学的简称"仙小"两个汉字汉语拼音的首写字母，而两个"x"组成的图形又像是两只展翅的燕子，名为"双燕齐飞"，象征着仙林小学犹如振翅高飞的双燕，向着未来前进。再细看 两个"x"，是一片片苍翠的竹叶，竹子是仙林小学的代表植物，校园内处处可见其踪影，品种有淡竹、刚竹、凤尾竹、慈孝竹等，竹林的环绕让学校时刻能聆听竹叶清醇的絮语。竹子具有"未出土时先有节，及凌云处尚虚心"的品质，让人对它一年四季都浓绿挺拔的身姿钦佩不已，所以它也是仙林小学办学精神的象征，寄托了学校对每一位学生的殷切希望。希望他们的智慧能够在仙林小学这片土壤中生根发芽，像雨后的春竹般充满蓬勃的生机，不仅能收获优异的学业成绩，还能得到良好的综合素质的提升。同时还激励着学校、教师的发展也都能够像雨后春竹般充满蓬勃生机和旺盛生命力。

三、诗意雅韵，让校园绽放特色内涵美

仙林，一个人杰地灵的地方；附中，一所传承悠久历史文化的百年老校；附中仙小，有着仙林和附中两个母体的合力滋润，孕育着"诗意雅韵，润泽人生"的校园文化，并生发出以民族器乐演奏为特色的"雨竹琴韵"和以诗词教育为特色的"诗意随园"两个项目，进而在校园里的每一个角落都留下这两个特色项目的烙印。

1.以音韵为名，扬雨竹琴韵

自 2006 年秋季学校开设民乐特色班以来，该校的民乐办学特色不断凸显，先后参加了在南京举办的"第四届世界城市论坛"、在北京举办的第三届和第五届"和谐春晚"全国青少年电视才艺展演，分获特等奖和金奖。为了更好地彰显这一特色，该校用黄石做材料，新建起了一座假山水景，整个景观形象如高山流水；假山上刻有许多民乐经典曲目，如《彩云追月》、《二泉映月》、《出水莲》、《百鸟朝凤》等；再加上流水落入池中发出的声响，故取名"水韵流音"。校

园里每一条道路的取名,也与民乐曲目或乐曲的意蕴、乐器的音色有关,如"清和路"是由乐曲的意蕴而得名,取自琵琶名曲《阳春白雪》——("阳春"取万物之春、和风淡荡之意,"白雪"取凛然清洁、雪竹琳琅之音);"凤鸣路"取自于笙演奏的代表曲目《水库飞来金凤凰》;"丝音路"取自乐器"阮"的代表曲目《丝路驼铃》和阮音色的恬静、柔和;"觅莲路"得名于古筝的代表曲目《出水莲》和《高山流水遇知音》;"映月路"得名于二胡的代表曲目《二泉映月》;"银湖路"得名于柳琴的代表曲目《银湖金波》等。路牌上面还印有乐器图案和相关介绍,充分体现了该校的办学特色。不仅如此,每一个路名的安放都充分考虑周围的环境,采茶路边茶花绽放,英雄塑像立于丝音路旁,银湖路与曲荷滴翠交相辉映,而觅莲路又与水韵流音相得益彰。

2.以诗词为景,书诗意随园

2014年,该校被评为南京市"诗教基地",一方面通过课程建设,积极开展诗歌教学研究和诗词创作指导,并通过晨诵午读、诗乐、诗画、诗书、诗剧等多种形式开展诗教活动;另一方面在学校北苑景观改造工程中,不断融入诗教元素,打造诗意校园。

学校北苑景观主要围绕4幢教学楼进行整体设计,初步形成了"一路"、"一水"、"两廊"、"四园"的系列诗教主题景观。

在校园正中,有一条贯穿南北的铺砖大道,名为"君子路"。《论语》有言"君子务本,本立而道生",而该校希望从这里走出去的学生,都能够具备君子的德行,像君子一样勤学、诚信、孝亲,都有君子般的智慧和友情。在这条"君子路"的地面上,共有23块篆刻着花纹的石板,每一块石板都讲述着一个中国经典德育故事,如"孔融让梨"、"程门立雪"等,分成孝亲、勤学、诚信、智慧、友情等五。让历史长河中的经典德育故事为师生耳熟能详,让每一位走过这条路的师生都能够感受到君子德行之美。千里之行,始于足下,在潜移默化中感召每一位师生,让君子言行永驻心间。

"君子路"东,是一条蜿蜒回旋的溪水,高低错落的太湖石点缀溪边,"俯仰

亭"下，伴着泉声，似乎隐约传来众人品酒斗诗的欢笑声。汉白玉的高浮雕形象地再现了王羲之在兰亭的"曲水流觞"。跨过小桥、慢行驻足，徜徉于诗情画意中，怡然自得。

在路两侧各有一组长廊，路西为"知行廊"。长廊横贯南北，东边与"四园"呼应，形成一廊穿四园的美景。长廊上，有 20 面石碑矗立。在学校"诗意雅韵"特色办学方向的引导下，该校从雅文化中提炼出对学生的五雅要求，即雅知、雅趣、雅思、雅行、雅学，结合春夏秋冬 4 个季节，选取 18 首脍炙人口的古诗连同开篇词、结语词，一起篆刻在石碑的东侧。图文并茂、雕刻精美的 18 首古诗词，既装扮了长廊，又时时使学生受到古诗词文化的熏陶，让学生在经典诵读中感悟国学精粹之美。路东"熙芳园"内也有一组长廊，不过这是青砖小瓦、石凳木靠建成的极具徽派风格的"蕴梦长廊"。晴天，阳光在树叶间倾泻而下，孩子们三五成群，捧着书本坐在草坪上静静地阅读，丝丝光束照射在树叶之上，似灵动的精灵跳动着欢乐的舞曲。雨天，孩子坐在蕴梦长廊上，任风吹雨斜，读书的热情总不会熄灭。

与"熙芳园"交相辉映的是有着"晨曦大舞台"的"致行园"，有着茂林修竹的"聆韵园"和有着累累硕果的"桃李园"。这里既是孩子们的舞台，也是他们的乐园。这里的一草一木都在述说浓浓的诗意，这里的一联一画都描绘着淡淡的雅韵。

学校：南师附中仙林学校小学部
执笔：肖金胜

案例三

百年枫彩游学 打造养善文化
——南京市栖霞中心小学校园环境文化建设思考

南京市栖霞中心小学位于风景秀丽的栖霞山麓,创办于1915年,距今已有百年历史,该校北近长江,东依栖霞古寺,校训"求真养善"伴随着每日的晨钟暮鼓时时勉励着栖小人。该校通过南京市"枫彩游学"特色品牌项目凝练"百年栖小,千秋养善"的办学理念,追求"快乐工作的家园、快乐学习的学园、快乐生活的乐园"的办学目标,打造"三慧六善三园",引领着栖小师生追求真知,学做真人,滋养善心,弘扬善行,逐步形成了养善文化特色。

一、养善文化校园,散发慧善的气息

该校迎霞楼前有一副对联"百年启慧修学培学子,千秋养善立德树英才",横批"臻于至善",是这所老校的真实写照。依据栖霞区的地域资源,该校对环境进行整合,建设了十大景观,力求环境育人。一是书吧悟真:营造静读的环境,满足学生乐读的需求,达成悟真的目标。二是臻于至善:"求真、养善"不是一蹴而就的,它需要不断探索、实践才能发现真理,达到前所未有的善的境界。三是读枫立善:"停车坐爱枫林晚,霜叶红于二月花"。漫步枫园,领悟佛教所倡导的"善",行善积德,立善于心。四是品石学真:寻找石的足迹,探究石的奥秘,从而感受自主学习的满足,感受智慧的闪烁,感受合作的快乐,感受成长的幸福。五是聚贤崇善:瞻仰名人头像,了解他们的成长故事,学习他们勇往直前的精神,树立远大的理想,从而达到至善至美的境地。六是山水慧善。子曰:"智者乐水,仁者乐山"。圣人智仁双全,山水各有千秋,智仁、慧善都是我们的追求。七是得趣明善:梅花鹿自由自在源于校园的宁静,小白兔活泼可爱是因为学生的呵护。感谢大自然的恩赐,感谢父母的养育,感谢老师的教诲,感谢他人的关爱。八是汇灵行善:"教学做合一"是教育家陶行知的教育理论。汇灵苑就是该

校师生一起种植培育的中草药花圃。这里中草药品种繁多，长势喜人。九是曲亭迎善：一年之计在于春，一日之计在于晨，一生之计在于勤。一声轻唤叫醒你，一阵清风伴随着你，一轮阳光照耀你，迎接善意的阳光，开始一天的学习与生活。十是绕枫圆善：元宝枫夏绿秋红，春长嫩

芽冬落叶，散落校园。围坐元宝枫，体会圆善的快乐。校园凸显栖霞特色，渗透养善文化，整个学校烙上了广博深厚的栖霞文化印记。

学校还建设了养善主题墙、三慧笑脸墙、乐善墙、枫语文化小屋故事墙、留善园等六个主题区，开辟了红枫观赏区、梅花观赏区、樱花观赏区、海棠观赏区、桂花观赏区、石榴观赏区等6个观赏区。让校园处处散发文化气息，彰显深厚的文化内涵。

二、养善故事校园，营造乐善的氛围

中华民族博大精深的传统文化，是民族精神的精华。该校师生编写的校园十大养善故事，"小故事，大智慧"让校园养善文化焕发精彩，是学校的责任。该校的一棵梧桐树有70年的历史，孩子创编《凤凰和梧桐树的故事》，神鸟凤凰从南海出发，要飞往遥远的北海。一路上，它要飞越数不清的高山大川。路途险难，凤凰需要沿途寻找栖息之所。它只栖息在朝阳而生的高大梧桐树上；只饮从孩子们心底流淌出的欢乐的清泉；只吃那孩子们的笑脸般甜美的果实。凤凰飞到栖霞中心小学，栖息在梧桐树上，化作善心埋在师生的心里。这就是"百年栖小，千秋养善"的由来。只要志存高远，一心向善，自然香飘万里。

校园一角"留善园"，取石榴谐音"留"，山取谐音"善"，合起来就是"留善"。"留善园"中的石榴树还有个故事：有一个人从小双目失明，懂事后，他为此深深烦恼，认定是老天惩罚他，每天都对着石榴树叹气，感到这辈子都完了。后来，一位老师对他说："世界上每个人都是被上帝掰开的石榴，都是有缺陷的，有的人缺陷比较大是因为上帝特别喜欢石榴酸酸的味道。他很受鼓舞，从此把失明看作上帝的特殊钟爱，开始振作起来。若干年后，当地传诵着一位德意双馨的盲人推拿师的故事。美丽和丑陋只是一种表象。高尚的情操、高雅的行为举止与人外在的美丑无关。只要有一个美丽的心灵，你就是上帝最钟爱的人。

晨钟启明是该校养善文化的礼仪课程,每天早晨7:20,红领巾广播站播放《弟子规》,7:40师生共同诵读经典美文,琅琅的诵读声不绝于耳,韵味十足。每周五该校还开设暮鼓宁心课程,每日三问,不断反思,不断进步。

该校依靠栖霞地域特色,打造慧学慧玩慧善课程,利用"每周一课、每班一题、每生一社、每季一节",唱响"四季歌"——春茶、夏石、秋枫、冬庙,开展"栖霞三趣"特色活动——叶趣、石趣、庙趣,让学生在玩中学会学习,并把游戏中的思考方式迁移到课堂中。

三、养善小红枫文化园,打造养善阵地

该校建设的"小红枫栖霞文化园"也别具特色。文化园由九个文化小屋组成,每个小屋都有专题性小课程,都有专题性文化名片。

1.枫语文化小屋

枫语文化小屋以栖霞名人故事课程为主,对话圣贤崇善立志。"秋栖霞,春牛首";"一座栖霞山,半部金陵史"。历史上栖霞山的游客中,青史所留名的不仅有秦始皇、梁武帝、隋文帝、康熙、乾隆等封建帝王,还有明绍僧、法度、僧朗、鉴真之类的名士高僧,更有李白、王安石、孔尚任、袁枚这样的文坛泰斗,桓温、韩世忠、梁红玉、李香君之类的英豪烈女。进入近代,同栖霞山和栖霞人结缘的,更有革命领袖孙中山、毛泽东,人民教育家陶行知、民族实业家姚锡舟、地质学家李四光、历史学家朱偰,佛门弟子宗仰、寂然、茗山;以及被誉为"南京辛德勒"的国际友人辛德贝格和京特等。"枫语文化小屋"就是让孩子们走进圣贤的故事,对话圣贤养善立善。

2.枫彩文化小屋

枫彩文化小屋以栖霞扎染课程为主，研究栖霞的飞天文化，渲染枫彩传承经典。栖霞山非常有名的是九死一生、九九归一的"栖霞飞天"。2000年10月，栖霞山中102号窟内发现"双飞天壁画"，被认为是具莫高窟最成熟时期风格的作品,对拓展敦煌学研究有重大意义。该校有三位美术老师,潜心研究栖霞的飞天文化,利用栖霞的扎染艺术,开设栖霞扎染课程,传承栖霞文雅之风。

3.枫声文化小屋

枫声文化小屋以晨钟暮鼓课程为主,浸染养心文化寻根问善。翻开栖霞山的历史,无不是佛教文化的历史,栖霞山是南京佛教文化的源头,是三论宗的祖庭之一,栖霞山佛教文化史上有七位宗师:明僧绍、法度、僧朗、吉藏、鉴真、宗仰、赵朴初。佛教文化是栖霞山的核心文化,也繁衍出多种多样的文化。该校开展晨钟启明和暮鼓宁心礼仪活动,在枫声馆里,让孩子体验中国传统文化的博大精深,领悟佛教文化中的善文化。

4.枫武文化小屋

枫武文化小屋以栖霞武术课程为主,习武修德强健身心。中华武术源远流长,博大精深, 崇尚武德。"未曾习武先修德","短德者不可与之学,丧理者不可与之教"。宽容、忍耐、坚强、尊师爱友、仁义、谦虚和诚实等都是习武者的武德修养。该校开设栖霞武术课程,包括初级长拳、24式太极拳、初级剑术,以及跆拳道等。该校聘请武术全国冠军作为总指导兼教练,学校3位体育老师加入其中,学生们不仅学会了武术的套路,强健了身体,更重要的是学习了武术的精髓:温文尔雅,注重道德修养;内外兼修,练就一身正气。

5.枫情文化小屋

枫情文化小屋以栖霞小导游课程为主,寻访名山传递枫情。栖霞山是一首彪炳千秋的不朽史诗,是一部十方传诵的佛教经典,是一曲四季和美的自然交响,一座流芳百世的人文宝库。传承和介绍栖霞山文化,是学校的责任。该校开设栖霞小导游社团, 每个班级都以栖霞山的一个景点命名,重点研究一个景点,每个孩子会解说一个景点,并在红枫节期间走进栖霞山实地解说,在活动中感受家乡的美好。

6.枫灵文化小屋

枫灵文化小屋以中草药探究课程为主,探究药材汇聚灵气。清代南京布衣诗人陈毅所编撰的《摄山志》(共8卷),是历代多种栖霞山志书中的集大成者,为史学界所重视。书中提到:栖霞山盛产各类药材,历史上的名医和药学家葛洪、陶弘景、李时珍等都来这里采集过草药,"摄山"之名即由此而来。该校开设的中草药研究社,在栖霞山开辟一处灵草种植区,聘请有经验的和尚作为顾问,让孩子们认识中草药,学习中草药的种植,也由此体悟栖霞山的养生精妙之处。

7.枫锦文化小屋

枫锦文化小屋以栖霞折扇画课程为主,匠心彩绘舞动善韵。新中国成立初期,南京栖霞的龙潭、石埠桥一带有许多有名的祖传制扇艺人。1956年,成立了制扇生产合作社。20世纪80年代更名为南京金陵工艺制扇厂,现坐落在栖霞红枫街上。金陵折扇在经过数百年的传承之后,生产工艺水平不断提高、品种也日趋繁多。如扇骨在材质上有竹质、烤漆、红木、乌木、紫檀木、鸡翅木等一百多个品种。

学校聘请制扇老艺人作为顾问,在三位美术教师的引领下,带领孩子们学习栖霞折扇画。一把小小的扇子,不仅是一件融实用价值与美学价值于一体的精美工艺品,同时还拥有很多故事、传说和趣闻轶事。如《苏东坡画扇结缘》、《扇子巷穷道士补扇》、《玉孩儿扇坠奇遇记》、《题扇桥》、《康熙题扇》、《扇子报喜》等故事都反映了扇文化的内涵。数千年的扇文化积累了很多的扇诗、扇词、扇联、扇谜。让孩子们从小接触栖霞文化的制扇文化故事,同时培养他们热爱家乡的情怀。

8.枫石文化小屋

枫石文化小屋以地质矿石研究课程为主,读懂"石头书",唱响石趣歌。栖

霞国宝三大件:唐碑、千佛崖、舍利塔。栖霞寺三宝,充分体现了栖霞山历史文化的悠久厚重,是美学蕴含无比丰富的艺术宝藏。六朝石刻是中国石刻文化史上承汉启唐、南北兼容、中外交流的辉煌篇章,也是六朝文化遗存中分量最重、影响最大、生命力最强的文化符号和艺术杰作,它涵盖了包括"栖霞寺三宝"在内的所有散落在栖霞山麓及附近地区的六朝石刻遗存。该校依托栖霞山,开设地质矿石研究社,利用每周三的社团课,遍访栖霞山周边地区,学习地质知识,探索栖霞石刻的奥秘。

9.枫名文化小屋

枫名文化小屋以各地城市名山文化课程为主,遍赏名山、纵览天下。以地域为板块,分为金陵名山、江苏城市名山、中国城市名山、世界城市名山。以图片、文字、网络互动为主的体验形式,分为图文欣赏区、网络欣赏区、互动体验区、工艺实践区。

学校:南京市栖霞中心小学

执笔人:周克林

本章撰稿人:李大林　吴兴　宋福云

参考文献

①龚春燕,主编.中小学特色学校建设策略.教育科学出版社,2013.

②宋希录.浅析校园环境文化与环境教育.[J].科技教育创新,2010(9).

③何镜堂,郭卫宏.吴中平.现代教育理念与校园空间形态[J].建筑师,2004 (1).

④单南平.校园环境的教育功能 [J].职业教育技术,2011(7).

⑤龚春燕,主编.中小学特色学校建设策略.教育科学出版社,2013 年 3 月版.

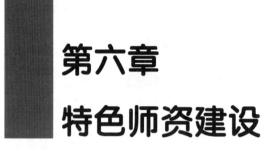

第六章
特色师资建设

第一节　特色师资建设的内涵分析与文献研究

　　特色是一所学校在长期办学过程中形成的独特的、稳定的、优质的办学风格。影响学校办学特色的因素有很多,但起决定作用的还是校长的办学理念。正如人们所说的,有什么样的校长,就有什么样的学校。一所学校的办学特色,实际上是校长办学思想个性化的表现。观察那些办学有特色的学校,我们可以看到,这些校长往往具有以下这样一些特质:具有强烈的事业心和责任感;具有勤奋学习、善于思考和锐意创新的精神;具有独特的办学理念和治校方略;具有较强的人格魅力和沟通交往能力。特色学校不可能自然而然产生,也不可能模仿别人而形成,需要校长敏锐地捕捉到学校潜在的特色,找到学校工作的突破口,以点带面,步步落实。

　　然而,学校是一个"通过人培养人"的社会组织。无论校长有多么强烈的事业心和责任感,有多么先进的办学理念,最终还是要通过"人"(教师)落实到"人"(学生)身上。[①]教师是连接办学理念和特色学校发展的桥梁,是特色理念的实践者,是学校的生命和活力所在、精神和力量所依。特色建设要靠特色教师来实现。校长的办学理念和学校的特色主题,都必须依靠一支与之相适应的教师队伍去实施。蔡元培先生说过:"有特色的教师是学校的宝贵财富。"校长只有把先进的富有个性化的办学理念内化为每个教师的自觉行动，并持之以恒地努力实施,学校才能逐步形成鲜明的办学特色。

皮亚杰曾指出,有关教育与教学的问题中,没有一个问题不是与师资培养问题有联系的。如果得不到足够数量合格的教师,即使最使人钦佩的改革也势必在实践中失败。

因此,创建学校特色的过程其实就是培养教有特色的教师队伍的过程。特色教师打造特色教育,特色教育孕育特色学校。

一、特色教师的含义分析

对"特色"的不同解读,会对特色教师的内涵理解产生不同的影响。"特色"在现代汉语词典的解释是:"事物所表现出的独特的色彩和风格。"②它意味着既有同类事物的共性,更彰显、突出与同类事物对比鲜明的个性特征。也就是说,特色本身并非抵触共性,而是在共同具备的基础或具备共性的条件之上所展现出的独特的风格、特征及个性。此外,特色的寓意中一般更有着褒义的旨趣,指事物的出类拔萃之处,此处的特色与特长、优异、杰出等概念具有相近的含义③。可见,特色是特别出色之所在,有独出于众者之意,是才能杰出、事物迥异于众者之称。

那么, 学术界对特色教师的含义又是怎样进行学术界定的? 有研究者指出:"就是在教育教学上具有特色的教师。这种教育特色是教师教学个性的体现,是教师独特教学风貌的反映。"④也有学者指出:"特色教师就是个性化的教师,是认识和优化了自己个性的教师。"⑤根据学者们对特色教师的界定以及综合现代汉语词典对"特色"的解读,特色教师是指那些具有明确的教育哲学、独特的教学个性以及创造性的研究能力等特征, 在教育教学实践活动中卓有成效的教师个体。这种特色是具有独特的、稳定的教学心理与教学行为,是教师在自身的专业成长过程中积极自主发展的体现, 是对现代教育教学寻求统一性、同一性品质的理论超越与实践反思, 从而积极回归教学应有的教育性意义。此外,特色教师之特色还体现出整体性,即这一特色整体地表现在教师的课程设计、课程开发、课程实施、课程评价、课程领导等整个过程中。⑥

因此,特色教师,就是有自己的特色,有独特的"教有气质"、"教有个性"。这种气质和个性,是教师独有的教学行为的体现,是教师独特的教学风貌的反映,它也是特色教师的重要表征。

二、特色教师的显著特征

相对于普通教师而言,特色教师不仅具备大多数教师的基本特征,通常还在以下几个方面表现得更为突出：

教育信念。教育信念，是教师对教育事业、教育理论及基本教育主张、原则的确认和信奉。教育信念是教师的精神追求和奋斗目标，是教师提高素质的关键所在。教育信念的集中表现是教师对教育工作高度的责任感和强烈的事业心。一个教师只有当他认识到自己从事的事业对社会是一种不可推卸的责任时，他才会不遗余力。坚定的教育信念为教师特色化的形成提供了强有力的理论基础与学术视野。

教学个性。教学个性是教师个人在多年的教育教学实践活动与探索中逐渐形成的具有个人特色的教育教学能力，是教师个人气质、性格、阅历、兴趣、知识结构等在教学活动中的综合反映和表现。教学个性是特殊的教学能力，是在一般教学能力基础上发展能力，是在教学过程中表现出来的具有一定倾向性的比较稳定和成熟的教学方式、方法、技巧的综合。教学个性的形成离不开创新性的教学艺术和方法。教学个性的确立又是一个不断完善的过程，不可能一蹴而就，需要教师个人具有一定的职业修养和较高的教学技巧，尤其需要教师个人的强烈的敬业精神，有崇高的人格和广阔的视野、执着的追求。独特的教学个性不仅体现在教育教学活动中所采取的各种教学行为的层面中，而且还蕴含在教师的教学价值、教学哲学以及教学伦理等思想层面，这种教学个性也成了区分特色教师与普通教师最为根本的价值标准。

研究能力。教师的研究能力主要是对教育教学的研究能力，包括对教学对象——学生的研究、教学内容——教材的研究、教学手段——教法的研究等。一个有潜力、高水平的教师，一定是个富有研究能力的教师。那么，对特色教师来说，应具有创造性的研究能力，能够敏感、有效地捕捉信息并对信息进行有效的分析、归纳、总结、评估和创新，并且在信息处理的整个过程中，都能秉承着一种反思性实践者的身份与姿态，有着自己独特的研究方法与研究见解等。创造性的研究能力也成了特色教师得以形成的智力与专业支撑和动力补给。

三、特色教师的发展阶段

教师教学的特色化不是一朝一夕偶然轻易形成的，而是教师富有独创性的较长时期劳动的结果。教师教学风格的产生和形成，有一个发展和变化的过程，并不是凝固的或静态的。教师从开始教学，到逐渐成熟，最后形成独特的教学风格，是一个艰苦而长期的教学艺术实践过程。教师的特色发展一般可以分为以下三个阶段：

"入格"阶段，这是特色教师教学风格形成的起点。"格"即教育教学的基本规律、基本原则、基本方法等。要想让教师的教学迅速"入格",最快捷有效的方法是对其他特色教师的教学语言、表情、教态、板书等方面的模仿应用。在模仿和借鉴别人经验的同时,结合自身的实际情况,思考、消化、吸收适合自己特点的有益的方式方法,努力发现、总结自己在教育教学实践中的情况,总结经验,汲取教训,不断充实自己在课堂上的"自立"因素。

"出格"阶段,这是教师教育教学特色的形成阶段。需要教师结合自己的个性特征,使课堂教学呈现个性化。一般来说,独特的教学风格的形成需要不断地在课堂教学中实践,磨炼自己的个性、风格。要积极向专家、同行开放自己的课堂,并把这样的课堂作为一种常态性的研究课堂。这样的课堂实践,让教师不断地体验新异的教学感受,使自身的原初经验不断得以拓展,教学实践的品位得以提升,逐渐形成自身的教学风格。

"自成一格"阶段,这个阶段的教师已是具有鲜明个性的、成熟的教育教学方法的行家里手。教师的教学艺术风格呈现出浓厚的个性色彩,教学行为在独特中保持一种稳定,能展现出丰富的个性魅力。遵循教与学的规律,在实际的课堂教学中体现特有的教学艺术风格,拥有较高的教学质量和良好的教学效果,这是教师教学效果的最高境界,也是每一个教师为之努力追求的。[7]

四、特色教师的培养路径

特色教育源于优秀教师不同寻常的兴趣、精神和胆识,以及他们对教学方法、教学手段的大胆创新、锐意改革等。因此,要创办特色学校,就要发展教师个性,培养能够满足特色教育需要的教师,这是实现学校特色发展最为重要的工作。

"特色教师的形成,既取决于教师个体对教学个性、教育艺术的主观追求,又取决于外部力量的驱动和学校的培养和扶持。"[8]那么,从学校的层面看特色教师的培养,至少应保证以下几个方面:

观念引领行动　苏霍姆林斯基曾说过,学校领导首先是教育思想的领导,其次才是行政领导。学校的办学理念,是学校文化的灵魂,是从学校的办学实践中总结出来的,是先进教育理念与学校的实际有效整合的产物,是学校特色形成的象征。教师是特色办学理念的实践者。在创建特色学校的过程中,学校要围绕办学理念,让教师深入了解,指导教师形成共同的教育价值观,达成共同的行动目标。学校在制订特色建设规划的同时,要制订好特色教师的培养计划,要从整体上形成一个培养特色教师的操作思路,包括:特色教师培养对象的选择、培养目标的确立、培养方针的制定、培养方式的设计、培养进程的安排等,使特色教师的培养过程处于一种有序的操作状态中,从而使特色教师的培养与学校特色建设保持高度的协调和统一。

实施校本教研 校本教研,是为了改进学校的教育教学,提高学校的教育教学质量,从学校的实际出发,依托学校自身的资源优势和特色进行的教育教学研究。校本教研为特色教师的成长提供特色化的专业保障。开展校本教研的基本方法有以下几种:一是读书研修。读书是教师专业成长最快捷、最有效的手段,要让教师写读书笔记、看教育教学理论专著、写高质量的教学论文、上有创新的公开课,并进行学习笔记展示、学习心得交流等活动,"让读书成为习惯,让学习成为风气,让研究成为品质"。二是教学反思。反思是教师成长的翅膀。教师只有不断反思,才能实现由经验型向学者型转变。教师对自己的教学进行反思的方法有很多,如写教学后记,做课后小结,开展课后专题研究,用摄像机、录音机录下自己的一节课,课后反复"推敲",与同行共同研讨等,以研究者的眼光审视、分析和解决自己在教学实践中遇到的真实问题,克服被动性、盲目性。三是开展各类校本教研活动。学校可以确立"校本教研活动日",使校本教研制度化。"校本教研活动日"可以是集体备课,重点是对教材的钻研、教学的设计、重点难点的剖析和实践的反思等,也可以是综合教研活动,重点是理论学习、课例观摩、专题研讨、案例评析等。这种教研模式重研讨、重互助、重实践,能有力地促进教师的专业成长。四是专家引领。虽然说校本教研是以学校教师为主体开展的,是围绕"本校"的实际和问题进行的研究,但它不仅仅依靠本校的力量,还需要有关专业研究人员的参与和引领。专家引领的实质是理论对实践的指导,是理论与实践之间的对话,是理论与实践关系的重新构建。专家引领通常采用开展讲座的形式进行,可以邀请专业研究人员做讲座,也可以以校内领导或教师做讲座为主。

在开展校本教研的过程中,我们应避免传统校本研修中过多采取统一的培训内容以及培养方法而束缚特色教师的成长。我们应鼓励教师特色化、差异化以及个性化的形成,同时在寻求相互的理解、对话、倾听的基础上,寻求教师间共识的达成以及视域的融合。在培训的方法与方式上,除了开展常规化的培训活动,还应针对教育教学实践以及教育教学科研中常常出现的问题,以专题沙龙、报告会的形式开展讨论,这期间指定导师与教师之间结成临时性或长久性师徒对子,一方面为教师提供了解和接触教育学科、本学科知识发展动态的机会;另一方面,还可以进行有针对性的个别指导,努力为教师将理论学习、课题研究与自己的教育教学实践相结合创造条件,以形成自己的特色。

建立评价机制 教师的专业发展显现出阶段性,不同阶段教师成长水平不同,因此专业发展的内容与目标也就不同,为此必须建立不同的评价准则和评价标准。以推动教师专业发展为目的的教师评价,必须是发展性教师评价。

阶段性评价。一个教师成长为骨干教师或名师,需要经历不同的发展阶段,阶段性教师评价活动,既是推进教师专业发展的各个阶段的起点和基础,又为教师新一阶段的发展提供动力和智力支持。阶段性的教师评价的导向、激励、调控作用可以促进教师专业不断向前发展。学校可以进行相应阶段的考核评定,按时间序列——准教师、新教师、教坛新秀、教学能手、骨干教师、学科带头人,按能力系列——打破年龄、职务、级别的限制,侧重于能力和实践的评价,配套相应的津贴和待遇,激发教师专业发展的动力。

多元互动评价。以教师自我评价、反思、展示为主,其他几类评价为辅。重视教育教学过程评价,辅之以终结性评价。在教师相互评价中,以学科教研组为具体评价单位,结合个人的教学工作具体情况,把教师的工作效能与其他评价结合,客观、公正地评价教师的教育劳动过程。同时,让每位教师以此作为自我能力、水平、业绩的展示平台,张扬个性,反思提高,不断促进教师专业化成长。

评价机制的建立应遵循阶段性和长期性相结合、自主性和规范性相结合、个性化和大众化相结合、引导性和激励性相结合等原则,建立的评价机制要能够满足教师自我实现的需要,这样,他们才会加倍努力去实现自己更高的目标。

此外,学校还应该积极构建科学的、民主的管理制度,为特色教师的成长提供软性的支持与帮助。在学校师资队伍的管理过程中,鼓励教师民主参与,还要尊重教师的个性与特长,尊重教师寻求自我定位与自我发展,营造尊重奇才、怪才以及不拘一格包容人才的民主文化氛围。由此,通过营造自由、民主、包容的管理文化,教师们可以在宽松、开放的氛围中释放自身的潜能,发展成为富有特色的优秀教师。

第二节　特色师资建设的研究历程与阶段成果

　　苏霍姆林斯基曾说过,一个无任何特色的教师,他教育的学生不会有任何特色。我们的教育呼唤个性的张扬,教学呼唤个性化的特色教师。我区在建设特色学校的过程中,深刻认识到,要建设特色学校,必须建设一支优质的特色教师队伍。教师发展走特色化发展之路,不仅有利于克服教师的职业倦怠思想,激发教师的职业活力,激发教师的创造热情和创新思维,而且有助于教师个体形成自己的教学风格,实现职业价值,促进学校、教师、学生的三赢发展。

一、栖霞区对特色教师的理解

　　我们把人或事所能表现出的独特色彩、风格等称之为特色。对教师的特色有三种理解:一是相对于其他工作的人而特有的品质,从这个角度理解,教师的特色与教师的特质相近;二是相对于其他教师而特有的品质,从这个角度理解,教师的特色与教师教育教学风格相近;三是相对于自己的专业而特有的优势,从这个角度理解,教师的特色与教师的专业特长相近。

　　在特色教师建设中,我们认为,特色教师应包括以上三个方面的内涵。因此,在特色教师建设中,我们既要培养教师教书育人的专业品质,又要引领教师不断优化自己的教育教学风格,还要让教师的专业特长有出彩的机会。

　　为此,在特色教师建设中,我们着力抓住如何不断提升全体教师的专业品质,如何发挥、发展每位教师的专业特长,如何引领教师、首先是骨干教师不断优化自己的教育教学风格, 如何培育特色教师队伍等几个方面进行探索与实践。学校要将"特色教师建设"纳入学校发展规划,结合学校的特点,培养一批具有鲜明个性特色的教师。通过特色教师的培养,促进学校的特色创建,带动学校教育教学工作的蓬勃发展。特色教师要充分发挥骨干作用,促进优秀教师团队的建设。普通教师通过申报"特色教师"、参与"特色教师建设"的相关活动,锤炼师德,更新教育观念,提升教育教学技能,初步形成自己的特色,学生在"特色教师项目"建设的推进下受益,教师的特色影响学生特色的形成。在特色教师的带领下,促进特色学生的成长、发展。

二、栖霞区建设特色教师的愿景

　　在特色教师建设中,我们期望培育的特色教师具有以下一些特质:

富有爱心，职业认同　特色教师应该是一个充满爱心，受学生尊敬的老师。爱的教育，是教育的核心，是教育成功的基础。"新三基"中提出，教育要基于"小班"，小班化教学作为一种全新的教学模式，所倡导的"关注每一个，发展每一个，成功每一个，幸福每一个"的教育理念，描述的正是这种充满爱的教育。

充满智慧，专业精湛　特色教师是充满智慧的教师，他关注学生全面发展，不以分数作为唯一评价手段。特色教师专业技能扎实，教学艺术高超，在自己的专业领域具有较高的专业性发展，并能将这种专业素养灵活运用到自己的教育教学工作中。

善于学习，勤于反思　特色教师是一个善于学习、不断充实自我的教师。特色教师不仅应该能够自己善于用脑，而且还要能够指导学生科学用脑，以不断提高学习效率。

心理健康，个性鲜明　特色教师必须是心理健康的教师，他能积极地悦纳自我，有良好的教育认知水平，能面对现实并积极地去适应环境和教育工作要求，能从教育中获得自我安慰与自我实现，具有稳定而积极的教育心境；能自我控制各种情绪和情感，拥有和谐的教育人际关系；能适应和改造教育环境。特色教师还应该是个性鲜明的教师。

无私奉献，勇于创新　特色教师具有无私奉献的精神，不仅向学生传授科学文化知识，还担负起传承中华民族的伟大精神；不仅教会学生怎样学习，还教会学生怎样做人。此外，特色教师还应具有创新精神。

思想独立，教风独特　特色教师应当是一位具备高度自立意识的思想者，是一位创新者，他总能打破常规，能够匠心独运、别出心裁；他总能抓住一个个跳跃的思维，尊重一个个鲜活的生命，不断掀起课堂的高潮，让课堂充满生机与活力。特色教师具有鲜活的教学特色，在教学中表现出独特的风格。

三、栖霞区建设特色教师的路径

第一阶段：目标引领——转变教师专业发展观念

1. 行动路径：

①分析教师专业素养特质，明确专业特色发展方向；

②建立教师自我专业认同，养成自我专业发展意识；

③设计教师专业发展规划，增强教师专业发展自信。

2. 实施策略：

①全面考评教师,选择特色教师培养对象。聘请相关领域专家,通过深度交流和个人材料解析,综合个人特质和学校发展愿景,帮助教师确定专业特色发展方向。

例如,金陵小学共有市级以上学科带头人3名、区级学科带头人和优秀青年教师9名(含在评),涉及学科有语文、数学、英语、美术、音乐、科学、信息;"儿童世界,世界儿童"是学校秉承的办学思想,儿童本位的课堂教学、国际理解的教育实践,再加上优质的数字化资源带来的信息化整合,就成为了学校特色发展的方向。当然还有科技体育、环境课程等资源,都有着旺盛的发展潜力。南京大学、国家航管中心、教研室、教科所、电教馆的一大批专家学者,可以不断地为学校把脉问诊。

②积极组织教师切入对口领域,进行高层次的培训与学习,不断加深对自我专业的认同,并在不断内化的过程中,不断追求自我发展。

例如,金陵小学在参加全国网络团队教研竞赛的比拼中,教师们深刻地感受到了翻转课堂的魅力;随着国际互访交流活动不断深入,让教师们开阔了眼界,拓宽了思维;参加数字化移动学习项目试点研究,更是让教师们站在了教育发展的风口浪尖……教师们身在其中,乐在其中,成长自在其中。

③帮助特色教师培养对象进行特色专业发展规划,制定专业成长目标,积极建设成长平台,拓宽成长空间,增强教师专业发展自信。

区级骨干的市级发展目标、拔尖人才的特级教师梦想、科技艺术专项人才的工作室创建,让教师们有了明确的目标;外出培训、专家指导、课题论文、教学展示,让教师们不断提升修养,体验成功。

第二阶段:管理优化——构建教师特色发展体系

1.行动路径:

①搭建教师专业成长平台,夯实教师梯队建设;

②加强特色教师行动研究,教研科研齐头并进;

③推行教师弹性民主管理,提供个性发展空间;

④健全特色教师考评机制,加速特色教师成长。

2.实施策略:

①我们积极构建如教师共同体、名师辅导站、各种学科团队等教师专业成长平台,为教师广泛提供相互学习、咨询、沟通的机会,通过积极合作和交流专业发展过程中的问题,提升专业理解,扩展专业发展途径,使教师的专业视野更为宽广。

例如,在金陵小学的校园里,金陵论坛,智慧碰撞分享;共读共写,理论学习内化;主题教研,课堂实践反思;青蓝工程,互动互学互助;赛练结合,参与学习竞争。

②课堂与课题是教师专业得以快速成长的两个主要阵地。我们以问题为导向,以反思为中介,把课堂教学实践和课题研究活动紧密结合起来,以教育教学实际问题的解决来直接推动教师专业的自主发展。

例如,在金陵小学,新教育的理想课堂,"新三基"的小班化课堂,新学校的儿童化课堂,引导着教师们不断地在一节节课的实践中内化和积淀专家们智慧的思想;"科技体育"的特色课程,"教师共同体"的阵地建设,"网络移动学习"的项目实验,带领着教师不停地在一个个课题的研究中摸索教育的真谛和追求自我发展的道路。

③回归教师专业发展自主权,我们以教师为核心,以教师的发展为本,强调教师以"自我管理"为主,实行弹性的管理制度。

"我的地盘我做主"。学校给予特色教师充分的专业发展自主权,不以刻板、机械的传统考核评价模式来束缚教师的思想和儿童的成长。个性化的作业、开放性的课堂、多元化的评价、创新化的教学等都是他们智慧闪耀的火花。

④结合名优骨干教师奖励考核办法,我们建立学校特色教师考评机制,让特色教师能从经济上、资源上、机会上,享有优先权,从而得以加速成长。

"给跑得快的人配双好鞋子"。正是本着这个原则,学校通过绩效考核办法,在特色教师完成既定责任目标的基础上,让他们可以享有更为丰富的物质奖励,获取更为充足的教育资源,比别人拥有更多的学习培训、评优评先、提干升职的机会。

第三阶段:多维联动——壮大学校特色教师队伍

1.行动路径:

①发挥骨干领军作用,加强优势团队建设;

②依托学校特色项目,培养本土特色教师;

③借助区域特色联盟,加速特色教师成长;

④加大特色教师引入,嫁接成熟特色项目。

2.实施策略:

①"一枝独秀不是春"。单靠一个或几个特色教师,还远远不能支撑起一所学校的长远发展。为此,我们不断构建以特色教师为龙头的优势项目团队。在此基础上,我们还以赏识的眼光去发现身边的每一位教师,通过培训、学习、训练等多种形式,期待他们成长。

②我们利用已有的"全国科技体育传统校"、"南京市青奥示范学校"等优

势资源,在这样丰富的教育教学资源和广阔的上层的承载平台背景下,加强对年轻教师的培养,期待不久的将来能涌现一批特色教师。

③我们充分利用"小班化教育联盟"、"移动学习实验窗口学校"、"苏教国际助推计划学校"等联盟,让学校积极参与,认真学习,使其成为特色教师成长的摇篮。

④"他山之石可以攻玉"。成熟经验的嫁接,可以缩短果实成长的周期。学校建校时间不长,并以年轻教师为主,特色教师极为稀缺。为此,我们加大力度引进特色教师,这是学校提速发展的一条捷径。一方面,我们引进学科教学的名优教师,来引领学科课堂的发展方向,打造课堂教学特色;另一方面,我们引进综合类特色教师,为学校的校园环境建设、艺术展演和竞技项目提档升级。

第四阶段:流动共享——扩大学校特色教师影响

1.行动路径:

①开辟特色教师工作站,成立专项教师培养基地;

②建立特色教师流动制,进行专业特色辐射推广。

2.实施策略:

①我们利用名师工作室,走近名师大家,推动教师团队的整体提升。同时,依托学校的特色项目,成立区域性特色活动培训基地。

②在学校特色教师的引领下、特色团队初步形成的基础上,我们可以用特色教师资源进行交流、辐射、共享,走出去的同时请进来,让更多的学生和教师能够在这个特色领域受益。

此外,我们积极实施科学、有效的教师管理制度。一是实施民主化管理,让教师参与学校管理。只有发挥教师的主体参与作用和参与能力,提高教师的主人翁意识,才能充分调动教师的专业发展意识,提供其专业发展机会。二是重心下移,以服务作为教师管理的宗旨。学校为教师建立有效的管理体系,提供促进教师专业发展的载体,积极实施科学的发展评价策略,为教师专业发展提供支持和服务。三是回归教师专业发展自主权,加强教师自我管理。回归教师专业发展自主权,以教师为核心,以教师的发展为本,强调教师自我管理为主,实行弹性的管理制度。四是建立学习型组织。各个学校积极营造良好的学习环境,激发教师的智慧,建立学习型、创新型的教师组织。学校保证必要的经费投入,努力为教师创造良好的学习条件和学习环境。五是实施发展性教师评价制度,促进教师特色发展。用发展性的眼光来评价教师,发展性教师评价既注重结果又注重过程,是指向教师的未来发展的一种形成性评价。推进评价主体多元化。教师作为评价主体,一方面使教师认识到自我的价值,另一方面促使教师自我反省、自我提高和完善。学校领导、专家、同事、学生、家长等多方参与,也可以增强多边的互动与交流,使教师全面认识自己的优点与不足。通过评价,发现教师工作的优点缺点,通过成因分析,找出症结所在,有针对性地制定相应改进措施。六是关注教师的整体化和个性化发展。首先,注重教师素质的整体性提升。我区根据教师自身发展水平,构建不同类别、不同级别的培训、讲座、教研,结合自主研修、校本研修、专业培训和继续教育,在师德培养、能力发展、个性塑造等各个方面,提升教师整体素质,塑造栖霞教师的专业化形象。其次,注重教师的个性化发展。在教师培训的过程中,我们针对教师的个性特征、人格特征、发展状况和发展需求,制定有利于教师发展的教育模式。我区根据全区教师总体数量多,特级教师、名优骨干教师少的特点,充分发挥专家教师、骨干教师的专业引领作用,促进教师个性化发展。我们采用导师制,由专家、名师和教研员组成导师组,首先对部分骨干教师进行系统的理念培训。其次,以学校具体情况和教师自身实践作为基础,以高校专家为依托,以教学实践问题为核心,以课题研究为媒介,提倡教师扎根于教学实践,将先进的教育科学理论与个体经验有机结合,对教师自己的教育教学行为和学生的发展变化进行反思、研究、改进和重建,实现教育科研能力的个性化发展。七是特色教师的培训注重实践。我们认为,教学是基于实践的职业,离开了教师的教育教学实践,教师教育就没有任何现实意义。首先,加强职前培养的教育实习。在对"准教师"的培养中,加强理论与实践接轨。其次,培训面向教师的教育教学实践,关注具体的实效。再次,培养教师的实践智慧。我们认为,教师是面向教育教学实践的专业人员,其所有活动的最终目的都是实践,来源于实践,应用于实践。教师的实践智慧是教师在其教育教学实践过程中,基于对教育价值的追求,对教育教学工作规律性的把握、创造性驾驭,深刻洞悉、深度思考、敏锐感悟与反应以及灵活机智应对的综合能力。

四、栖霞区建设特色教师的成果

建立一支特色发展的教师队伍　我们成立了"栖霞区名师培养工作站","旗下"现有72名教师,都是在学科领域内具有一定知名度的骨干教师。他们以讲座、公开课、研讨会、报告会、名师论坛、现场指导、建立专题网页等形式,推广教育教学成果,带动更多教师共同成长和提高,打造了一支在全区乃至全市教育领域有成就、有影响的高层次教师团队。

我们以金陵小学为试点学校,组建了一支由各学科教师组成的有特色发展意向的特色发展教师队伍。在这批教师中,每位教师都作为特色教师培养对

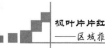

象进行了特色发展的专业规划。在此基础上,学校积极搭建成长平台,拓宽成长空间,助推教师特色发展。据不完全统计,2013 年,在这支教师队伍中,共获得国家级奖项 18 人次、省级奖项 21 人次、市级奖项 54 人次、区级奖项 61 人次,他们所带的学生更是在各级各类竞赛、评比、实践活动中捷报频传。

我区学校根据自身实际情况,积极搭建各类平台,以打造一支有特色的教师队伍。就拿南师附中仙林学校小学部来说,该校成立了校本教研指导小组和工作小组,积极开展主题校本研修活动。首先,他们建立领导联系备课组、年级组制度,不断加强课堂教学的监督与管理;充分发挥每周一课的示范引领作用,不断推行教学范式研究,打造雅趣课堂。他们从场域开放、内容拓展、方法迁移和思维生成四个维度出发,以"导学研"课题引领下的学科主题研究为抓手,组织全体教师从集体备课和主题课例两个方面,用"微格式"、"草根化"、"模拟课堂"、"故事叙事"等研究形式,建构"1+1 雅趣课堂"教学模式。同时,他们立足于教研组建设,在校内开展"新教师风采展示"、"青年教师雨竹杯课堂教学比赛"、"骨干教师风采展示"、"课题研究成果展示"等活动,促进主题课例式研修,并积极为各学科搭建多种平台。该校多次承担了市区级课堂教学现场展示活动。该校还立足校本课程开发,不断丰富教育资源。在开发了民乐、足球、青花和诗歌校本课程的基础上,他们积极鼓励特长教师利用学科教学和社团,开展班本课程和生本课程的研究,引导教师在具体的行动研究中反思课程开发的实践;通过课程专家的高端引领,外出参观学习研讨,与其他教师的协作以及和学生之间的探究等,逐步形成课程开发的能力;让教师们结合课题研究,在具体的课程开发中学会开发与创新课程,培育了一支特色教师队伍。

初步建构一套特色教师评价体系　教师的特色发展,最终应该落脚于学生的成长。一位教师能否成为特色教师,走特色发展之路,关键在于他能带给自己的学生哪些成长的特色。在实践研究、专家论证的基础上,我们着力研究,初步形成了《小学特色教师考评体系》,目前已经基本梳理出评价体系的框架,包括特色教师评价标准、特色教师申报表、特色教师成长记录册、特色教师考评条例等在内共十项内容。其中栖霞区特色教师评选办法,评选条件包括:第一,师德修养。拥护党的领导,贯彻党和国家的教育方针,忠诚于人民教育事业;具有良好的思想政治素质,严格遵守教师师德规范,爱岗敬业,关爱学生,为人师表,教书育人。第二,专业研究。有先进且具个性化的教育理念,技能特长明显,开展特色研究三年以上,有较为科学的个人特色发展规划;有扎实的特色专业知识、过硬的课堂教学能力和一定的特色活动辅导水平,教学及辅导特色明显;有较强的教育教学研究能力,善于总结和发展自身特色专长,有区级以上特色立项课题或论文在区级以上发表、获奖。第三,课程引领。充分利用校内外各种课程资源,丰富国家课程,积极开发与实施彰显个人特色的校本课程;特色课程内容丰富,初步形成个性鲜明、与特色相匹配的物态文化、资源平台;特色课程助力学校教学质量的提升和素质教育的推进,促进学校特色建设和发展。第四,特色成果。积极开展特色社团活动,学生参与面广,在区级以上各项活动中表现突出;特色研究成果显著,得到上级主管部门的肯定和表彰,工作经验和做法在区级以上范围交流和推广;特色影响广泛,受到学生、家长和社会普遍认可,社会知名度和美誉度较高。

2015 年 7 月,我们开展了栖霞区小学特色教师评选,在首次特色教师评选中,共有 33 位教师申报了特色教师。经专家评审和区教育局确认,八卦洲中心小学的朱琍琍等 9 位教师通过特色教师材料评审。我们力争在两年内认定评选 100 名特色教师,并以特色教师为核心成立 10 个以上特色教师团队,形成相对稳定的发展模式,以形成一支优质的特色教师队伍,这样才能撑起惠及大众的优质教育,促进教育公平发展。

第三节　特色师资建设及其案例分析

案例一

教师成长的文化栖息地
——金陵小学打造特色教师队伍纪实

南京市金陵中学仙林分校小学部(以下简称金陵小学),地处仙林大学城,又名南京大学仙林实验学校,是由南京大学、南京市教育局、栖霞区人民政府和仙林大学城管委会四方联合创办的一所现代化的公办学校。学校依山而建、错落有致,古典与现代交融的建筑风格与自然环境和谐统一。三年来,学校以特色教师队伍建设为抓手,推动了学校蓬勃发展。

石抱树下的承诺——搭建成长的精神家园

一所学校要有文化作为基石,教师的成长更要有一处坚韧而富生命活力的精神家园,特色教师队伍的建设离不开发展愿景和办学理念的支撑。"树,据石而生;石,抱树而立。石在坚硬中蕴含温柔,树在柔软中彰显力量。惊呼自然,神工鬼斧;叹于生命,自强不息!"在金陵小学的国际广场上,种植着这样的一株特殊的石抱树,也寓意着学校独特的文化精神——自强不息、虚怀若谷。

学校教育教学的探索与改革坚持着"让每一位教师有成就,让每一个学生都成才"的执著追求。注重打造特色,着力特色学校建设,是深化教育教学改革、推进素质教育的一项重要工作,也是优化学校管理,丰富学校内涵,提升学校品位的重要举措。学校要发展,教师是关键,要建设特色学校,一定要建设一支特色的教师队伍。

儿童立场,是金陵中学仙林分校小学部特色教师队伍建设中遵循的基本视角。儿童是什么?儿童是"较幼小的未成年人"。"儿童·世界"包含着两个概念——"走进儿童世界,培养世界儿童",告诉我们学校各项建设出发点是基于儿童,归宿点是发展儿童,这是学校秉持的理念,也是素质教育的要求。学校将"儿童·世界"的办学理念根植到每一位教师心中,明确了以儿童发展为导向的"爱心、智慧、专业、合作、创新、风格"六大特征的特色教师内涵体现,把营造适合儿童的、利于儿童身心健康发展的育人环境,为儿童的学习、生活、实践提供丰富的资源,让儿童在学习中获得知识、在生活中获得体验、在实践中得到发展作为教师特色成长的必经途径。

方堂中的规划——构建发展的多维体系

方堂，是学校中一处人文意蕴丰厚的文化景观，取名源自宋代诗人朱熹的诗句"半亩方塘一鉴开，天光云影共徘徊"，寓意学习要如源头活水，源源不绝。同时"方堂"二字又蕴含了堂堂正正做人的道理。在学校特色教师队伍建设的历程中，方堂亦有其独特的里程碑式的价值和意义。

2012年至2015年间，我校教师队伍以每年30余人的速度递增，特色教师队伍建设面临着巨大的挑战：既要培养教师教书育人的专业品质，又要引领教师不断优化自己的教育教学风格，还要让每位教师的专业特长有出彩的机会。面对横亘在发展中的考验，学校在开展内部研讨的同时邀请相关领域专家，在具有清旷、灵秀、典雅的艺术特征和人文气质的江南文化建筑——方堂中进行深度交流和材料解析，综合学校发展现状和愿景，确立了以"适性发展"为导向，以儿童研学为基础，通过特色项目推进、特色团队建设、特色课程研磨、特色平台亮化，多方联动，构建特色教师发展的多维体系。

如天空的大雁以人字形翱翔，依据团队的助力提高特色教师队伍发展的整体水平。学校对目前的教师队伍进行了梳理、分析，以名特优教师为前瞻的雁首，教师主体为振翅的双翼，以"合格教师→成熟教师→特色教师→知名教师"为发展阶梯，在学校整体规划的基础上，特色教师队伍建设开始踏步向前。

2013年7月至9月，全面进行教师问诊，确定特色教师培养对象，综合个人特质和学校发展愿景，明确教师特色发展方向。

2013年8月至12月，组织特色教师深入对口领域，进行高层次的培训与学习，加深对自我专业的认同，并在内化过程中，追求自我发展，逐步形成专业认同和自我专业发展意识。

2013年9月至2014年2月，组织特色教师培养对象进行特色专业发展规划，制定专业成长目标，积极建设成长平台，拓宽成长空间，增强教师专业发展自信，并分解第一个半年短期发展目标，设计和搭建特色教师成长平台。

儿童世界里的行走——丰实飞翔的实践羽翼

特色教师队伍的建设需要关注共性与个性、群体与个体、特长与风格，而学校为特色教师的发展营造宽松、互动的学习环境，搭建对话、交流的学习平台，培育自主、合作的学习成长文化，创造良好的特色教师发展环境。

特色项目中的特色打造。项目与课题是教师专业和特色得以快速成长的两个主要阵地。以问题为导向，以反思为中介，把项目实践和课题研究活动紧密结

合,以教育教学专项发展来直接推动教师特色的自主发展。学校从学生素质发展入手,通过丰富的成长教育项目推动阳光体育、创新的校园建设,先后成为"全国科技体育传统校"、"南京市青奥示范学校"、游泳项目的"阳光体育学校"、种植项目的"星光基地学校"。抓住教育发展契机,学校还加入了"小班化教育联盟"、"移动学习实验窗口学校"、"苏教国际助推计划学校"。在这样丰富的教育教学资源和广阔的平台背景下,通过多元化的特色项目,培植特色种子,增强特色力量。

特色团队中的专业成长。"一花独放不是春,百花齐放春满园"。我们以特色项目为基地,组建以骨干教师为龙头的特色教师团队,通过完善骨干教师评选、考核、管理办法,充分发挥骨干教师在团队中的示范与辐射作用。2012年至2015年间,学校先后成立了科技体育项目小组、英语剧小联盟、算中学实验中心、科学培植项目组、校园环境建设小组、国学诵读工作室等,建立以韩学红、王晓燕、李新、李莉、黄文峰等教师为牵头的特色发展团队,通过开展师徒结对、主题研究、活动研讨等形式,在集体备课、教研活动中,发挥优秀教师的科研智慧、老教师的丰富经验、年轻教师的创新活力,实现不同层次的教师和谐互助,携手成长为有思想、有能力的优质特色教师团队。

特色课程中的课堂研磨。回归儿童本位,立足儿童立场。学校不断寻找和厘清"小班化"的内涵特质,探索和深化"活动化教学"的方式,逐步明晰了"儿童化、体验式、探究型"的课堂表征,着力构建具有学科特质和生态持续发展特征的"童化课堂"。将课堂交还给儿童,回归儿童的自主建构,回归儿童的生活实践,回归儿童的思维取向,回归儿童的情感世界,让儿童真正成为课堂的主人、教室的主人、学习的主人,呈现出"童趣妙生、童心闪烁、童言活泼、童态迷人"的学习特征。目前,各学科利用自身学科的特点和优势,选择独特的切入点展开研究,在研究中不断实践、积累、反思、提升,形成自身的"童化"特色课程,语文学科的"儿童与经典",数学学科的"玩数学",英语学科的"英语剧",信息学科的"平板课堂",体育学科的"科技体育"……为学校特色教师的发展指明了方向,提供了丰富的学科资源。

特色平台上的特色闪光。教师是学校的灵魂,提升教育内涵的载体在于教师,结合学校教育教学实际,以"智慧同行打造共同体、聚焦课堂探究实效点、主题导航实现特色化"为指导思想的特色教师群体专业研训平台——"金陵论坛",于2012年11月正式启动。在学校党支部张红耘书记暨总坛主的策划下,论坛以建立优势互补、资源共享、合作交流、勇于探索的学习型组织为方向,通过主题沙龙、名师引领、听课辩课、草根化研讨及校际交流等多种形式,为特色教师搭建成长平台,提升教师专业素养,优化学校教育教学环境。论坛实行坛主负责制,由教师根据个人特长,个人或多人合作选定主题进行坛主申报,负责当期论坛全面工作。从2012年

11月至今,"金陵论坛"已进行了30余次的汇报展示,涉及学科教研、班主任管理、理想课堂、国际理解教育、办学实践的认识及反思等多方面,通过推行以"成长规划、书香浸润、主题论坛、专业塑造、博采众长、且行且思"为导向的"成长六要素",引领教师特色发展,自我实现,在活动过程中实现"自我超越""特色闪光"。

区域空间的共享——共建特色的文化场域

在三年的行走中,我们积极探索、躬行实践、反思提炼,一路感受"儿童世界,世界儿童"理念的洗礼,一路领略教学研究的风景,更一路品尝着特色教师队伍建设中的喜悦,取得了累累硕果。

学校环境文化氛围浓厚。2013年8月,学校启动了校园文化环境改造项目,校园环境发生巨大的变化。中国传统文化元素和世界多元文化有机融合,丰富的教育资源与优美的校园环境完美结合;让每一朵鲜花都绽放着希望,让每一片绿叶都摇曳出生机,让每一个角落都浸润着教育的幸福与喜悦。移步换景,美不胜收,校园成了"开放的课堂,流动的书本","南京市园林式校园"名至实归。

教师团队建设扎实有效。学校教师结构合理,学科分布均衡,梯队等次分明;专题学习、主题校本研修、金陵论坛、课题研究等形式多样、内容丰富的校本培训活动蓬勃开展,转变了教师教育观念,提升了教师专业素养,凝聚了团队精神。学校教师信息技术水平普遍提高,教师个人、教研团队在国家、省、市、区各类比赛中频传捷报。

办学特色建设凸显。"小学要像小学样"。从儿童化的体育设施,到三部委联合推介的科技体育;从"我的项目我喜欢,我的强度我知道"的阳光锻炼一小时,到生存技能——游泳课程的开设,无不体现了学校对学生"身体健康"的关注和重视。"科技体育"被栖霞区评为特色项目,学校被评为"全国科技体育传统校示范校"、"南京市青奥示范校"、"南京市阳光体育学校"。

国际教育稳步推进。自2013年9月,学校开设了国际部,目前共有六个教学班,百余名境内外的学生。"越过海洋的握手"美国之行,英国友好学校师生互访,澳大利亚"汉语桥"培训班的成功举办,英国、美国、澳大利亚11所友好学校的签约……在频繁的国际交流过程中,不仅使中外教师的教育教学理念产生了碰撞,更为重要的是传递了我们中华民族的优秀文化,在中外孩子的心中搭建起友谊的桥梁。

开辟特色教师工作站、成立专项教师培养基地,在接下来的行程中,我们将继续深化特色教师队伍建设,让更多的学生和教师在这个特色领域受益,让特色成长融合为区域发展的文化力量。

学校:金陵中学仙林分校小学部
执笔:黄文峰

案例二

网络与教研一色　特色共智慧齐飞
——NOC 历程：铺就特色教师成长的信息化之路

2015 年 7 月 22 日,在全国中小学信息技术创新与实践活动决赛中,南京市栖霞区 11 支网络教研团队参赛,小学信息技术独揽恩欧希特等奖,其他团队也不负众望,5 个团队荣获全国一等奖,6 个团队获全国二等奖, 总成绩在全国各区县组织的竞赛评比中名列前茅。

NOC,是中央电教馆组织的全国中小学信息技术创新与实践活动的缩写。从 2003 年起,每年的暑期进行系列化项目竞赛,其中网络教研团队竞赛更是集中展示教师学科专业素养、信息化及团队协作能力的练兵场。2013 年至 2015 年间,栖霞区先后派出了 20 余支队伍参赛,10 支队伍获得全国网络教研团队竞赛一等奖,金陵小学语文团队、栖霞区小学信息技术团队分别于 2013 年、2015 年荣获大赛最高奖项——NOC 发明创新奖。信息技术,成为栖霞区特色教师成长进程中闪光的双翼。

课题引领,理念先行

作为团队项目比赛,网络教研团队竞赛经历了变革与创新。从 2013 年起,从教学的设计与课件制作转变为以学习者为对象,进行微课的设计与制作为主要内容,通过四个主要环节完成教研过程,即"网络环境下基于协作的微课设计与制作"、"基于同伴互助的微课评价"、"反思与完善微课设计与制作"、"基于协作与反

思的陈述与答辩"。竞赛的过程是对教研团队教育教学理念与技能的全方位考查。

以前瞻的眼光观望教育动态，以开放的姿态感受教育新潮，与时俱进，是信息化发展重要的生命源泉，更是特色教师成长中必备的技能条件。2013年起，栖霞区电教馆从试验点开始，逐步启动对全区教师的信息化技能及教育理念的发展与革新。组织试点学校加入了南京市电教馆《以移动学习为核心的中小学教学模式的研究》课题组，金陵小学、摄山中学、栖霞实小等一批学校定点跟进实验教师与实验班级，通过教育的实践与研究，促进信息化的探索与追求。

竞赛练兵，区域推进

理论贯穿于实践，信息化水平需要在实际的演练与操作中提升。结合栖霞区域特征，电教中心借助网络平台，开展了步骤明晰、序列推进的多学科网络教研团队竞赛。

校级动员，区域练兵。新项目的展开需要冲锋团队的摸索与引领。实验前期，从点到面，以摄山中学、营防中学、栖霞实小起步，进行动员和指导，在市赛、省赛、全国赛均获得NOC一等奖的基础上，借助优势效应，开展区域推进，规划区域竞赛。2013年5月，进行了全区网络教研团队竞赛的全面练兵，从学科教学过程的设计与多媒体制作到现场的陈述与答辩，全面考查参赛学校和团队的教育教学理念和信息化素养，以实战的形式实现教师团队教研能力及专业素养的提升。同年，金陵小学的语文团队，摄山中学

数学团队、地理的跨校组合等团队，在进行区域选拔基础上参加了全市、全国的NOC大赛，分别获得全国恩欧希大奖和一、二等奖。

团队示范，引领支撑。参加NOC大赛的选手曾经这样形象地描述参赛过程："两天，33小时，1980分钟，118800秒。一场源于网络归于现实的头脑风暴，一次教师版的速度与激情，智慧在碰撞中燃烧！"深刻的体验让我们敏锐地捕捉到，NOC大赛不仅是对外展示的窗口，更是需要借助的快速提升教师专业素养、挖掘教师自身潜能及特色的平台。赛后，我们组织摄山中学数学团队在教研员会议上示范交流，促进教研员的关注，同时在信息技术学科中开展网络团队教研演

练,通过团队设计、互评修改、亮点陈述三次活动,选取优胜团队在课堂中检验教学,在实践操作中提高信息技术整体教研团队意识,推进栖霞区整体信息化教研团队力量,为区域学校的延续发展培养专业人才。

区域打造,重点扶持。参赛的过程中,我们鲜明地感受到参赛团队教师的信息化素养快速提升、专业特色逐步打磨成型。如在 2013 年、2014 年两届竞赛中, 金陵小学和一中马群分校的一批团队在市赛上脱颖而出, 同样在全国NOC 竞赛上,语文、数学、信息,历史等一批团队获得全国恩欧希大奖。借助中坚团队, 打造一批团队, 把信息化特色逐步向全区范围扩大成为电教中心2014 至 2015 年度的重要规划。2015 年,我们又重点打造了仙林、实小、晓院附小等一批学校,结合名师工作室,聘请全国 NOC 资深评委,开展区域培训,在抓好市赛的基础上,整合区域特色,联合西藏,组建栖霞西藏墨竹工卡区域特色联队参加全国 NOC 竞赛。2015 年,栖霞团队再获大丰收,11 支参赛团队,恩欧希大奖一个,全国一等奖 5 个,二等奖 6 个。

平台跟进,共享共赢

三年的 NOC 大赛历程, 栖霞教师逐步迈进了信息化发展的快速车道,我们也催生并逐步实施了将这一成果进行全区乃至更大范围进行推广的过程。2013 年年底,栖霞区教育信息网进行全面改版,增设了"栖霞微视频资源"、"栖霞 MOOC"、"移动同步课堂"、"移动学习研究"等专栏,将 NOC 的竞赛成果进行进一步的扩大,鼓励全区教师进行学习研讨,并按学科进行微课的设计与制作指导,进行全区教师信息化素养的进一步提升。

2014 年 3 月 11 日,栖霞教育局、南京大学教育研究院和南京数模微电子有限公司三方,在南京市教育局、南京市电教馆、栖霞区区级领导以及部分参与项目的教师代表的见证下,在金陵小学共同签署了"南京市栖霞区数字化学习合作研究项目"合作协议,我们的信息化平台又有了新的伙伴和同盟。

在这个信息化和全球化的时代,学习超越了时空,信息时代的教师是智慧型的教师,信息时代可以让教师的发展拥有更多的可能,拥有更大的空间、更广阔的平台。我们也期待着,栖霞的教师们在信息化时代,在 NOC 的历程中,走向发展的无限可能,走向"网络与教研一色,特色共智慧齐飞"的活力空间。

执笔:南京市金陵中学仙林分校小学部　黄文峰
南京市栖霞区教师进修学校　华柏胜

案例三

让教师遇见最好的自己
——"张明红工作室"助推教师特色发展

"张明红工作室"自 2012 年 8 月正式挂牌成立以来,以实现教师专业发展为目标,力求释放教师的内在积极性与创造性,解放教师,追求个性,努力让每位教师的优势得到极致发挥。工作室采用团队学习、同伴互助、独立实践等手段,通过学术交流、教艺切磋、互动提高等形式,成为教师特色发展的研究平台、成长阶梯与辐射中心。回首三年来的实践历程,我们在不断地思考、梳理并构筑着培养特色教师的理想之路。

建立机制:教师特色发展的执着守望

名师工作室超越了传统的学校集体备课和"师徒结对"等教师成长模式,顺应了知识及学习的社会性特征,实现了教师专业发展从"主体性"向"主体间性"的转变,进而充分发挥了区域性名师所积聚的资源优势,为教师的发展提供了更为广阔的科研、教学空间。然而,执着于教师专业发展的名师工作室需要在组织建设、运行机制和绩效评估等方面提供适性的可行性方案,方能确保教师培训的质量和有效性。于是,明确成员的专业发展诉求及其自身发展的短板,成为促进教师专业发展的重要前提。我们通过问卷的形式,以"参与名师工作室的初衷"、"自我发展方向定位"、"希望得到哪些方面的培训及其形式"三个问题模块为主线,对工作室成员进行调查,理顺了名师工作室与教师专业发展之间的逻辑关系。

在充分调研的基础上,我们首先制定了工作室学习制度、例会制度、考勤制度、主持人职责、成员职责,确保工作室活动正常、有序开展;其次,依据工作室成员的实际,制定工作室三年发展规划,工作室主持人、成员三年发展规划;工作室对成员实行档案管理,每学年结束,我们会根据教育局下发的工作室成员考核细则对所有成员进行打分。年末,工作室负责人向区教育局、区名师工作站提交的年度工作材料汇编。此外,我们还在栖霞教育网上建立了工作室专栏,设置了活动报道、教学随笔、教学设计、课题研究等栏目,工作室成员定期上传资料,进行交流。完善的运作机制,为教师的特色发展提供保障的同时,加强了工作室对教师的磁场吸引力。

共同体成长:特色教师群的科学划分

"张明红工作室"的成员来自不同的学校,有着不同的教龄、不同的发展层次、不同的教学经历,成员的多样性和差异性恰恰成为了工作室的重要资源。只有充分利用这些资源,工作室成员才能形成多方共赢的局面:新教师会在更新教育理念和提高课堂教学技能等方面得到很多启示;骨干教师会在教育教学策略和学术研究视角方面得到更进一步的提高;工作室主持人也会在多元化的团队中获取发展的动力,在汇聚工作室力量的过程中呈现出工作室的特色。

我们采用成员"异质化"招收的方式,尽可能纳入不同发展层次、不同区域学校的教师,并在此基础上划分出特色教师群,如附中仙小青年教师雨竹书社、栖霞区小学数学雏鹰班(第一学段)、第一学段中心组、小学数学学习力研究团队、小学数学微课建设与应用研究团队等,让更多有需求加入工作室的教师能够有机会分享工作室的成果,参与工作室的研究活动,在修炼中互补、互哺、共生、共长,从而切实发挥工作室的引领功能,这正是建立教师共同体的本质所在。

场域构建:特色教师在磨砺中成长

美国学者特拉弗斯说:"教师角色的最终塑造必须在实践环境中进行。"同样,特色教师也需在一定的环境中成长,优质的成长环境对特色教师的发展有着重要的影响。工作室利用"课题引领、项目驱动"的方式,为特色教师的成长构建起实践的研究场域。在参与实践、研究的过程中,帮助教师从某个或某些方面挖掘潜力,发现和点燃他们的闪光点,并加以培育,促成他们形成自身特色。工作室围绕市级规划课题《提升小学生数学学习力的实践研究》,以"提升小学生数学学习力"为主题,开展区级主题研训七场。2015年省规划课题《小学数学微课资源建设理论与教学实践研究》立项,组织相关培训、研究活动三次。工作室先后承担了市小培中心学习力研究之"算中学"项目、省教研室"数学实验"、"珠心算"等项目。其中"算中学"项目完全由工作室负责组织、策划、展开研讨活动,截至2015年6月,已组织全市实验学校开展市级主题活动七场,其中接待广东省江门市教育考察团2次。自2014年至今,工作室主持人及教师开设区级公开课及讲座23次,市级及以上公开课及讲座11次。在投身于课题、项目研究的实践与思考中,教师走向了一条自我激励、自我诊断、自我调节、自我提高的发展道路,寻找到属于自己的成功。

然而,特色教师的发展场域不能仅仅局限于共同体的内部共识,更要关注来自外部有效资源的获取。工作室不断拓宽培训活动的边界,扩大特色教师的成长场域。借助定期的专题讲座、名师有约等活动,充分发挥学科专家作用,激发成员的专业成长热情。2013 年 12 月以来,我们先后邀请南京市小培中心谷力主任,南京市教研室朱宇辉老师、陆静主任,南师大附属小学贾友林特级教师,南京市五老村小学副校长特级教师魏洁,苏州工业园区第二实验小学特级教师徐斌,南京市长江路小学周卫东特级教师等莅临栖霞,对工作室的课堂教学和课题研究进行专项指导。与此同时,我们还积极创造机会,带领工作室成员外出学习,先后到苏州、杭州、沈阳等地参加观摩研讨。此外,大力推进不同工作室间的互动,2015 年 5 月,我们与江宁区戴厚祥名师工作室联动,通过主题式课堂教学交流活动,形成基于教学技巧、理念等方面的互动提升,在开放的场域中促进特色教师的成长。

激活内需:教师特色发展的不竭动力

教育家于漪曾说:"教育的力量在于教师的成长,而教师成长的根本在于深度的内心觉醒。"特色教师的发展是关乎人的培养,不同于物的打造。它与砧板上的铁块或者浇入模具的钢水迥异,简单的重锤敲打或塑形淬火难以成就理想的形象。教师是富有个性的生命体,有着自身成长的条件和规律。工作室在特色教师的培养过程中注重更多地给予教师以尊重,了解其发展的需求,并根据其特点制定个性化的方案,提供切合实际的帮助。多理解他们的想法,多支持他们的改革,多肯定他们的成绩,多宽容他们的缺点,给他们提供平台、搭建阶梯、创造机会,让他们有想法、有干劲、出成绩。截至 2014 年 12 月,工作室成员中有 3 人荣获第八届栖霞区红枫杯课堂教学评选一等奖,4 人荣获二等奖;3 人被评为第八届栖霞区青年优秀教师。4 人荣获教科研先进个人称号。3 人成为第二批后备干部。511 名师培养工程中,2 人被推荐为 50 名拔尖人才培养对象。1 人被推荐为市学带后备。2 人被推荐为市青优后备;1 人被推荐为区学带后备,1 人被推荐为区青优后备。教师的生命价值和生命意义在自我实现的过程中得以体现,从而使自己的职业生活焕发出更加旺盛的生命活力。

围绕"特色教师发展"的目标,我们回溯并践行着教育的内核:以人为本。我们努力唤醒教师自我成长的内在需求,赋予其自主管理、个性发展的权利,为其提供特色发展的空间与平台,让每位教师都能遇见最好的自己。

学校:南京市金陵中学仙林分校小学部
执笔:李　新

案例四

乡土情缘

作为一名美术教师、学校"编织鹳岛生活，践行淳美教育"校园文化开发组成员之一，我在实践中不断思索：我能做什么？我认为，特色必须和"生活"、"淳美"两个词相联系，必须能在八卦洲这块土壤上成长。带着这样的思考，我和农民画在一次不经意中邂逅了。一次，教授五年级的美术课《风景如画》，在搜集素材的过程中，接触到了农民画这种极具民间艺术特色的绘画形式，小桥、流水、人家，这些场景多么熟悉而亲切啊！我顿时眼前一亮，这不就是八卦洲吗？熟悉的生活情景描绘，单纯富有装饰感的色彩，让我对农民画产生了一种亲近感。从此，乡土与艺术携手，"小小"农民画特色项目诞生了。

围绕项目，我们成立了农民画社团，并取名"小小"，孩子们就是项目的设计师、创意人。在这片天地里，"小画家"们用自己独特的视角表现着家乡的风土人情，用天真的画笔开启了他们的"鹳岛印象"之旅。他们用画笔勾勒鹳岛生活、抒发家乡情怀、探寻艺术世界。他们尽情舞动着手中的画笔，专注的神情、绚丽的色彩、张扬的造型无不彰显着孩子们内心的"大世界"、"大梦想"。那红彤彤的太阳、丰收的庄稼、恣意的人物动态，再现了八卦洲的地域风情，诉说了孩子们对家乡的眷恋和赞美之意。"小小"农民画也好似八卦洲的一张张名片，向世人展示着这座"江中鹳岛"的无限风采。

在三年的艺术探寻之路上，一张张农民画记录着他们的艺术成长，先后创作的100余幅作品在全国、省、市、区各类绘画创作活动中获奖、发表。孩子们的作品还被做成精美的礼品送给了外国友人，获得赞声一片。每一次成功都是一个足迹，让孩子的艺术之路走得如此坚实、有力，充满欢乐。

在这其中，我也不断收获着。我撰写的文章《童眸中的民间艺术》刊登在省级期刊《艺术教育》上；《体验：儿童艺术创作的本真》荣获区论文评比奖；2014年开设市级讲座《儿童农民画的教学策略研究》和市级公开课《动物装饰画》；南京市教育科学规划第八期"个人课题"《符合儿童审美情趣的农民画校本研究》成功立项……

我很庆幸我能走进农民画的艺术世界，在这份乡土情缘里，让我和孩子们的艺术探索更加真实、更加亲切、更加接地气，让孩子们有了前行的目标，让我和孩子们的心更近，也让我在探索的过程中实现了我的艺术梦。未来，我们将继续携手前行,不断探索,让学校特色更加出色。

学校:南京市八卦洲中心小学
执笔:朱琍琍

本章撰稿:潘玉英　吴兴　宋福云

参考文献

①闫德明.如何创建学校特色若干典型案例评析.天津教育出版社.2012
②中国社会科学院语言研究所词典编辑室.现代汉语词典(修订本)[Z].北京:商务印书馆,1996.
③孙孔懿.学校特色论[M].北京:人民教育出版社,1996.
④吴为民,李忠.特色教师的成长过程[J].上海教育科研,2004,(1).
⑤邵军,赵可华.每一位教师都是潜在的特色教师 [J].当代教育科学,2009 (22).
⑥张良,王皓.试论特色教师的内涵、意义及其成长条件.教育科学论坛,2013, (07).
⑦万琪.促进教师特色发展的教师评价体系研究以某小学为例.四川师范大学.
⑧吴秀娟,郭继东,阎德明.学校创建特色研究[M].沈阳:辽宁人民出版社,1997.

第七章
特色资源建设

第一节 特色资源建设的内涵分析与文献研究

一、教育资源的含义

教育资源是人类的社会资源之一。从广义的角度看,它是自人类有教育活动和教育历史以来,在长期的文明进化和教育实践中所创造积累的教育知识、教育经验、教育技能、教育资产、教育费用、教育制度、教育品牌、教育人格、教育理念、教育设施以及教育领域内外人际关系的总和。[①]

特色学校条件是特色学校建设的重要前提和基础。特色学校的条件有时可以看作特色学校的要素。[②]而教育资源条件,则是特色学校建设必须囊括的要素之一。为此,我们有必要对教育资源的内涵、分类和特点进行深入的思考、研究。

在经济学中,"资源"一词,泛指为了创造社会财富而可以投入到生产活动中的一切要素,是自然界和人类社会生活中一切可以用来创造物质和精神财富的客观存在形式的集合。资源按其属性可分为自然资源和社会资源两大类。

自然资源是指在已有的技术、经济条件下可以被利用的自然物,是一种可以独立存在的物质与能量的集合体,它与人类社会、经济、技术、文化等密切相关,是一种既具有物质性,同时又具有相应功能性和使用价值的客观存在。

社会资源是指人类通过自身的劳动在开发利用自然资源的过程中形成的物质与精神财富，这不仅包括人类劳动所提供的以实物形态存在的人力资源和经济资源，而且包括科学技术、教育文化、信息、组织形态、管理手段、法律、政策以及道德等非实物形态的资源。

"教育资源"是整个社会用于教育领域中从事教育活动的以实物和非实物形态存在的一切要素的总和。具体来看，教育资源是在社会环境中蕴含一定教育价值、能促进教育教学活动顺利开展的一切要素。③

二、教育资源的类别④

教育资源的具体内容是什么，如何进行分类？弄清这些问题是进一步深入认识和把握教育资源的重要基础。一般而言，划界标准不同，教育资源分类结果则会有所不同。如果以学校为划界标准，教育资源可以划分为学校内部教育资源和学校外部教育资源。若按资源的属性划分，教育资源可以划分为教育的自然资源和教育的社会资源两大类。依据资源的具体存在形式，我们将教育资源细分为以下各类：

(一)教育财力资源

教育财力资源是指以货币形态存在的教育资源，即通常所说的教育经费。因为财力资源以一般等价物的形式存在，所以可以作为教育活动的各种开支，也可以转化成其他资源形式，是教育谋求发展必不可少的基础之一。

(二)教育物力资源

教育物力资源是指以实物形态存在的教育资源，具有功能和价值两种属性。主要是由财力资源转化积累而来，是教育活动及自身发展的物质基础。它可以是自然形成的，也可以是人为投资的物化产品。

(三)教育人力资源

教育人力资源是以劳动力形式存在的资源，包括已经开发的人力和有待开发的人力。当然已经开发和有待开发是相对的，因为人力资源的开发和利用是一个不断适应经济发展、社会进步以及教育本身发展变化的动态过程，所以已经开发的人力资源还可以根据变化了的条件继续开发，而有待开发的人力资源并不是根本没有开发。

教育人力资源习惯上是指教育者和受教育者，即学校的教师和学生。事实上，教育的人力资源远非教师和学生，离开学校而进入社会的学生仍然可能成为受教育者，而非学校教师也完全可能成为教育者。从这个意义上讲，教育人力资源是指一切教育者和受教育者。就学校教育而言，教育人力资源主要由教学人员、科研人员、管理人员、辅助人员四个组成部分构成。

(四)教育信息资源

信息资源对于整个社会来说,包括具有与信息相关的技能的人才、信息技术中的硬件和软件、信息机构(如图书馆、计算机中心、通信中心和信息中心)和信息处理服务提供者等。信息资源是人类赖以生存的基本条件和进一步发展的基础,也是教育的基本资源。

教育信息资源除了上述信息资源的内涵外,还包括各种智力资源、新知识、新思想、新概念、新文化、新技术等信息储备。伴随着信息化社会的到来,学校将在信息化产业中扮演越来越重要的角色,如信息开发、信息服务、信息加工和信息固化等,这要求学校必须有较强大的信息储备,即信息资源。同时,学校还必须充分利用自己的信息资源为教学和科研服务,为人才培养服务。

(五)教育制度资源

制度是指一个社会的游戏规则,是为规范人们的相互关系而设定的一些制约。它是由非正式约束(道德约束力、禁忌、习惯、传统和行为准则)和正式的法规(宪法、法令、产权)所组成。制度是一种无形的社会性资源,教育制度则是一种教育资源。

良好的教育制度资源可以规范教育行为,降低内耗,节约教育成本,提高办学效益。一是科学的教育制度可以节约教育中的人员组织成本;二是好的教育制度可以降低教育资源的配置成本;三是教育制度可以减少不确定性,提高教育发展的可控性以及个人把握教育机会的能力,节约教育信息成本和协调成本;四是好的教育制度有利于规范教育行为,提高教学与管理效果,节约再教育和教育行为矫正成本。

总的来看,教育资源是一个意义非常广泛的概念,除上述的人力、物力、财力、信息、制度等容易被人们认可的普通意义上的资源外,教育资源还包括文化资源、声望资源、关系资源、学科与专业资源、课程资源等,而这些资源往往对教育的改革与发展起着非常重要的作用。它们与前者一起构成教育资源整体,共同作用于教育发展的未来。

三、教育资源的特点

如上所述,教育资源在具备社会资源的一般性特点外,还具有以下几方面的特点:

(一)公益性

教育资源的公益性是指公众受益的特性。公众受益是教育资源最为集中的体现。教育是一项公益性事业,这是人们对教育的利益属性和价值特征的基本判断,事实上也是人们从利益归属和资源配置等方面对教育运行规律的基本概括。维护教育的公益性是我国宪法和法律赋予各级政府、社会组织和每个公民的责任和义务。国家和政府的责任,是在制定涉及教育的法律法规时,要在保证公正公平的前提下,首先考虑以教育资源的投入使用方式来确保公益性的维护。教育资源的公益性的实现,是教育本质的根本体现,也是教育资源的核心价值所在。⑤

(二)产业性

教育的产业属性是与工业经济的发展、知识经济的出现,以及教育内容和教育模式的变化紧密相关的。同时,也应看到教育是一个复杂的社会结构群体,具有多重性、类别性、动态性和交错性。教育的属性并不是单一的,它既有传统观念的社会公益属性,也具有产业属性,但两者并不对立。教育资源的产业性是教育的物质属性的客观特征。

(三)理想性

教育本身就是一项寄希望于未来的事业。教育理念、教育方针和教育价值观念,通常直接体现着现实的人生理想和追求。教育是一种期待:教育者对受教育者的期待,社会对人发展的期待。而期待本身就是对理想的憧憬;或者直接说,教育就是对理想的追求。中国春秋时代的教育家孔子所提倡的"好仁不好学,其蔽也愚;好知不好学,其蔽也荡;好信不好学,其蔽也贼;好直不好学,其蔽也绞;好勇不好学,其蔽也乱;好刚不好学,其蔽也狂"的教育道德修养。战国时期的孟子所推崇的"富贵不能淫,贫贱不能移,威武不能屈"的大丈夫浩然之气,唐代文学家韩愈所倡导的"博爱之谓仁,行而宜之之谓义,由是而之焉之谓道,足乎己无待于外之谓德"的德育主张,以及近代教育家陶行知为中国教育寻觅曙光,"捧着一颗心来,不带半根草去"的无私奉献精神,无不闪烁着教育理想的光芒。

(四)继承性

和所有的资源积累一样,教育资源也不是现代人独有的发明创造,而是伴随着教育的传承,一代一代继承而来的。是古今中外教育实践经验的总结和许多先行者教育理论思维的结晶。所不同的是,教育资源的继承总是带有鲜明的公共性和崇高的社会理想性色彩。教育资源的继承多以社会化公共产品为载体,以精神文化成果为体现,最终为实现教育自身价值服务。教育资源,是人类精神财富的核心所在。

(五)差异性

教育资源的差异性是由于社会经济发展的不平衡性所造成的教育资源分

布的不平衡性、管理体制和供给方式的差异性、社会对人才需求的信息不对称等原因形成的。教育资源的差异普遍存在于人类教育的各个层面、各个角落，构成了教育行为过程和效果的差异。在我国，教育资源的地区和城乡差异，是教育发展的一个突出矛盾，也是中国教育差异性的显著特色和具体体现。教育投入的差异，教育环境及条件的差异，生均教育经费的差异，教师收入的差异，师资水平及教学质量的差异等，说到底，都是教育资源的差异。这种差异在地区和城乡之间明显地、普遍地存在着，直接影响着教育的整体平衡发展，是制约国家教育战略实施的关键因素。

(六)流动性

教育资源的构成因素的多元性和复杂性决定了教育资源本身的不稳定性。其中有人的因素，也有物的因素，还有政策导向和社会经济条件发展变化的因素等。教育资源流动性主要表现在：教师资源的流动、学生资源的流动和经费资源的流动等方面。

第二节　特色资源建设的研究历程

　　"'新三基'引领下学校特色资源开发利用的研究"项目是栖霞区教育局立项的市级重点实验项目"'新三基'引领下区域推进学校特色建设的策略研究"的子项目，学校特色资源开发利用的目的是推进学校特色建设资源的有效利用，为全区乃至更大范围内的学校在特色学校建设方面，提供资源开发与利用的实例，从而更好地保障区域推进特色学校建设的顺利实施。本项目所指的学校特色资源包括环境资源、社区资源、场馆资源和网络资源等内容。下面结合各牵头学校的建设情况对特色资源建设的研究历程进行综述。

一、特色环境资源的开发与利用

　　这一项目的实施由金陵中学仙林分校小学部负责牵头实施。研究的内容包括静态的物质环境文化和动态的人文环境文化。前者指利用学校的建筑、文化设施、陈设布置、绿化美化等创设优美的校园环境，体现一定的文化追求，给人潜移默化的影响。后者指制定学校发展规划，提炼学校特色文化，发掘校风校训、校歌等特定的文化内涵，感染、美化师生心灵。

　　项目自 2013 年进入实施以来，项目学校金陵中学仙林分校小学部通过充分开发物质环境资源，依托校园 48 景，把环境资源开发为学生的德育资源。例如利用"石，枹树而立；树，据石而生"的石抱树景观，挖掘其"自强不息，厚德载物"的石抱树精神，进而围绕这一德育主题进行系列德育活动，培养学生自强不息的精神品质。不仅如此，该校还充分开发人文环境资源，转化为课程资源。如围绕"走进儿童世界，培养世界儿童"的办学理念，大力开展国际理解教育，做好课程国际化，培养学生的国际视野。依托学校的七彩课程体系，提升学生的全面素质。

　　通过数年的摸索、建设，如今该校不仅通过开发学校的特色资源环境，形成了别具一格的校歌，还通过"石抱树"这一独有的环境资源，转化、建设成了独特的德育资源和人文资源，学校特色文化建设初见成效。

二、特色社区资源的开发与利用

　　这一项目的实施由龙潭中心小学牵头。传统学校关注自身发展，不仅不考虑其所在社区的实际需求和具体特点，还有意识地与社区保持一定距离，从而形成学校脱离社区、社区孤立学校的局面。这使得学校特色发展失去了社区的支持、脱离了社区这个文化母体。反观学校特色发展的若干案例,成功的学校多是依托社区的背景和条件,积极主动地与社区各方面加强交往与合作,开发一切可利用的社区教育资源,同时又积极参与社区发展,为社区发展提供知识、智力支持,形成了学校与社区的水乳交融关系。

龙潭中心小学所在的龙潭社区位于南京东郊,农业资源非常丰富,同时还毗邻长江中下游地区最大的深水港——龙潭港。在此基础上,该校充分开发特色社区资源,使之转化为活动等资源。如依托龙潭街道的"水一方"农业示范基地,开发了学校的校外实践活动基地。学生通过定期参观、体验等活动,不但锻炼了动手能力,而且进一步培养了他们热爱家乡、热爱劳动的情感。不仅如此,该校还深入挖掘特色社区资源的内涵,转化为了特色课程资源。龙潭古镇历史悠久,这里是国家非物质文化遗产——金箔锻制技艺的发源地。利用这一社区资源,通过聘请传统艺人进校授课、学校和地方共建校本课程等形式,不仅使得该校的校本课程具有独特的地域特征。而且还让学生对自己所生活的社区有了更深入的了解。

通过数年的发展,龙潭中心小学通过与龙潭社区的积极配合,共建成了"水一方"学生实践活动基地,开发出了《美丽的龙潭——我的家》、《金箔文化》等校本课程,并且形成了社区资源开发和利用的相关论文一篇。

三、特色场馆资源的开发与利用

该项目的牵头学校是南京晓庄学院附属小学和靖安小学。随着办学条件的逐步改善,不少学校新建了专业场馆,这其中有体育馆、实验楼等,还有一些独具特色的其他场馆更能体现学校的办学特色。如南京晓庄学院附属小学的陶艺馆和靖安小学的乡村少年宫。而如何利用好这一类场馆,为学生的健康成长和特长发展服务,则值得办学单位深入思考、研究。

两所牵头学校在项目推进的过程中,一是通过充分开发特色场馆资源,转化为活动资源。晓院附小的陶艺馆和靖安小学的乡村少年宫,都是学生开展活动的场所。首先可以利用场馆开发社团活动资源。如陶艺馆可以充分利用,变为陶艺社团的活动资源。乡村少年宫的场地面积较大,可以变为船模、3D打印等科技类社团的活动资源。不仅如此,两所学校还将特色的场馆资源,转化为艺术、科普资源。如晓院附小的陶艺馆除了为学生提供活动场地外,还更多地承担起了学生艺术教育的功能,通过陶艺让学生接触艺术、欣赏艺术、创作艺术,从而提升学生的艺术素养。而靖安小学的乡村少年宫,则通过科技作品展览、科普知识普及,让农村孩子也能从小就接触到先进的科学技术。

通过数年的努力,两所项目学校不仅举办了多种形式的主题展览和活动,还通过引导学生丰富陶艺馆、乡村少年宫的布置,让学生形成了独具特色的社团作品,相关指导教师也形成了特色场馆资源开发与利用的论文数篇。

四、特色网络资源的开发与利用

该项目的牵头学校是栖霞区实验小学。随着信息技术的普及,网络资源的开发与利用越来越不容忽视,网络上的文本、图片和视频等都可以变为学生的学习资源。栖霞区实验小学是一所市级现代化教育技术示范学校。自 2008 年起,该校就以平板教学与学科整合为突破口进行了大量研究,开展以网络为主体的信息技术在学科领域的探究与实验。学校建设并投入使用的"蠡风工作平台",实现了集知识管理、互动交流和信息发布等为一体的办公平台,大大提高了学生和教职员工的信息化技术水平。

自项目实施以来,该校通过开发特色网络资源,转化为学习资源,在前期"蠡风工作平台"信息化办公的基础上,补充开发学习文本、图片、视频等资料,拓展平台的互动功能,让网络资源为学生学习服务。不仅如此,该校还通过充分利用网络资源,转化为教学资源。如将平板使用和学科教学进行有效整合,平板的便于书写、拖拉和上网等交互功能,让学生有更多的机会参与到教学过程中,从而大大提高了课堂教学的效率,激发了学生的学习兴趣。

目前,该校在网络特色资源的开发利用方面不仅形成了网络教学案例集,还将"蠡风工作平台"上的网络资源与建设历程等进行了结集,并形成了特色网络资源开发与利用的相关研究论文。

五、特色资源开发与利用的保障措施

(一)项目保障机制

1.一个重视

栖霞区教育局对"'新三基'引领下区域推进学校特色建设的策略研究"实验项目非常重视,成立了以徐观林局长为组长的领导小组,指导制定了各项管理制度和考核奖励制度。

2.两个坚持

坚持进行特色学校评比。区级特色学校评比,是推进"'新三基'引领下区域推进学校特色建设的策略研究"实验项目的重要抓手,通过材料申报、现场答辩、现场展示等环节,能够更好地促使每所学校特色发展。坚持每所学校都有特色资源。积极向区域内每所学校宣传开展特色资源文化的意义,为区域内每所学校找到与自己匹配度最高的成长路径。

(二)项目实施条件

1.政策条件。栖霞区教育局立足区域实际,科学设计特色资源的整体规划,从政策制度层面制定了《栖霞区中小学特色学校评估标准》,建立了实施方案、评价指标和考核办法。

2.经费保障。对于认定的栖霞区特色项目,给予20万元的奖励。随着研究的深入推进,奖励的额度将进一步增长。

3.研究条件。从2012年已开展了区级特色项目创建工作,全区现有28所公办小学,80%以上的学校已初步形成或正在着力打造学校的特色品牌,部分特色项目已具有一定影响力。

(三)研究保障措施

1.行政推动制度保障。通过教育行政部门的政策引导和管理,用制度进行推动和保障研究的实施与落实。

2.专家引领培育典型。坚持专业引领的实践策略,通过聘请专家学者指导,以及与高校、研究院建立"教育联盟"等形式,促进"学校内涵发展"研究项目的落实。

3.资源整合形成校本特色。在"新三基"战略引领下,开展校本化研究,丰富和完善全区整体特色资源建设的理论和实践策略。

4.栖霞区教育局高度重视和支持学校特色资源项目的开发和研究工作,开设了多场高层次的专家讲座和特色活动现场会,在理论上和实践上给予指导和帮助,并在经费方面给予了高度重视和保证。

5.特色资源项目主持人和研究核心成员的研究能力有了很大的提高,都具备了一定的教学能力和理论研究水平,并且邀请了主管领导和专家进行论证和指导。

第三节 特色资源建设及其案例分析

案例一

龙潭中心小学特色社区资源的开发与利用

龙潭中心小学地处南京东郊,农业资源非常丰富,这里有"水一方"农业生态旅游区,可以作为学校教育资源的开发对象。在此基础上,该校发挥社区资源优势,挖掘地域文化教育元素,积极开发利用社区资源,转化为学校的特色课程资源。这样不仅使得学校的校本课程具有地域特征,而且还能够让学生对自己生活的社区有更深入的了解。

一、理清特色社区资源开发利用的背景依据

2012年,龙潭中心小学附近的陈店村依托地域资源优势,精心谋划现代农村建设,形成了具有一定规模的水乡村居态势。因属南方水乡,也因此地有一种清新宁静的感觉,有村民们淳朴温厚的气息,有草木葳蕤的光泽,隐约而美丽的情怀,纯净的芬芳……天地有大美而不言。与《诗经·蒹葭》"蒹葭苍苍,白露为霜。所谓伊人,在水一方。溯洄从之,道阻且长。溯游从之,宛在水中央"相得益彰,故命名为"水一方"。龙潭中心小学紧邻"水一方"农业生态旅游区,该校充分发挥社区资源优势,挖掘地域文化教育元素,着手建设"水一方"特色课程,着力让此地村民的子女具备有德行、有情义、善教化、有志向等品质。

二、明确特色社区资源开发利用的价值追求

1.浸润水所蕴含的精神。身处水乡的孩子应该具有水乡人的特质:有德行、有情义、善教化、有志向。龙潭中心小学追求的灵美教育的理念与水的品质紧密关联。

2.传承水所相关的文化。从古至今,但凡与水相关的文化、文学作品都是美的代词,对龙潭中心小学学生进行文化渗透,就是培养美的精神、美的情感、美的情怀。

3.开发水所包含的教育元素。水乡的孩子能认识水、水生植物,能利用水,能保护水资源。这些还可以开发为学生的活动资源,让学生在体验中培养热爱家乡、热爱劳动的品质。

三、形成特色社区资源开发利用的具体内容

1.编写《"水一方"校本课程纲要》

校本课程纲要是校本课程开发与实施的指针,首先从课程领域和课程类型上明确《"水一方"》是一门综合性的校本课程。接着要进一步明确校本课程的课程背景、课程理念、课程目标、课程内容。另外还要制定校本课程的实施方案,对教学安排、课时安排和课程活动等作出规定。并从学生学习表现评价、课程效果评价和学校评价三个维度制定课程评价体系。

2.构建"水一方"物态文化

(1)"水一方"课程文化的环境布置。顶层设计,精心安排,突出校园内"靖莲池"和"水一方"微景观的功能,配以诗文、图文介绍等。

(2)进行"水一方"课程文化景点整合。选取龙潭中心小学下辖的靖安小学打造课程文化景点,靖安小学距离"水一方"农业生态旅游区最近,是南京市园林式学校、南京市节水型学校,靖园雅韵、安行致远的校园,浸润着靖小的每一位师生,五园九景在不断地发挥着环境育人的功效。而"水"的品质与校园布置有机结合,相得益彰。如有德行——安怡园、靖省壁;有情义——安艺园、靖莲池;善教化——安学园、安勤园、靖心廊;有志向——安健园、班级名片等。

3.构建"水一方"课程内容体系

以"水"培养学生听说读写画等综合素养,通过"水一方·读美文"、"水一方·说美景"、"水一方·尝美味"、"水一方·画美图"、"水一方·治美境"等五大板块整体建构"水一方"课程内容体系,编写校本教材,把学生培养成具有水品质的小公民。

"水一方·读美文":诵读"雨荷望月"的关于"雨"、"月"的优美诗文,提升文化内涵,特别是形成班级班本课程,如关于水的诗文汇编、诗文赏析、诗文表演等。

"水一方·说美景":陈店村"水一方"作为该校学生社会实践基地,学生认识、了解、介绍水一方,作为该校学生的一个特质,成立校级"导览社团"。

"水一方·品美味":继续开发、使用好《靖安水八鲜》地方课程,让学生认识家乡特有的水生植物,倡导绿色生活方式,铸就爱家乡情怀。

"水一方·画美图":成立学校精品社团——水彩画、水粉画、水墨画、山水画,培养学生美的情操。继续打造好"雨荷望月"文学社,让学生用手中的笔写出优美的文章,提高文学素养。

"水一方·治美境":积极开展水现状调查、水环境治理等方面主题研究活动,加强宣传力度,培养学生的环保意识,共建优美的生存环境。

4.凝练"水一方"精神文化

我们开发利用社区特色资源——"水一方",并转化为学校的课程资源,构建"水一方"特色课程文化,经过不断的积淀,我们把课程文化进一步凝练成学校的精神文化,把水的品质作为学校精神文化的主旨,以有德行、有情义、善教化、有志向作为精神传承,树立全面的学生观、课程观和教学观等。

学校:南京市栖霞区龙潭中心小学
执笔:吴兴林

案例二

摄山星城小学特色场馆资源的开发与利用

南京栖霞少年民防教育馆位于栖霞区摄山星城小学，由南京市人防办投资建设，总投入200多万元，于2012年12月竣工。场馆占地450平方米，分为"居安思危"、"转危为安"、"乐业安居"、"国泰民安"、"安全课堂"5个主题展区，分别介绍了影响人类生命安全的自然灾害、战争灾害及事故灾害防范知识。同时该馆突出知识性、趣味性、参与性和互动性。为了激发小学生的兴趣，馆内还通过一些防火、交通安全等情景体验，让孩子了解应急防护自救办法以及逃生技巧。摄山星城小学充分利用好特色场馆资源，为学生提供了一个集安全知识普及、科技展示与法制宣讲于一体的综合性教育平台。

一、明确场馆功能，理清教育目的

栖霞少年民防教育馆的建立，一是为增强青少年学生的安全意识、提升其"自救防护"能力提供了一个很好的体验平台，使青少年开阔视野，拓宽知识领域，让学生更加珍惜生命，感恩社会。二是为了锻炼青少年在复杂环境中的随机应变能力，有利于提高他们应对各种灾害的防护能力和技巧，促进青少年全面健康成长。三是让在校学生学好现代人民防空知识，增强国防观念，培养其爱国主义精神，加强组织纪律性，提高身心素质。四是普法宣传功能。发挥了向周边社区居民的辐射作用。通过向居民普及民防知识，提高了全民防护素质与国防能力，为周围社区提供了一个很好的安全法制教育基地。

二、提升硬件水平，突出教育主题

该校根据民防工作的特点，结合学校实际，以主题教育的形式设计了不同的展区。

1.序厅：拱形浮雕主题墙向来访者展示了馆名、馆标以及"居安思危"、"转危为安"、"乐业安居"、"国泰民安"、"安全课堂"等五大主题展区的名称。参观者可以通过主题墙详细地了解民防教育馆的主题与格局分布。

2."居安思危"展区：展区以震撼的场景设计、写实照片等技术，回溯百年以来国内外发生的重大自然及公共安全事故，让人们感受灾害的触目惊心以及巨大的破坏力。参观者还可以通过观测口观看崩塌、泥石流、火山等灾害发生时的情况。

3."转危为安"展区：当灾难来临时，很多人因为缺乏安全知识，让原本可以避免的悲剧一再地发生。转危为安展区可以让人们更深刻地了解人类居住的地球，并教给大家在地质灾害、洪水、雷电等自然灾害中的一些防范措施。

4."乐业安居"展区：这个展区主要介绍城市公共安全系统，包括交通安全、社会治安、家居安全、食品卫生安全、消防安全等。

5."国泰民安"展区：国家的安全离不开国防事业，其中防空是很重要的一部分。空袭、核生化武器一旦来袭，就是一场巨大的灾难。了解防空知识，及早防范，是必要和必需的。这一展厅中 8 个图文板块代表了 8 个不同时间的防空历史。空袭发生，最重要的就是及时疏散和避险，南京地下分布的不少防空洞能够在空袭发生时保证我们的生命安全。

6."安全课堂"展区：该展区主要让学生在互动游戏中认识安全、体验安全、掌握一些常见的安全防范技能及自救互救措施等，帮助孩子提高应对、处理危机中突发伤害的能力。

三、开展实践活动，增强教育实效

1.开馆仪式

为增强栖霞区青少年的人防意识和安全意识，让其学会简单有效的应急防护自救方法，南京市人防办投资建设的南京栖霞少年民防教育馆于 2012 年 12 月 20 日正式投入使用，并举行了开馆仪式。栖霞少年民防教育馆突出知识性、趣味性、参与性和互动性。为了让参观者更好地了解相关知识，该校选拔并培训了少年民防教育馆小讲解员。开馆仪式上，6 位小讲解员分别对"居安思危"、"转危为安"、"乐业安居"、"国泰民安"和"安全课堂"等主题展区进行生动的介绍：讲解影响人类生命安全的自然灾害、战争灾害及事故灾害防范知识，

并引导参观者们参与体验区的活动。

2.接待参观

该馆每月接待各年级的学生参观,接受民防教育。除此之外,该校还接待兄弟学校和其他单位的参观。2013年1月26日下午,伯乐中学组织部分学生走进南京栖霞少年民防教育馆进行参观。该校6名小讲解员为他们的大哥哥大姐姐们介绍了相关的人防安全知识。2013年2月26日,栖霞区司法局及栖霞街道部分负责同志到该校参观栖霞区少年民防教育馆。栖霞少年民防教育馆的建设得到了司法局周朱伟副局长及相关参观人员的一致肯定,并希望该校充分利用好少年民防教育馆这个平台,继续发挥它的教育、服务功能,使更多的孩子、更多的家庭受益,从而提高整个社会的安全防护能力。

3.逃生演练

根据学校实际情况,摄山星城小学将防空知识教育与实践相结合。学校每一学年定时做好消防演练工作,上学期主要是针对火灾发生时的逃生演练,下学期则是侧重地震发生后的逃生工作。经过测试,该校1250名小学生从教学楼成功撤离到安全区域所用的时间不超过5分钟,极大地保障了学生的生命安全。这与平时对学生的安全教育工作是分不开的。该校希望通过这一教育基地普及人防知识,推广民防技能,让师生和居民在观看与体验中了解掌握民防相关的知识和技能,让大家能够更加珍惜宝贵的生命。

栖霞少年民防教育馆的建成,有利于摄山星城小学师生更好地了解民防安全知识。学校充分开发利用这一场馆资源,为学校师生服务的同时,也将服务区内其他学校和各界团体,以提高群众的民防意识,预防灾难事故的发生,使学校成为青少年健康成长的快乐家园。

学校:南京市栖霞区龙潭中心小学
执笔:吴兴林

案例三

龙潭中心小学特色教学资源的开发与利用

龙潭中心小学作为南京市小班化教育示范学校,把小班化教学倡导的"五个百分百"作为特色教学资源加以开发利用。这"五个百分百"为:百分百发言、百分百互动、百分百展示、百分百激励、百分百收获。小班化的课堂应该是"面向每一个"的"全纳"课堂。怎样在课堂教学中有效落实小班化"五个百分百"的要求?该校将课堂教学分解成"建标、探标、验标"三个环节和板块,以自主学习、合作探究、交流展示、评价激励为主要形式,形成了一套"目标导学"的操作模式。

一、操作环节

(一)建标≤7(分钟)

小班化课堂教学落实"五个百分百"的基础是了解儿童,研究儿童。以学定教,了解学情是课堂教学的基点。每节课前,教师都要弄清学生的原有基础、学习兴趣、个体差异、疑难困惑等,确立教学目标,优化教学设计,让教学内容更贴近学生实际,从而取得更佳教学效果。

步骤一:学前交流

①组内交流,全体参与,达成共识:已会的、基本会的、不会的。

②教师巡视,小组汇报,达成共识:已会的、基本会的、不会的。在此过程中保证100%学生在小组或班级内发言一次。

步骤二:共建目标

根据诊断交流,师生共同明确本节课的教学目标。

(二)探标≤25(分钟)

步骤一:自主学习

课堂的重点不在讲,在于引导学生去体验,引导学生主动获取知识。只要学生能自己学会的,就让学生去自学;只要学生能思考的,就让学生去思考;只要学生自己能得出结论的,就让学生自己去得出结论。

①根据教学目标,确定自学内容、自学要求、自学方式、自学时间。

②学生根据要求,利用一切辅助资料,独立阅读文本,采取勾画批注等形式完成自学要求。100%学生参与。

步骤二:合作探究

采用小组合作的形式,主动地对自主学习中的难点、疑点进行探究。特别

是对小组提出的有价值的重点问题或解决不了的问题，要组织全体学生通过相应的方式积极探究，在质疑探究中培养学生发现问题和解决问题的能力。

①小组交流难点和疑点，合作攻关。小组内成员合理分工，保证100%的学生参与和互动。

②小组提交解决不了的难点和疑点或有价值的问题，班级协作攻关。

步骤三：交流展示

创设活动情境，避免一问一答的上课形式。组织学生开展不同类型的师生互动、交流展示、竞赛评比等课堂活动，有效调动学生的学习积极性，形成活动、活泼、活跃的课堂气氛，让小组展示自己的学习成果。

①每个学生在小组内交流展示自己的学习成果。

②每个小组在班级内交流展示自己的学习成果。在此过程中保证100%学生在小组或班级内交流展示一次。

步骤四：精讲归纳

教师是学生学习活动的组织者、引导者与合作者，要对一些难以解决的共性的问题，做精讲和点拨。精讲时要语言精练，讲思路，讲方法，讲重点和难点，要使学生从中解除迷惑，领悟道理，发展思辨能力。

（三）验标≤8（分钟）

步骤一：分层达标

正如世界上没有完全相同的两片树叶一样，世界上也没有两个完全一样的学生，每一个学生的个体差异是客观存在的。教师应根据教学目标，精选精编题目。注意题目内容的覆盖性，形式的多样性。不仅要承认个别差异，而且

要尊重个别差异,分层作业,当堂完成。让每个学生都能发展,都能差异化达标。

①分层作业,当堂完成。

②当堂反馈,对达标的学生给予表扬性的评价,对不达标的学生给予激励性的评价,并采用组内互助的形式辅导。保证100%的学生都能得到表扬或激励性的评价。

③对组内辅导仍然未达标或学习有困难的学生进行个别辅导,保证100%的学生都有发展,都有收获。

步骤二:激励评价

在学生达标练习后,对每个学生课堂上"五个百分百"情况以及分层练习达标情况做出及时而准确的评价。教师的评价要准确、客观,利于引导学生。教师的评价要真诚多样,要善于调动学生。评价语言应以激励性、针对性、导向性为主。评价采用A、B、C等级评价制,自我评价、小组评价和教师评价相结合,用评价表的形式进行反馈。

①自我评价,填写评价表。

②小组评价,填写评价表。

③教师评价,填写评价表。

二、操作提示

1.以学为主

学生是学习的主人,教是为了学,教应该服务于学。课堂应确立以学生学习为中心的方式,强调学生学习过程的幸福感。教师应该带着学生发现问题,引导学生解决问题,实现从以教为主到以学为主的转变。

2.先学后教

先学后教强调教学的重点放在学生的学上,鼓励学生先自主学习,指导学生开展合作学习和探究学习,使教师的教更具针对性、启发性,通过高效的师生互动,实现师生的共同成长。

3.以学定教

以学定教就是根据学生的预习情况、学习进展、学习需求,确定合适的教学目标、内容和方法,将教师教的思路与学生学的思路动态地融合到一起,使教学的内容与方法符合学生的心理特点和认知规律。

4.情境创设

教师应根据不同的学科特点,采用多种方式创设有利于学生学习的情境。可以用生动的语言描绘情境;用实物图片创设情境;用多媒体丰富情境;用角色表演走进情境;还可以组织活动化的情境。

5.信息辅助

教师应基于小学生以具体形象思维为主的特点,在课堂中把信息技术应用和学科教学有效整合,发挥多媒体教学、电子白板教学、移动平板教学和网络学习的优势。激发学生的学习兴趣,提高学习效果。

学校:南京市栖霞区龙潭中心小学
执笔:吴兴林

本章撰稿:李大林　吴兴　宋福云

参考文献

① 张谦,潘婷立,等.我国高校教育资源共享现状研究.科学咨询,2012 年(22).

② 程振响,季春梅,等.编著.特色学校创建的理论与实践.高等教育出版社,2012 年.

③ 李枭鹰.教育资源.广西民族大学

④ 李枭鹰.教育资源.广西民族大学

⑤ 邹琪.义务教育区域均衡发展下教育资源的有效配置——以苏北楚州区为个案分析.上海经济研究,2009 年(1).

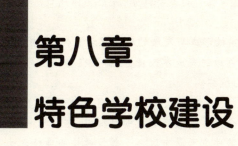

第八章
特色学校建设

第一节　特色学校建设的内涵分析与文献研究

一、"特色学校"的定义

要理解特色学校建设的内涵,首先必须了解什么样的学校才能称得上是"特色学校"。国内绝大多数研究"特色学校"的理论文章中都对"特色学校"这一概念作过界定或讨论研究,并且不同的研究者从不同的角度、不同的层面提出了不同的见解,近年来比较主要的定义有:

所谓特色学校,是指在全面贯彻国家的教育方针,面向全体学生,全面提高教育教学质量的前提下,充分发挥本校的优势,选准突破口,以点带面,不懈努力,逐步形成自己学校的独特风格。

——王承铎:《特色学校管窥》,《中国教育学刊》

特色学校是指学校在长期的办学过程中,所表现出的有别于其他学校的独特的办学风格、独到的教育思想、鲜明的教学手段。

——赵福庆:《特色学校建设刍议》,《教育研究》

学校在保证完成义务教育的阶段的基本要求前提下另外增设了新的课程

或是加大了某些课程教育内容的量;在教育教学活动安排上,提高了某些教育的标准;在某些教育教学设施与设备的购置上超过了中小学的一般要求,使学校在某些方面形成了特有的优势。

——邢真:《学校特色不等于特色学校》,《中小学管理》

特色学校是指学校在教育发展过程中,从实际出发,创造性地贯彻教育方针,形成其具有特有的教育思想为核心的办学体系,并被全体成员所内化的具有稳定个性和风格的学校。

——马联芳等:《特色学校形成与发展的理论思考》,《上海教育科研》

特色学校是对办学中能出色地的完成学校任务,而又在整体上具有独特、稳定、优质的个性风貌的学校的统称。

——李保强:《试论特色学校建设》,《教育研究》

特色学校一般是指那些在全面贯彻教育方针的过程中,在办学主体刻意的追求下,在较长的时间内,在某些方面具有区别于其他学校的独特之处,形成比较稳定的鲜明个性风格,成绩卓著,社会公认的学校。

——郑友训:《特色学校诠释》,《中国教育学刊》

以上定义从各自角度出发,能够比较精确地对"特色学校"这一概念做出解释,突出"特色学校"的"属性"是学校,"差性"是特色。由此,我们界定"特色学校",首先应从它的"属性"来定义,即特色学校是一类什么学校,从"差性"来区分,即特色学校的区别在哪。综合以上学者的不同界定,我们认为特色学校的界定务必把握两个基本点:一是独特性,二是育人效果。在他人对"特色学校"这一概念界定的基础上,特色学校这一概念可以界定为:在办学主体的刻意追求下,经过较长的教育实践活动逐渐形成具有较高办学水平,育人效果显著,且呈现整体风格独特的学校。

二、特色学校建设的内涵特征

从特色学校的外延来看,它具有独特性、优质性、整体性和稳定性几大特征,而这些特征也成为特色学校建设的内涵特征。

1.独特性。独特性是特色学校建设的核心特征。独特即指与众不同、独树一帜。独特性主要指学校整体风格的独特,一般由校园文化体现出来。具体主要可以表现在学校的人和物的两大方面。其中"物"的独特性又可表现在三个层面:第一层面为实物层面。具体表现在学校的建筑物、教学科研设备、花草树木等等硬件设施方面。第二层面为制度层面。具体体现在学校的规章制度等管理制度方面。第三层面为价值观念、办学思路层面,其中以第三层面为主和根本。"人"的独特性又主要表现在校长、教师、学生这三方面,其中学生的独特个性是特色学校建设所追求的目标。

独特性的本质便是个性。个性是一事物区别另一事物的外在表现形式,也是事物差异性的体现;我国所称之为的特色学校在国外也称为个性化学校。一所学校之所以能够称之为特色学校也即这所学校从外在强烈地张扬出其鲜明个性,让人极易辨别。每一所学校本身具有其与众不同的独特个性,但长期以来我国中小学教育强调的是统一,压抑学校个性的发展,由此形成我国学校千面一孔的格局。在这种教育环境下我国学校难以意识到发挥学校特色的重要性,也就难以创办特色学校。

2.优质性。辩证唯物主义认为,事物质的规定性是一种事物区别于另一种事物的依据。"特色"是指优质事物的规定性,它是区别于优质事物与非优质事物的依据或特征,它代表着事物完善和发展的方向。"特色学校就是优质的学校行为过程及活动的良好结果。"因此,我们可以认为优质性是特色学校建设的本质特征。

如果说独特性是从特色学校的多样性角度来说,那么优质性主要是指特色学校是教育质量优质,办学特色成功,为外界社会所认可,能够得到上级教育行政部门、各类兄弟学校和学生家长的认可并作为成功范例加以宣传。

3.整体性。现代系统论认为任何事物都可以作为系统而存在,系统的一个主要特征便是它的整体性。分析任何系统我们都应从它的整体入手,关注系统各局部之间的相互联系和相互影响。特色学校建设的整体性特征主要体现在以下两点:首先,任何特色学校的创建都是以发挥本校优势,以点为突破口而开始的, 这就要求我们从整体出发注意处理好特色子系统与其他子系统之间的协调发展。不能为了片面的发展学校特色而牺牲其他部门,同时其他部门也应支持特色部门的发展。其次,特色学校的特色不能只停留在某点或局部,而应通过以点带面、以局部促整体形成整体的综合的特色。特色学校如果不能形成这种整体的、综合的、全面的特色便不能称之为特色学校,而只能称之为特点学校或具有办学特色的学校。

4.稳定性。特色学校是在遵循教育规律和经过长期的教育实践中逐步形成的,它的形成有一定的历时性,不是一朝一夕就可以完成的。特色学校的特色成熟后便相对稳定下来,它的这种稳定性主要表现在两个方面:第一,特色办学思想、办学目标的确立将在一定时期内不会改变,它不会由于学校人员,主要是领导者的变动而改变,当然也不会由于其他因素的影响而轻易地发生变化,具有一贯性。第二,稳定性的另一方面表现为特色学校的特色形成后,在社会上能够产生较长久的正面影响,在一定的时空范围内不会有质的变化,这也可以说是特色学校的名牌效应。当然,稳定是相对的,变化才是绝对的。特色学校建设的这种稳定性特征也是相对的。

随着社会的发展、新环境的不断出现,特色学校原有的特色如果不加以提升、完善或转变则会失去其特色,因此特色学校应具有较强的环境适应性。

5.和谐性。特色学校建设的和谐性特征主要指对人才培养上的和谐,这种和谐主要表现在以下两个方面:首先,特色学校也和其他学校一样,承担我国基础教育的任务,也必须贯彻和执行国家的教育方针政策,实现我国基础教育目标。目前我国基础教育要求中小学实施素质教育,因此和谐性的第一方面就是培养学生德、智、体、美各育得到和谐的发展,不偏废某方面的发展,这也即全面发展内部之间的和谐性,也就是培养合格的人才。其次,和谐性的另一方面是学生特长、个性培养与全面发展之间的和谐。特色学校要抓好全面素质的培养为学生打好基础,同时每一个学生的兴趣爱好、能力潜质等有着较大的差异性和多样性,因此特色学校必然要培养学生的特长与个性,这也要求正确处理好二者的和谐发展。

三、特色学校与办学特色

在创建特色学校的过程中,办学特色和特色学校是研究人员经常使用的两个概念。办学特色和特色学校也就成了这一领域的两个最基本的概念。创建特色学校的理论体系都须建筑在它们的基础之上,区分这两个概念是理论研究和从事实践活动的需要。

"办学特色"这一概念应取自于《中国教育改革和发展纲要》中提出的"……各中小学……办出特色……"。从某种意义上说,"特色学校"这一概念也是由它衍生出来的,因而这两个概念之间有着必然的联系,同时它们也有着鲜明的区别。

对于这两个概念的争论,大约可以总结为三种观点:第一种观点认为这两个概念没有区别,它们之间可以相互替换使用,它们只是对同一事物的不同称呼方式,因而也就没有必要对其进行区分。第二种观点认为两者之间没有本质的区别,但有层次的不同,即两者是同质不同度的两个概念,也可以说办学特色是特色学校的一个下位概念。第三种观点认为两者之间有本质的区别,是两个完全不同的概念,不可以混用,对它们应作严格的区分。

我们赞同第二种观点,即认为特色学校与办学特色在内涵上,也就是本质上应该是没有区别的,它们之间有着必然的联系,它们之间的区别在于程度的不同,应该说是同一种办学战略的不同发展程度。这种联系和区别可以通过分析两概念所具有的特征之间的同异反映出来,下面我们先简要分析两者之间的相同之处:

1.二者都强调学校的独特性。无论一所学校是被承认是特色学校还是具有办学特色,都说明这所学校有着明显的与众不同,散发出一种独特的个性。

2.二者都强调学校教育的优质成功性。两类学校都具有较高的办学水平和教育质量,并且能够得到社会各界的认可,具有良好的社会声誉,能够为社会培养多层次、多样化的人才,都有利于学生特长个性的培养。

3.二者都强调学校特色形成的稳定性。都强调学校特色的形成需要较长时间,具有一定的历时性。学校的特色战略的执行不会发生轻易的改变。学校的特色成熟后在一定时期内也不容易发生变化。

两者的区别主要表现在学校的特色的成熟是以点的形式还是以面的形式。由此我们也可以把特色学校认作是办学特色的一个上位概念。这可以通过以下两点来说明:

1.整体性。是否具备整体性这一特征是区分这两个概念的关键所在。特色学校必须要求学校形成一种整体的、全面的、综合的特色,它的这种特色应该能够在学校工作、生活的各个方面都反映出来,而不是某点的特色或局部特色。与之相反,办学特色更突出抓住学校某点或局部的特色,特别是教学特色进行建设,它并不强调形成学校的全面特色。但具有办学特色的学校经过提升可发展为特色学校。因此我们可以说办学特色是特色学校的一个下位概念,它们的区别在于同质不同度。

2.和谐性。特色学校建设的和谐性可以表现为两个方面:全面发展各育之间的和谐,全面发展与培养特长之间的和谐。特色学校处理这两方面的和谐能够做到更自觉、调和力更强。而具有办学特色的学校在处理培养学生特长和全面发展时容易走向偏差,即为了片面的发展学生的特长而牺牲其他方面的发展,为了突出学校特色部门而牺牲其他部门。由此也可能使学校的办学性质与办学方向发展改变,使学校办成特长学校或专业学校,这便违背了我国基础教育的性质。

第二节 特色学校建设的研究历程与操作细则

一、研究历程

长期以来,栖霞区以陶行知"生活教育"和"六大解放"等教育思想作为教育发展的理念,取得了许多陶研的成果,推进了学校的特色发展。陶行知纪念馆就坐落在栖霞区,成为学生实践的基地;十月军校作为全国陶行知研究会培训基地,自 2008 年以来,先后举办十几期中国陶行知研究高级研修论坛,这些都为开展陶研活动提供了丰富的资源,更为形成各学校的办学特色提供了开阔的思路、厚实的理论基础和实用的方法指导,为特色项目的研究和特色学校建设的研究打下基础。

在特色学校建设的研究过程中,栖霞区采取了"点上试验、面上推进"的策略。2013 年,区教育局徐观林局长领衔的"'新三基'引领下区域推进特色学校建设的策略研究",成功申报并被批准为南京市首批小学内涵发展重点规划项目。该项目由教育局整体推动实施研究,下设特色环境建构、特色活动研究、特色教师建设、特色课程研究、特色资源建设、特色教学研究 6 个子项目。

在此项目平台上,栖霞区重点做好 6 所学校的"点上试验",每所学校引领一个子项目,牵头实施研究。其中,南京市栖霞区实验小学承担了特色环境建构的研究;南师附中仙林学校小学部承担了特色活动的研究;金陵中学仙林分校小学部承担了特色师资建设的研究;南京市栖霞区八卦洲中心小学承担了特色课程的研究;南京市栖霞区龙潭中心小学承担了特色资源建设的研究;南京市晓庄学院附属小学承担了特色课堂的研究。

这些承担子项目研究的学校定期召开"项目研究推进会",汇报研究计划,分享研究成果,交流研究经验,取得了丰硕的成果。在 6 所牵头学校研究成熟的基础上,区教育局再从"面上推进",让全区每一所学校都参与到项目研究的进程中,使特色学校(项目)的创建更具层次和品味,进而提升全区教育内涵发展水平,增强学校教育改革创新活力,并在此基础上推进特色学校建设的研究,形成各学校发展的个性品牌。

二、操作细则

栖霞区教育局牵头组织专家制定了三大方面 12 项指标的《栖霞区中小学特色学校评估标准》,同时制定了周密的特色学校评估方案。评估采用学校自评申报,区教育局材料初审、现场答辩及现场展示评审,合格命名,三年复评的形式,对于认定的栖霞区特色学校,予以 20 万元的奖励。特色学校评估方案和评估标准,对栖霞区各中小学校来说,不仅是评估方面的文件,更是在推进特色学校建设时具有很强指导性和实用性的操作细则。

栖霞区中小学特色学校评估方案(试行)

为了全面实施素质教育,促进义务教育优质均衡发展,推进全区特色学校建设,特制定本评估方案。

一、指导思想

以科学发展观和现代教育理论为指导,以形成先进的办学理念为核心,以学校文化建设为重点,以创新为动力,坚持分步实施,分层推进,不断优化学校管理,提升学校核心竞争力,促进学校内涵发展,形成特色立校、特色兴校、特色强校的良好发展态势,推动区域义务教育优质均衡发展。

二、评估范围

在特色学校创建工作中,取得明显的创建成果,达到特色学校基本条件的义务教育阶段学校,均可申报特色学校评估。

三、评估程序

1.自评 学校对照评估标准进行自评,自评达到 90 分以上,于当年的 7 月 10 日前向区教育局提交评估申请、自评报告及评估材料。

2.初评 由区教育局基础教育科牵头,成立专家评估组,于当年暑假期间对申报学校的材料进行审核,并组织现场答辩,符合条件的下达评估通知书。

3.评估 评估组对下达评估通知书的学校于当年的 10 月份进行评估。特色学校创建评估本着"达标一所评估一所,宁缺毋滥"的原则,坚持标准,严格把关。

4.命名 区教育局根据评估结果,对符合评估标准的学校授予"栖霞区××××特色学校"或"栖霞区××××特色项目学校"称号,并分别给予一次性 20 万或 10 万奖励。

5.复评 "栖霞区××××特色学校""栖霞区××××特色项目学校"称号有效期三年,有效期满后,区教育局对授牌学校进行复查。对在办学过程中有严重违规行为或不能坚持自己办学特色的学校,将取消相关称号。

四、评估办法

1.由专家评估组对照特色学校评估标准,逐项进行评估,确定基础分数。

2.由专家评估组和部分校长、骨干教师代表组成的群众评估组,深入被评估学校的各项活动中,亲身体验,形成整体印象,确定整体印象分数(专家评估组占整体印象分值的70%,群众评估组占整体印象分值的30%)。

3.通过对特色学校建设相关内容的现场答辩,体察学校对特色学校建设的理解和认识,感受学校的文化内涵和深远影响,以此评估特色学校建设的深度和影响程度,形成综合评价意见。

4.区教育局根据特色学校评估所得基础分数、整体印象分数以及综合评价意见,确定评估结果。

栖霞区中小学特色学校评估标准(试行)

A级指标	B级指标	C级指标	分值	自评分	考核办法
A1 理念与规划(20分)	B1办学理念(10分)	C1 学校有先进的办学理念、清晰的办学思路和科学的办学策略,牢固树立"特色立校"观念。	5		1.听汇报;2.座谈。
		C2 学校特色着眼于学生的全面发展、终身发展,是基于学校文化积淀、办学传统、校情校史的深刻把握。	5		
	B2 目标规划(10分)	C3 有学校特色建设总体规划和年度实施方案。	5		1.查阅资料;2.座谈。
		C4 学校特色建设目标定位准确并落实于学校各部门工作之中,有计划地开展特色教育活动。	5		
A2 组织与实施(40分)	B3 组织保障(10分)	C5 成立校长为组长的领导机构,将特色建设列入重要议事日程,建立并落实推进特色建设的制度和保障措施。	5		1.查阅资料;2.座谈;3.实地查看。
		C6 拥有能够满足特色学校建设需要的设备设施,充分发挥其应有的教育作用。	3		
		C7 每年投入一定经费,满足特色学校建设的需要。	2		

(续表)

A 级指标	B 级指标	C 级指标	分值	自评分	考核办法
A2 组织与实施 (40 分)	B4 队伍建设 (5 分)	C8 校长注重学习,牢牢把握现代教育发展方向,在特色学校建设中起到引领和示范作用。	2		1.查阅资料; 2.座谈。
		C9 有相应的教师培训计划和激励措施,有效提高教师特色建设的专业素养,不断适应特色学校建设发展的需要。	3		
	B5 教育科研 (5 分)	C10 将学校特色建设列入教育科研的重要内容,结合实际确立特色建设研究课题,研究成果能指导并运用于学校的特色教育实践。	5		1.查阅资料; 2.座谈。
	B6 课程建设 (10 分)	C11 充分利用校内外各种课程资源,丰富国家课程,努力开发与实施体现学校特色的校本课程。	5		1.查阅资料; 2.座谈; 3.听课。
		C12 把特色学校建设渗透于各门学科的教学之中,课堂教学基础扎实,特色鲜明。	5		
	B7 校园文化 (5 分)	C13 围绕特色学校建设目标,创设校园环境,开展丰富多彩的活动,初步形成个性鲜明、与特色相匹配的校园文化,至少有一个全区知名的特色项目。	5		1.查阅资料; 2.实地查看。
	B8 普及程度 (5 分)	C14 特色学校建设工作得到师生的普遍认同,知晓率 95% 以上,学生参与面 90% 以上。	5		1.查阅资料; 2.师生问卷。
A3 结果与成效 (40 分)	B9 学生发展 (10 分)	C15 特色学校建设促进了学生素质的全面发展,60% 以上的学生长期参加能体现学校办学特色的社团活动。	5		1.查阅资料; 2.座谈; 3.观摩学生活动。

（续表）

A级指标	B级指标	C级指标	分值	自评分	考核办法
A3 结果与成效（40分）	B9 学生发展（10分）	C16 20%以上的学生开始显露自己的个性特长,学生在区级以上(含区级)各项活动中表现突出。	5		
	B10 教师发展（10分）	C17 特色学校建设推动了教师专业发展,60%以上的教师教育教学特长得到张扬,逐步形成了有一定个性特长的教师群体,拥有一批知名度较高的特色教师。	10		1.查阅资料; 2.座谈。
	B11 学校发展（10分）	C18 特色学校建设提升了学校的办学水平,推动了素质教育的深入开展,形成了独特的"校风、教风、学风",学校的教育教学质量不断提升。	10		1.查阅资料; 2.实地查看。
	B12 社会评价（10分）	C19 特色学校建设研究成果成为区内典范,得到上级主管部门的肯定和表彰,工作经验和做法在区以上范围交流和推广。	5		1.查阅资料; 2.座谈。
		C20 特色学校建设成效被学生、家长和社会认可,被各种社会媒体宣传报道。	5		

在特色学校的评估过程中,我们坚持了多元主体参与式评审的做法:

1.组成由专家评估组和部分校长、骨干教师代表组成的群众评估组,深入到被评估学校的各项活动中,亲身体验,形成整体印象,确定整体印象分数。其中,专家评估组占整体印象分值的70%,群众评估组占整体印象分值的30%;

2.通过对特色学校建设相关内容的现场答辩,体察学校对特色学校建设的理解和认识,感受学校的文化内涵和深远影响,以此评估特色学校建设的深度和影响程度,形成综合评价意见;

3.评估采取"自评—初评—评估—命命—复评"的程序进行。评估时,重视各参评学校的自主个性化展示,同时强调特色学校创建评估本着"达标一所评估一所,宁缺毋滥"的原则,坚持标准,严格把关。

经过几年的精心打造和细致实施,已初见成效。全区现有 34 所小学,80%以上的学校初步形成了学校自己的特色品牌,如盛世龙舞、玩转龙板、墨韵树人等一批特色项目,求真教育、灵美教育、阳光教育等一批特色学校在全区已具有了一定的影响力。在 2012 和 2013 两年中成功创建特色学校 3 所,特色项目 8 个。目前,特色学校创建工作已延伸到初中,全区 11 所公办初中学校中,2013 年创建特色学校 1 所,特色项目 1 个。特色学校建设的推进,调动了各校办学的积极性、主动性和创造性,为栖霞教育的发展注入了生机与活力,也赢得了社会的广泛好评。

为打响栖霞特色教育在国内的品牌知名度,栖霞区不断推进建立特色学校联盟的工作,广泛邀请省内外知名特色学校加入联盟。联盟学校既借助特色资源网络平台进行网上交流,也定期组织现场交流。通过这一平台的搭建,进一步扩大了栖霞教育在省内外的影响。目前已建立的联盟有晓庄学院附小牵头的"行知学校联盟",而龙潭中心小学正在牵头实施成立的"港口文化学校联盟",以及其他学校的构想,都将成为栖霞教育特色建设中有价值的独有资源。

第三节　特色学校建设及其案例分析

八卦洲中心小学：用"鹬岛文化"打造特色学校

栖霞区八卦洲中心小学地处万里长江第三大岛——八卦洲。"一江春水将绿绕,举头远眺是二桥。芦蒿马兰随处见,喜鹊斑鸠满地跑。"这就是驰名遐迩的"江中鹬岛"——八卦洲的生动写照。"鹬岛"不仅有美丽的洲景,还有很好的生态,处处鸟语花香,宛若镶嵌在浩浩长江之中的一颗璀璨的明珠。基于具有八卦洲地域特色的"鹬岛文化",八卦洲中心小学拉开了全面推进特色学校建设的"大幕"。

一、"鹬岛文化"——理念篇

卢梭认为,自然教育的核心是教育必须遵循自然,顺应人的自然本性;苏霍姆林斯基的教育理念中最集中的也最深刻的一个观点是要把青少年培养成为"全面和谐发展的人,社会进步的积极参与者";中国近代教育家陶行知先生认为"生活即教育",生活无时不含有教育的意义。

"鹬岛文化"的理念正是在学习、借鉴、融合、传承卢梭"自然教育"、苏霍姆林斯基"全面发展"、陶行知"生活教育"等教育思想上而形成。这些教育大家的教育思想引领着学校的教育实践。"鹬岛文化"的特质是淳朴、自然、美丽、自由,充满野韵和活力,体现了学校教师、学生所特有的品质,反映了学校所倡导的办学风格,同时也阐明了学校所追求的教育目标。

在"鹬岛文化"的引领下,学校逐渐形成"善·上"的校训,"淳·美"的校风,"渔·真"的教风,"活·趣"的学风,以及"为学生成才奠基,为教师成长服务,为学校发展改革"的办学理念。

二、"鹬岛文化"——环境篇

学校是孩子们成长的家园,学校以"自然"为基石,以"文化"为原料,以"野韵"为蓝图,打造着属于孩子们的美丽而自由的小天地。

1.生态校园

走进校园,你就会被一份绿意环绕,翠竹、松柏、紫藤、水杉、山茶等绿色植物多达30多种,郁郁葱葱的林木之间山水亭榭隐约可见,形成了如园林般的十大景观。岛上的孩子爱水,悠悠绵长的内河如母亲般呵护着他们的成长,在

"母亲"的怀抱里,孩子们流连忘返。"紫藤诗廊""诗缘亭"中,"小诗人"们吟唱着对家乡的眷恋;"印象画廊""绘心榭"里,"小画家"们用画笔勾勒鹏岛动人的画卷;"碧波鼓廊"回荡着流水潺潺的旋律;清澈的"水韵池",鱼儿嬉戏清晰可见,"一条、两条、三条……"纯真的童音是对知识的渴望;"江桥壁画"抒发着孩子们如大江般广阔的情怀,塑造着孩子们甘为桥梁的奉献精神;"欢乐腰鼓"释放着青春的热情和活力;"太极墙"上映衬着孩子们的飒爽英姿;"田园野趣"是"小科学家"们梦想的实践场,孩子们迈开步子,甩起膀子,参与其中,乐在其中,收获着自信,收获着成功。

2."完美"教室

走进学校的"完美"教室,处处散发着鹏岛文化特有的气息:"春芽班"、"三叶草班"、"白鹭班"、"牵牛花班"、"青青翠竹班",每个班的名字都别出心裁,师生们从鹏岛的自然景物中汲取灵感,生发智慧。这里的"芽",已不是普普通通的芽,而是不断向上,锐意进取的"芽儿",这里的"草",不是普普通通的草,而是健康成长、追求幸福的"小草";这里的"鸟",不是普普通通的鸟,而是崇尚自然、向往自由的"鸟儿",师生们在各自小小的家园里释放活力、发挥特长、展示才华,共同营造美丽的环境。

3.课程基地

目前学校已建成了"八野"种植基地,将来还要规划建设成占地 70 亩的大型"野趣园",分为养殖天地、种植天地、娱乐天地、生活天地。孩子们在"野趣园"中摸鱼、捉螃蟹、喂鸽子、拔萝卜、起花生,尽享"野趣",不仅培养学生动手实践的能力,科学探究的意识,而且提高学生生活自理的能力。

三、"鹏岛文化"——课程篇

在"鹏岛文化"理念的引领下,我校一方面能够较好地实施国家基础课程,另一方面又能开发符合地域特点的校本课程。

(一)基础课程

1.主题拓展

学校在保障国家课程优质实施的基础上,以主题性课程板块的建构实施对国家课程进行二度开发与拓展延伸。具体表现为围绕一个主题以教材为基点,整合相关的课外知识,形成更为丰富的微课程。

例如:苏教版语文四下教材第 20 课《古诗两首》中《小池》、《小儿垂钓》这两首诗充满了农村生活气息,写出了童真、童趣。诗韵的指导老师在教完这课之后,以诗中描绘的采莲、垂钓的场景为引子,让孩子们回忆有趣的田园生活,并尝试让学生创编属于自己的田园诗歌。

2.质量监控

结合学校的市级"十二五"规划课题"农村小学小班化教学会诊的实践研究",定期举行学业水平测试,针对存在的问题分析原因,做到问诊每一个、会诊每一科、提升每一个。力求使教师从教材使用、教育教学、学生心理、习惯等方面开展实践研究,关注学生的主体性发展。

(二)校本课程

根据八卦洲的地域特点,学校开发了"鸥岛野韵"校本课程,具体分为"六项课程",通过"三大行动"加以实施,旨在让孩子多一些野趣,多一些野味,多一些野韵。

1.课程内容

(1)鸥岛野韵之"八野情趣"

"八野"即芦蒿、马兰头、荠菜、枸杞、苜蓿、香椿、马齿苋、菊花脑。学校围绕"八野"建构八野情趣课程,让学生学会科学种植、绿色种植(例如:如何让芦蒿长得又粗又嫩,如何让野菜无污染,成为绿色蔬菜等。)用地方课、综研课、快乐周三等时间开展"八野情趣"系列活动,建立野韵研究所,让学生自己动手种植、管理、采摘、研究……在实践中认识、使用劳动工具,了解野菜的生长过程,做好田间锄草、施肥、浇水等管理;采摘各种野菜,学习烹饪,编写菜谱;了解病虫害的防治,尝试对野菜的嫁接、无土栽培……

(2)鸥岛野韵之"田园诗文赏析"

"鸥岛"之上,处处都是田园乡村风貌,充满诗情画意,为了让孩子走进田园,亲近自然,抒发热爱家乡的情怀,学校成立了"田园诗文赏析社",孩子每天诵读名家的田园诗文佳作,在教师指导下赏析、创作田园诗歌,提升田园诗文素养。

(3)鸥岛野韵之"儿童农民画"

身处鸥岛,耳濡目染,孩子们对"野"的绘画创作积累了大量素材。学校画韵社团的小画家们在儿童画工作室老师的指导下,用画笔表达着对家乡深深的眷恋之情。他们拿起手中的画笔,以充满童趣的视角,用农民画的独特手法描绘着乡村田园的自然风光,勾勒着农村生活,刻画着风俗人情。

(4)鸥岛野韵之"江水探究"

八卦洲为长江第三大岛,岛上水系纵横,河道交错。随着时代的发展,岛上江河、池塘的水质也不可避免地受到了破坏,为了让家乡的母亲河恢复往日的生机,江韵研究所的环保小卫士们在教师的指导下多次走出课堂,走进水利办、自来水厂参观学习,走近身边的大江与小河,进行环境调查、水样采集、水质分析,并尝试生物治理。

(5)鸥岛野韵之"小小建桥师"

临水而居,八卦洲的孩子从小就与桥结下不解之缘。立足洲上丰富的桥资源,桥韵研究所的小小建桥师们广泛开展各种社会实践活动:探索桥,探索桥的历史,认知桥的构造、受重原理、美学原理;制作桥,动手制作桥模型,体验造桥的艰辛和快乐;设计桥,亲手设计纸桥,进行纸桥的承重比赛,比拼创作的智慧……

(6)鸥岛野韵之"和悦太极"

八卦洲居民崇尚太极拳运动,追求和谐自然之美,愉悦身心之效。因此八卦洲又名"和悦之洲"。学校尝试引入"太极"资源,结合"和悦"之名,成立了和悦太极——拳韵社团。社团的小拳手们在社团活动课上,学习太极拳的历史和文化知识,勤练二十四式简化太极拳。学生在刚柔并济、动静结合中感受太极的和谐之美。

2.课程建设行动

(1)学科建设行动

学校自主开发了《江韵》、《桥韵》、《野韵》、《拳韵》、《诗韵》等校本课程。

(2)活动建设行动

学校有面向全体的"鸥岛野韵"系列社团活动,还有自主选择参与的"鸥岛野韵"小小研究所活动。

(3)E学建设行动

学校网站上专门开辟"鸥岛野韵"课程平台,与实际的"野趣园"相对应,再建一个虚拟的"网上野趣园",借助网络,开辟江鲜园、野鸟园、野菜园、庄稼园、民俗园等。

学校网络应用平台上建立学习资源库,教师定期将教学中的重难点内容的讲解过程拍摄成微视频上传到学校网站,学生可以在家进行自主学习。

学校网站上建立师生互动平台,师生可以通过互动平台相互交流学习中的问题。

四、"鸥岛文化"——课堂篇

课堂是学生学习的主阵地,是提高教学质量的最重要的途径;课堂是教师育人的主渠道,是培养学生习惯,张扬学生个性,提高学习力,净化师生心灵的"教育方塘"。一直以来,学校努力追求风格上朴实,氛围上生动,效果上优质的淳美课堂。淳在教师的语言;淳在扎实的训练;淳在有效的参与;美在准度,内容精心选择;美在深度,设计独具匠心;美在温度,学习兴趣浓厚。围绕这一课堂核心理念,通过近几年的课堂教学实践,学校的课堂渐渐形成了以下四点特色举措:

1.百分百作业档案

作为学生,几乎每天都会有作业。作业已经成为学生学习生活中一项必不可少的任务。然而,这份司空见惯的任务,只要合理利用便可以成为一种很好的教育资源。我们引导学生将平时的各类作业收集起来,装入作业档案袋中。优秀的作业、得意的作品定期在班级里展览,一方面是给学生提供展示自我的机会,另一方面也是给其他同学树立了学习的榜样。对于出错的题目鼓励学生收集起来,整理出"错题集",及时订正,举一反三,复习时再次拿出来进行针对性地巩固强化,起到了意想不到的效果。

2.百分百当堂反馈

反馈是教学中不可缺少的一个重要环节,教学中如果没有反馈,学习的效果就会大打折扣,近几年的教学实践中,学校提出"当堂反馈"的要求,利用每节课的最后5~10分钟对学生一节课的所学内容进行及时检测与反馈。这样做有利于教师全面、准确、及时地掌握学生学习的情况,有利于教师认真分析学生在学习中出现的问题,以便进一步改进自己的教学。

3.百分百小组互动

自主、合作、探究是新课程有关教学方面的核心理念,而小组互动学习,是形成学生主体性地位的有效教学方式,也是在我校极受学生欢迎的学习方式。教师根据班级学生的实际合理分组,控制每个小组的人数在4~5人,并根据学生的特点安排好组长、记录员、汇报员,并轮流担任。课堂上根据需要采用小组内互动与小组间互动等形式,组内有合作、有争议、有补充;组间有交流、有碰撞、有共鸣。小组互动学习较好地调动了每个学生的参与热情,让每一个学生都能得到不同程度的提升。一股互帮互助、互学共赢之风洋溢在整个学校的课堂。

4.百分百"自由时空"

理想的课堂应该有学生自由发挥的空间。在每一节课中,教师都安排一个自由的时间段给学生自由地质疑、交流、表达……在"自由时空"里,师生言语自由,思想自由,自由地彰显个性。同时,一节课下来,教师精心设计分层作业,由学生自主选择。鹏岛文化背景下的课堂诞生了教师、学生喜欢的"自由时空"。课堂上得到人性化关怀的这些学生就像一只只飞出笼的鸟儿,振翅翱翔在知识的天空,自由自在,放飞了思想,也张扬了自我。师生和谐共生,这就是"自由时空"的独特魅力!

四项特色举措的实施,折射出鹏岛文化背景下全新的课堂理念:朴实、生动、自由、主体。

五、"鹏岛文化"——活动篇

陶行知先生提出了"生活即教育"的教育思想,为学校构建鹏岛文化打下了坚实的基石,鹏岛文化理念下的活动开展遵循的正是生活与教育紧密结合的原则。学校努力让活动与自然携手,与自由相伴,与自主合作,培养学生自信、自强的生活品格。

学校根据鹏岛不同季节的特质与韵味,从孩子的兴趣爱好出发,挖掘出春、夏、秋、冬鹏岛文化四大节日。

春是万物复苏的季节,桃红柳绿,一片生机,正是踏青的好时节,"鹏岛小脚丫"远足节开始了,孩子们以班级为单位,自己设计路线,自己设计队旗,徒步环游美丽的鹏岛,行走中欣赏美景,释放心情;坚持中磨炼意志、塑造品质;记录中增长学识,体会成功。

夏是繁忙的季节,是生长的季节,"鹏岛小农夫"种植节走进了班级,同学们忙着播种、浇水、施肥、记录,绿色种植与科学观察,不仅培养了爱劳动会劳动的小农夫,还播下了科学探究的"种子"。

秋是收获的季节,"鹏岛小厨师"美食节隆重登场,瓜果蔬菜、锅碗瓢盆唱起了主角,"小厨师"们大显身手,"美食家"们大饱口福,在一盘盘色香味俱全的菜肴中,品尝着食物的美味,体会着劳动的快乐,提高着自理的能力,感受着生活的幸福。

冬是回忆的季节,"鹏岛小百灵"艺术节开幕了,"小艺术家"们用优美的舞蹈、动听的歌声、五彩的画笔、唯美的诗句、精美的照片……这些最美的"话语"展示着鹏岛学子的才华与魅力,抒发着对家乡的无限热爱。

六、"鹏岛文化"——管理篇

《现代中小学教育管理教程》中指出,"学校管理是指学校的管理者通过组织协调全体师生员工,充分发挥人力、财力、物力的作用,充分利用各种资源和校内外的有利条件,高效地实现学校办学目标的活动过程"。为了更好地打造"鹏岛文化"特色学校,学校着重从培养特长学生,打造特色教师,建设特色文化三方面进行管理。

1.培养特长学生

学校在完成国家基础课程教学任务的前提下,通过特色活动的开展,力争使毕业的学生在全面发展,优质发展的基础上,成为"鹏岛研究小院士"、"田园小诗人"、"农民小画家"、"环保小卫士"、"建桥小能手"和"太极小拳师",使每一位学生既有现代文明素养,又具有充满野韵、活力的"鹏岛文化"特质。

学校建立了完善的评价制度,定期进行"六小鹏岛学子"评比。"六小"即"研究小院士"、"田园小诗人"、"农民小画家"、"环保小卫士"、"建桥小能手"和"太极小拳师"。在评价方法上,根据学生参与和研究,合作与交流,展示与汇报这六个维度对学生进行综合评价;在评选方式上,采取班级、年级、学校三级考评模式,分别授予一星、二星、三星"鹏岛学子"称号。

2.打造特色教师

一所好的学校离不开一支优秀的教师队伍,优秀教师队伍的形成和学校的智慧管理密不可分。学校始终遵循着淳朴、自然的管理理念,努力实行人际管理和人才管理:友善对待每位教师,满足教师基本的物质条件,尊重教师、关心教师和服务教师,让教师成功、成才,让教师工作舒心,把学校当作自己的家。

学校为培养一批特色教师,进行了深入而细致地规划。多次派具有潜力的教师去仙林外校、金小参观学习;多次邀请专家到学校进行特色方面的指导。本着这种"走出去,请进来"的谦虚的求学态度,加上教师自身的潜力,学校现已培养出一批杰出的特色教师:朱琍琍老师指导的"小小农民画"作品多次在全国获一等奖;竺林、吴良才老师指导的"田园诗作"多次在省获一等奖;王钢老师撰写的"野韵教学"论文在教育类核心期刊上发表;吴继敏老师与江苏汉博教育培训中心合作的"水资源环境研究"课题成功立项;周宏、周勇老师指导的太极拳,周妮娜、汪燕超老师指导的腰鼓多次受邀参加区级表演……

为了激励这些在鹏岛文化特色学校建设中取得突出成绩的教师,学校除了在年终考核时对他们给予奖励外,还会在每年9月开展的鹏岛文化特色教师评比中进行表彰。

3.建设特色文化

学校立足地域优势,打造特色品牌,现已取得了一些阶段性成果:2013年学校"鹏岛野韵"成功创建为区特色项目;围绕"野韵"特色,学校成功创建为南京市"星光基地"实验学校;《"鹏岛野韵"学校特色课程建设的研究》成功入围南京市"新三基"重点实验项目。此外,学校主办的省级重点规划课题《鹏岛文化校本课程建构的实践研究》,教师的市级个人课题《"八野"种植劳动与技术教育校本课程的实践与研究》、《小学生"鼓韵"社团分年段教学的实践与研究》、《符合儿童审美情趣的农民画校本研究》均在紧锣密鼓的研究之中。教师论文《瞳眸中的民间艺术——以儿童的眼探寻农民画创作方法》、《让淳朴画风在校园里绽放——学画农民画》、《"八野"种植实践活动的开发和研究》、《野菜的春天》等在市区获奖;《返"野"归真:学校公民教育实践基地建设与思考》、《挖掘区域资源,创意鹂岛课程》等一批论文在省市刊物上发表。今年上半年,学校的"鹂岛野韵"课程文化建设项目在南京市 27 家参评学校中,脱颖而出,现已在省级成功立项(南京市只有 3 家)。

本章撰稿:童凌翔　吴兴　宋福云